城市韧性
与可持续发展

政策、创新与实践

李智超　著

上海交通大学出版社
SHANGHAI JIAO TONG UNIVERSITY PRESS

内容提要

本书探讨了城市化快速发展中所面临的治理挑战,特别是在气候变化这一日益严峻的现实背景下,如何构建和增强城市韧性。书中从城市治理的实际问题出发,系统地讨论了智慧城市的发展、城市风险管理、环境政策的演进、城市群政策的协调以及社区治理等多个关键议题。本书通过实证分析和案例研究,揭示了构建城市韧性的多维策略和实践路径,也为城市管理者和政策制定者提供了有益决策的参考。

图书在版编目(CIP)数据

城市韧性与可持续发展：政策、创新与实践 / 李智
超著. -- 上海 ： 上海交通大学出版社，2024.9 -- ISBN
978-7-313-31583-0

Ⅰ. C912.81

中国国家版本馆 CIP 数据核字第 2024989Y8F 号

城市韧性与可持续发展：政策、创新与实践

CHENGSHI RENXING YU KECHIXU FAZHAN：ZHENGCE,CHUANGXIN YU SHIJIAN

著　　者：李智超			
出版发行：上海交通大学出版社	地　　址：上海市番禺路 951 号		
邮政编码：200030	电　　话：021-64071208		
印　　制：苏州市古得堡数码印刷有限公司	经　　销：全国新华书店		
开　　本：710 mm×1000 mm　1/16	印　　张：17.5		
字　　数：284 千字			
版　　次：2024 年 9 月第 1 版	印　　次：2024 年 9 月第 1 次印刷		
书　　号：ISBN 978-7-313-31583-0			
定　　价：78.00 元			

目录

Contents

第一章 城市治理的转型与城市韧性

在城市化的浪潮中,城市管理和治理的复杂性日益凸显,城市韧性的概念应运而生。城市韧性不仅关乎城市在面对自然灾害、经济波动和社会变迁时的恢复力,更涉及其长期适应和转型的能力。本章探讨了城市管理政策的演变及其对城市韧性的影响。从早期的城市规划条例到现代智慧城市的构想,政策的每一次迭代都为城市治理带来了新的视角和工具。我们将沿着时间的脉络,揭示政策变迁背后的逻辑,展现城市管理新范式如何为城市带来更强的生命力。通过文献计量分析和政策文本解读,本章不仅追溯了政策演变的历史轨迹,更着重于分析这些变化如何具体增强城市的韧性。理解这些政策如何逐步引导城市从单一的建设管理,向综合的韧性构建转变,对于我们构建一个更加可持续发展和适应未来挑战的城市至关重要。

第一节 政策变迁与城市管理新范式

城市是人类社会发展到一定历史阶段的产物。在推进城市化发展的过程中,随之而来的城市管理难度也在不断增加。改革开放以来,中国的城市化率已经从 1978 年的 17.92% 跃升至 2020 年的 63.89%。高速的城市化发展中,城市管理的新问题和新挑战也在不断涌现。城市管理政策的制定与出台反映了政府在不同时期的目标意图、行动特点及执行规范等。1984 年国务院出台的《城市规划条例》是新中国成立以来关于城市工作的第一个基础性法规,确定了城市的性质、规模和布局,综合部署城市经济、文化及公共事业等各项建设,将城市建设工作纳入法治轨道。2015 年,中央城市工作会议上,习近平总书记指出"必须抓好城市这个'火车头'。"这进一步表明了中央政府对城市发展的重视。自 1984 年以来,有关城市管理的各项政策文本已经初步形成了一个较为完善的政策体系。我国城市管理政策的演变不仅反映了城市管理领域的制度演变,同时也体现了政府的城市政策意图和行为特征。

目前,学界对中国城市管理的研究主要集中在城市管理的体制机制、城市风险的防范与化解、城市管理的技术路径、城市群发展与区域合作治理等领域。既有研究大多是针对城市管理中某一方面的政策或单一区域的样本进行考察,针对城市管理体系历程与政策变迁的研究也是以定性研究为主。因而,有必要以文献计量的方式,全面回顾和检视我国城市管理的政策文本,全景展现我国在城市管理领域的政策变迁,从整体层面来审视城市发展的各阶段政策演进规律和发展趋势。本节探讨的核心问题为:以《城市规划条例》的出台为起点,梳理 1984 年以来我国围绕城市管理主要出台了哪些政策,这些政策文本所呈现的内容有何特征,城市管理政策在时间序列上呈现怎样的演变逻辑,不同时期城市政策文本的主题聚焦点有哪些内容,政策范式的转变呈现怎样的特点等。

一、研究方法与数据来源

(一) 研究方法

为全面深入地把握我国城市管理政策的发展脉络,我们采用文献计量方法,以期获得相对客观、可检验、可再现的分析结果[①]。政策文献计量研究主要是从政策文本数据库中获取资料,以政策文本为研究对象,研究特定领域的大量政策文献,探究政策扩散路径、政策演变规律或发展趋势等[②]。政策文献计量研究运用共词分析、网络分析等工具,挖掘政策主体之间的合作网络结构、政策差异或

---

① 黄萃,任弢,张剑.政策文献量化研究：公共政策研究的新方向[J].公共管理学报,2015,12(2)：129 - 137,158 - 159.

② 裴雷,孙建军,周兆韬.政策文本计算：一种新的政策文本解读方式[J].图书与情报,2016(6)：47 - 55.

政策演变特征[①]，从而对大样本结构化或非结构化的政策文献进行量化分析，为政策变迁研究、政策关联或府际关系研究等提供了新的分析路径与研究框架。

选取 1984 至 2020 年我国城市管理政策文献为分析样本，运用共词网络分析和聚类分析等政策文献计量方法，呈现城市管理政策在不同阶段的治理模式、管理体制、执法体制、管理理念等，进而揭示不同时期政策的演变过程及特征。具体而言，共词分析是指借助统计分析手段把高度凝聚文本内容中心意思的词汇看作分析对象，进而将具有一定语义关联或语义相似性、相近性的词汇组合聚集成一定的群组，每个词汇群组可以反映这些文本的关注重点和聚焦点，进而依照这些词所代表的领域和重点，挖掘其文本背后的主题以及结构的变化。在此基础上，按照聚类考虑"最大化组间差异，最小化组内差异"的原则，对词组进行分类。最后，根据高频次主题词统计构建不同时间段的共词矩阵，借助 Ucinet 网络分析集成软件进行聚类分析，通过 Netdraw 可视化工具构建城市管理政策主题词共词网络结构图。

（二）数据来源

我们以 1984 至 2020 年我国城市管理政策文献为研究对象，分析城市管理政策发展的基本脉络，梳理城市管理演变的内容与逻辑。使用的政策文本主要来自北大法宝政策法律法规数据库（https://www.pkulaw.com/）、中央政府官方网站、相关地方政府官方网站及政策文献数据库等。具体而言，首先，以北大法宝政策法律法规数据库为检索平台，以"城市管理"等为关键词，搜索相关政策文本；其次，通过国务院及各省官方网站进行政策数据的补充与完善，政策搜集时间截至 2020 年12 月 31 日，共计 1 523 份。为了保证政策数据选取的准确性与代表性，对文本进行整理与分析，去除了领导人讲话、年度工作总结、年度工作规划、附属于文件中的目录清单以及其他与城市管理相关度不高的政策文本，选取可以直接体现或明确提及城市管理各项措施的政策，包括法律法规、条例、办法、指导意见、通知等政策文献，最终选定政策文本共计 1 257 份。每一份政策文本都包含政策发布时间、政策发布机构、政策文件名称、主要内容（或关键表述）、主题词归纳等信息。

---

① 李江，刘源浩，黄萃，等.用文献计量研究重塑政策文本数据分析——政策文献计量的起源、迁移与方法创新[J].公共管理学报，2015，12（2）：138-144，159.

二、我国城市管理政策的基本概况

（一）发文数量分析

我国城市管理政策发文数量总体呈波动上升趋势，表明政策关注度在不断增加。具体而言，1984 年，有关城市管理或城市规划的政策文本才开始出现，但数量较少，持续在低水平区间徘徊。直至 1996 年之后出现加速上升趋势，2007 年后政策发布数量呈现波动增长的态势，但增长速度有所放缓（见图 1-1-1）。

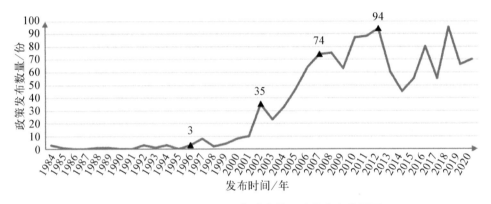

图 1-1-1　1984—2020 年城市管理政策文本数量图

在我国，城市管理从计划经济驱动过渡转型为社会主义市场经济驱动，没有成熟的经验可供借鉴，相应的规划建设也处在萌芽探索阶段，1984 年国务院颁布的《城市规划条例》，是新中国成立以来第一份城市建设相关的基础性法规，有关城市管理或城市规划的政策文本随后开始陆续出现。1996 年、2002 年和2007 年中央政府层面分别发布了《中华人民共和国行政处罚法》《国务院关于进一步推进相对集中行政处罚权工作的决定》《中华人民共和国城乡规划法》，促进了新一轮与行政执法体制创新相关的法规政策陆续出台，并为我国城市管理执法体制建设提出了具体行动目标和政策意见。2012 年、2015 年和 2017 年，我国中央层面又分别出台了《住房城乡建设部办公厅关于开展国家智慧城市试点工作的通知》《中共中央　国务院关于深入推进城市执法体制改革改进城市管理工作的指导意见》和《城市管理执法办法》，拉开了智慧城市建设的序幕，并对城市管理工作做出全面部署。

（二）发文主体分析

在我国，不同权力主体发布的城市管理政策具有不同的政策效力。基于统计分析可以发现，中央层面发文数量总计 101 份，地方层面发文总计 1 156 份，总体上以地方层面的发文为主。省市两级机构发文数量明显多于中央，既体现了地方政府层面对国家城市管理政策的积极配套和响应，也反映了地方政府在城市管理政策实践中扮演着相当重要的推动角色。在不同效力级别的发文体系中，第一层级为法律，效力等级最高，例如，2007 年 10 月第十届全国人民代表大会常务委员会第三十次会通过的《中华人民共和国城乡规划法》，是以加强城乡规划管理、协调城乡空间布局、改善人居环境、促进城乡经济社会全面协调可持续发展为目的而制定的法律；第二层级为意见、通知、公告、决定等规范性政策文件。城市管理政策背后也体现出"以点带面"的特点，即遵循由地方试验逐渐推广至全国的这一发展逻辑。先由某一个地方实践探索，总结成功的试点经验，经由中央认可，逐渐提升至法律法规层面；然后地方政府部门在中央压力传导、地方政府间学习借鉴或横向竞争压力下，因地制宜地制定各自行政辖区内的城市规划、建设或运行政策，从而形成政策扩散[①]。

分析中央层面不同部门围绕城市管理的发文情况，结果显示住房和城乡建设部发文数量最多（65 件），占比为 64.36%，其后分别是国务院（含国务院办公厅在内，以下简称国务院，共计 18 件）、全国人民代表大会（含全国人民代表大会常务委员会在内，以下简称全国人大，共计 9 件），以及国务院下属其他部门（国家知识产权局、国家档案局、司法部、交通运输部、国家发展和改革委员会等，共计 9 件）。其中，住房和城乡建设部是联合发文数量最多的机构，主要与国家发展和改革委员会进行联合发文。但总体而言，联合发文数量占比仍然较少。城市管理政策内容涉及城市规划建设、市容市貌、环境保护、市政管理、公共服务等方面，形成了以全国人大、国务院、住房和城乡建设部等为高发文量主体的发文结构。政策发文主体之间联系较少，合作网络与协作结构不够紧密，有待提升合作的深度与广度。

---

① 朱旭峰，赵慧.政府间关系视角下的社会政策扩散——以城市低保制度为例（1993—1999）[J].中国社会科学，2016（8）：95-116，206.

三、城市管理政策变迁的演进阶段与政策主题

为更好地梳理我国城市管理政策的变迁趋势，根据城市管理政策文献增长图谱、重要政策的发布时间以及关键事件进行政策阶段划分。如图1-1-1所示，我国城市管理政策在增长过程中，有六个关键节点，分别对应一系列关键政策的出台，分别是《城市规划条例》(1984)、《中华人民共和国行政处罚法》(1996)、《国务院关于进一步推进相对集中行政处罚权工作的决定》(2002)、《中华人民共和国城乡规划法》(2007)、《住房城乡建设部办公厅关于开展国家智慧城市试点工作的通知》(2012)、《城市管理执法办法》(2017)，这几个由中央层面出台的重要政策文本，统筹和引领了相关政策文本的补充发展，完善了我国城市管理政策体系，从而推动一定阶段内城市管理政策关注点发生演变。基于此，将以1996年、2002年、2007年、2012年为时间节点，将我国城市管理分为五个阶段，并对相应政策主题进行分析。

（一）初创探索阶段（1984—1995年）

这一阶段与城市管理有关的政策很少，政策文本共计13份，其中中央层面发文11份，地方层面发文2份。总体而言，本阶段以城市规划的导向性政策为主，而对于城市管理的具体政策涉及较少。

共词网络分析呈现结果见图1-1-2，政策主题词较少，主要以城市建设、公共、绿化等为主。在这一阶段，共词网络结构较为分散，没有形成明显的簇群。

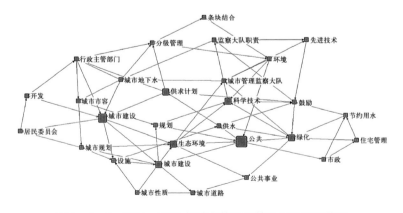

图1-1-2   1984—1995年城市管理政策共词网络结构图

城市基础设施建设、合理设置公共绿地以及维护城市环境卫生是本阶段城市规划建设与管理的重要内容。这一阶段比较重要的两个政策是 1984 年国务院发布的《城市规划条例》和 1989 年全国人大常委会通过的《中华人民共和国城市规划法》(以下简称《城市规划法》),两个文件皆是对城市规模和空间布局做出部署与安排,在规划建设领域兼顾对历史文化遗址的保护。《城市规划法》是继《城市规划条例》之后的法制化完善,也是我国城市规划迈向法制轨道的重要一步,是当时城市发展规划、建设和管理的基本依据。此外,在这一阶段,社会主义市场经济体制逐步建立和完善,城市管理的原则由"条条管理、以条为主或以块为主"开始向"统一领导、分级管理、条块结合、以块为主"转变。同时,随着改革开放的深化和经济结构的调整,这一时期建设现代化的城市理念也得到了强化。

(二) 制度建设阶段(1996— 2001 年)

这一阶段政策文本共计 35 份,其中中央层面发文 9 份,地方层面发文 26 份,政策发布数量有所增加,该阶段城市管理综合行政执法制度开始出现,主题词以城市管理体制、行政处罚权、市容环境卫生管理为主(见图 1-1-3)。

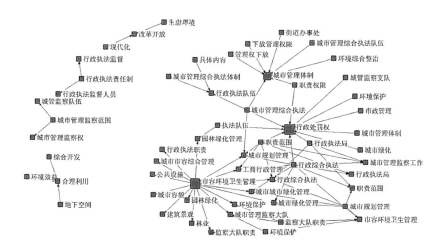

图 1-1-3　1996—2001 年城市管理政策共词网络结构图

从图 1-1-3 可以看出,主题词有所增加,但联系不够紧密,其中城市管理综合执法的相关内容比较突出,形成以行政处罚权、市容环境卫生管理两个明显较大的簇群,但行政执法监督人员、城市管理监察范围等子群处在网络结构的边缘位置,且比较零散。这表明在本阶段城市管理的相对集中行政处罚权和综合行政执法政策还处于制度建设阶段,大多政策文本对执法主体、具体的执法资格要求、如何授权、行使职权的领域范围等方面尚未做出明确规定。在这一阶段,比较重要的两个政策分别为《中华人民共和国行政处罚法》(1996年)和《国务院办公厅关于继续做好相对集中行政处罚权试点工作的通知》(2000年)。前者是我国第一次以法律形式确立了行政执法的合法性,解决实际问题的"城市管理综合行政执法局"也应运而生,在法制上给"城管"行使职权提供了相应的依据;后者则明确了实行相对集中行政处罚权的重点领域是执法效率和政府形象建设。与此同时,还将城市管理中适用集中行使行政处罚权的范围拓展至市容环境卫生管理、城市规划、市政设施管理、工商行政管理、公安交通管理等领域。

(三) 技术革新阶段(2002—2006年)

这一阶段政策文本共计202份,其中中央层面发文30份,地方层面发文172份。相较于前一阶段,该阶段政策数量迅速增长。这一阶段,主题词以相对集中行政处罚权、城市管理体制、市容环境卫生管理、城市规划管理、环境保护管理、城市绿化管理为主,新增了数字化城管这一概念。表明该阶段加大了对城市管理综合执法等方面的规定,对城市市容环境卫生也有了更高的要求,且开始尝试引入新兴技术治理城市。

根据图1-1-4所示的高频主题词共词网络结构图分析结果可知,该阶段

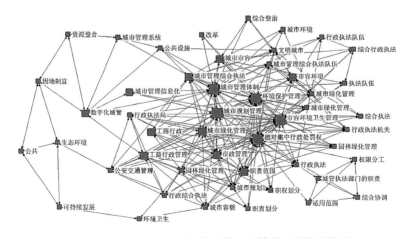

图1-1-4   2002—2006年城市管理政策共词网络结构图

主题词明显增多,主题词中市容环境、文明城市等概念较为突出,共词网络结构较前一阶段更为紧密。这一阶段主要有三个重要事项值得关注,包括 2002 年发布的《国务院关于进一步推进相对集中行政处罚权工作的决定》、2003 年的国务院机构改革和 2005 年建设部发布的《关于推广北京市东城区数字化城市管理模式的意见》。其中,2002 年的政策文件明确了综合执法改革试点工作的结束,作为正式机构的城管执法局承担大部分城市执法事项,这一综合执法方式开始在全国范围内开展;2003 年的国务院机构改革则是一个转折点,提出建设服务型政府的要求;2005 年的政策文件则是提出了建立新型网格化城市管理模式,通过技术手段与流程再造推动城市管理模式上的创新。

(四)数字转型阶段(2007—2011 年)

这一阶段政策文本共计 387 份,其中中央层面发文 27 份,地方层面发文 360 份。关于数字化城市管理的政策文本明显增多,主题词以相对集中行政处罚权、市政管理、综合行政执法、工商行政管理、城市绿化管理、市容环境卫生管理为主,该阶段对城市管理的市容环境卫生、绿化、环境保护、交通及公共安全、行政综合执法等方面都有了更详细的规定,对城市环境也有了更高的要求;分级负责、事件标准、管理部件、信息采集、资源整合等主题词体现了更加精细化的数字化城市管理模式。

根据图 1-1-5 所示的高频主题词共词网络结构图可知,本阶段主题词更加丰富,城市管理涉及综合行政执法、城市园林绿化管理、环境保护管理、市政管

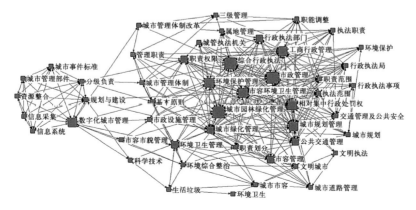

图 1-1-5 2007—2011 年城市管理政策共词网络结构图

理等多个方面，共词网络结构较为复杂，表明城市管理政策体系已经更为完善。且共词网络结构出现了新的变化，数字化城市管理凝聚成明显的群组，也反映出本阶段政策聚焦点的重要内容。本阶段有五个重要政策文本，包括《中华人民共和国城乡规划法》（2007 年）、《建设部办公厅关于加快推进数字化城市管理试点工作的通知》（2007 年）、《城市容貌标准》（GB 50449—2008，2008 年）、《数字化城市管理模式建设导则（试行）》（2009 年）、《城市市容和环境卫生管理条例》（2011 年）。这几个政策文本主要涉及城市市容市貌、环境卫生管理、数字化城市管理模式建设等内容，从全局上明确了本阶段城市管理发展的主要方向，并对数字化城市管理规划与建设的标准做了具体规定。

（五）智慧治理阶段（2012—2020 年）

这一阶段城市管理政策总体上发布数量较多，共计 620 份，其中中央层面发文 24 份，地方层面发文 596 份。该阶段已形成较为完善的城市管理的政策体系，对于智慧城市建设的政策文本明显增多，主要以建设智慧城市的相关规划政策为主，表明智慧城市建设已经是我国城市治理的中心内容之一。

从图 1-1-6 所示的高频主题词共词网络结构图可以看出，主题词变化较大，共词网络结构更为紧密，且涉及范围较多，城市管理综合行政执法、城市规划管理、数字化城市管理等主题词之间的联系更为密切，数字化城市管理内容更加丰富完善，强调智能化的特点。代表性的关键政策包括：《住房城乡建设部办公

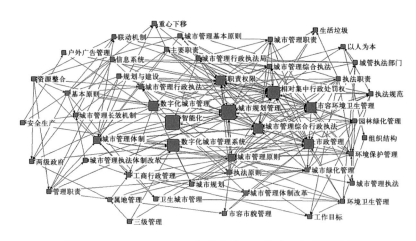

图 1-1-6　2012—2020 年城市管理政策共词网络结构图

厅关于开展国家智慧城市试点工作的通知》(2012 年)、《中共中央　国务院关于深入推进城市执法体制改革改进城市管理工作的指导意见》(2015 年)、《城市管理执法办法》(2017 年)、《住房城乡建设部关于印发城市管理执法行为规范的通知》(2018 年)。第一个政策文件拉开了智慧城市建设的序幕,强调不同城市发展出具有各自区域特色的智慧治理模式;后面三个政策文件则是体现了中央层面对城市管理政策注意力的进一步提升,对城市管理工作,如城市管理综合行政执法队伍的仪容举止、制式服装和执法活动等都做了明确的规定,展现了城市管理日趋精细化的特点。

四、城市管理政策的演进方向与范式转换

(一)政策演进的发展方向

通过对我国城市管理政策内容的阶段性分析,可以发现在城市管理政策变迁的过程中,政策主题不断丰富,共词网络结构更为紧密。城市管理体制建设在发展中始终处于重要位置,从数字化城市到智慧城市,显示出城市管理政策不断走向成熟,治理技术不断改进,已经形成较为完整的政策体系。城市管理政策变迁的每个阶段呈现出不同的政策聚焦点,随着时代的发展,政策主题不断演进,逐渐多元化,具体可以总结为以下三个演进方向:

1. 从建设城市到治理城市

在《城市规划条例》出台后的较长一段时间内,中国的城市发展整体处于较低水平。城市化程度低,产业结构单一,城市基础设施落后,这使得城市管理政策主要围绕如何建设城市而展开。市政设施、道路建设、供水供电等是这一阶段的突出主题。随着我国城市化发展水平的逐步提升,单位制解体、街居制式微,城市住宅走向商品化,社区制逐渐成为城市基层的主体,城市居民的异质性增强。政府如何回应日益多元的利益诉求,成为城市管理的突出问题。在这一阶段,围绕城市管理体制的一系列改革依次展开,城市管理模式由最初的"统一领导、分级管理、以块为主、条块结合、权责统一"向"两级政府、三级管理、四级网络"方向转变。从单一条线式管理转向条块结合管理,推动了部门间的统筹管理且优化了办事流程;依托信息化的手段,量化综合考核评估,体现了城市管理模

式从粗放式的扩张建设，朝着精细化的智慧治理的方向发展。这种转变不仅提升了城市管理的效率，也增强了城市在面对各种挑战时的韧性。

2. 从营造城市形象到打造宜居环境

改革开放初期，我国致力于打造"干净、整洁、和谐"的城市，城市的外在形象受到格外重视，城市建设是否美观成为城市发展水平的重要表征。城市的市容市貌、建筑景观、园林绿化是这一时期城市规划建设的重要内容。随着城市发展水平的不断提升和居民可支配收入的提高，"以人为本"的城市建设与管理越来越受到重视。从创建文明城市到强调可持续发展，城市中"人"的需求受到重视，城市的生态环境、卫生条件、公共安全等领域的工作重要性上升。现阶段城市规划与建设工作的中心目标是改善人居环境，以满足人的生活需求为出发点，注重以大数据等技术手段统筹"生产空间、生活空间、生态空间"三大布局，强调"宜居性"城市的发展。这种以人为核心的发展模式，有助于提升城市在面对环境变化和社会需求时的适应性和韧性。

3. 从管理体制革新到技术嵌入治理

在城市管理政策发展演变的各个阶段，城市管理体制的改革与创新都居于重要位置。在综合行政执法体制方面，从"城市管理监察"逐渐向"综合行政执法"转变，对城市管理综合执法的具体职责权限逐步明晰；在城市综合管理体制方面，政策文件强调打破市、区分级管理的界限，以属地管理为原则，实行以"联合行政，各司其职"为原则的联合执法机制。在管理体制革新的过程中，技术手段也实现了对治理的嵌入，原有的科层组织模式在技术嵌入治理的过程中被重塑，职能分割、数据孤岛的困境通过技术手段得到改善。从北京东城区网格化管理的流程再造，到"一网通办""最多跑一次"等政务模式创新，从《住房城乡建设部办公厅关于开展国家智慧城市试点工作的通知》文件的出台，到"数字孪生""城市大脑"的落地实践，以大数据为依托，智慧化为目标的技术手段不断推动城市管理水平的进步，城市正在逐渐变得"更智慧、更美好"。技术的应用不仅提高了城市管理的智能化水平，也为城市提供了更为灵活和有效的风险应对机制，增强了城市在面对各种不确定性时的韧性。

（二）政策范式转换：从依制而治到以智为治

习近平在考察上海杨浦区时提出"人民城市人民建，人民城市为人民"的重要理念。城市管理政策的发展演进反映出城市建设与治理的过程更加开放,城市发展更多的体现人的主体地位,其背后的实质是城市管理政策范式的转换。政策范式是一种由思维和行动方式组成的框架,这一框架包括政策所指向的目标和实现目标所要使用的工具,也体现了政策需要解决的问题的性质①,政策范式可以分为政策主体、政策目标、政策工具与政策价值四类要素②。城市管理政策的变迁实质就是政策范式由依制而治到以智为治的转变。

1. 政策主体从单一权威到多元共治

在原有的城市管理格局中,政府掌握大部分的管理权力,而城市中的其他主体,如公民、社会组织、企业等处于相对边缘的位置。政府作为城市管理格局中的权威主体,使得城市管理政策更多体现的是政府自身的绩效目标和价值偏好。随着城市化进程的深入推进,城市中的个体差异与利益诉求日益多元,公共事务的复杂程度不断上升,超越了原有的政府科层组织的回应能力,新的治理需求催生了服务型政府的建设。政府管理思维的转变与信息技术的发展,为多元主体参与城市管理提供了可能,各方诉求通过政策网络和信息渠道传至政府部门,最终形成由单一权威到多元主体参与共治的城市管理格局。这种多元共治的格局有助于提升城市在面对复杂挑战时的韧性和适应性。

2. 政策目标从刚性城市到韧性城市

城乡二元分割的刚性结构、户籍制度的壁垒和职能分割的管理制度等在一定程度上被逐步打破,各要素在城市间能够更为自由的流动。城市建设不再只是强调市容市貌和城市绿化,在城市生活中人与自然环境的协调以及社会环境的协调性受到重视。面对复合型的城市风险,城市安全体系从被动应对的防御策略到主动学习和适应,提升了城市韧性③。同时由于区域经济规模效应对国家竞争力的重要作用④,以及生态环境污染和城市风险灾害的跨区域特性,跨区域合作与城市群治理已是目前的重要政策议程。在国家"十一五"规划纲要中提

---

① HALL P A. Policy paradigms, social learning, and the state: the case of economic policymaking in Britain[J]. Comparative Politics, 1993, 25(3): 275 - 296.

② 严强. 社会转型历程与政策范式演变[J]. 南京社会科学, 2007(5): 86 - 92.

③ 朱正威, 刘莹莹, 杨洋. 韧性治理: 中国韧性城市建设的实践与探索[J]. 公共管理与政策评论, 2021(3): 22 - 31.

④ 陆铭, 李鹏飞, 钟辉勇. 发展与平衡的新时代——新中国 70 年的空间政治经济学[J]. 管理世界, 2019, 35(10): 11 - 23, 63, 219.

出"把城市群作为推进城镇化的主要形态"，《国家新型城镇化规划（2014—2020年）》的发布，更是标志着城市群已经成为一种重要的国家治理单元。这种从刚性到韧性的转变，有助于城市在面对变化时展现出更大的灵活性和韧性。

3. 政策工具从财政驱动到技术驱动

财政体制的分税制改革与城市土地财政在过去很长的一段时间内作为一种强激励机制，推动着地方政府城市建设的热情[①]。以经济建设为中心的中心任务考核方式和中国特色的政商联盟关系[②]，使得城市主官在很大程度上扮演了积极进取、富有冒险精神的政策企业家角色。这一体制机制产生的后果是政策企业家容易专营单一任务，重视政绩工程，城市发展的注意力配置不均衡与运动式治理的路径依赖问题明显。随着全社会的数字化程度进一步提升，从网格化建设、数字化城市到智慧城市、数字孪生城市和"城市大脑"，海量的信息汇聚与技术创新为城市管理提供了新工具，也为实现城市管理精细化提供了可能[③]。以"智慧城市"建设为核心的技术手段，包含"行动者""技术要素"和"规则体系"三元技术系统[④]，通过对原有体制的嵌入发挥技术赋能的作用，形成了问题导向和信息共享的组织形态和工作方式，提高了组织的协同性、反应性和灵敏性[⑤]。技术的驱动不仅提升了城市管理的效率，也为城市在面对各种风险时提供了更为有效的应对手段，增强了城市的韧性。

4. 政策价值从经营城市到人民城市

长期以来，经营城市的理念提倡"政府要像经营企业一样经营城市"，以政府主导的方式，通过土地出让推动城市经济发展，扩大城市财政收入。城市的聚集效应与规模经济是现代经济增长的重要源泉，城市经济在国民经济中所占比重已处于绝对优势，但与此同时我们应当意识到国家的城市化不仅仅是经济的城市化，更是居民的城市化。根据国家统计局数据，1978 年，中国的城镇人口数仅

---

① 周飞舟.分税制十年：制度及其影响[J].中国社会科学，2006(6)：100 - 115.

② 周黎安.地区增长联盟与中国特色的政商关系[J].社会，2021，41(6)：1 - 40.

③ 锁利铭，冯小东.数据驱动的城市精细化治理：特征、要素与系统耦合[J].公共管理学报，2018，15(4)：17 - 26，150.

④ 韩志明，李春生.城市治理的清晰性及其技术逻辑——以智慧治理为中心的分析[J].探索，2019(6)：44 - 53.

⑤ 容志.结构分离与组织创新："城市大脑"中技术赋能的微观机制分析[J].行政论坛，2020(4)：90 - 98.

1.72 亿,截至 2020 年 11 月 1 日,中国的城镇常住人口已达 9.02 亿,占总人口比重(常住人口城镇化率)为 63.89％,且占比仍在不断上升。"人民城市人民建,人民城市为人民"的重要理念,即是城市管理政策价值从"经营城市"到"人民城市"转变的最佳体现。这种以人民为中心的政策价值,有助于提升城市居民的满意度和幸福感,同时也增强了城市在面对社会变化时的凝聚力和韧性。

五、小结

城市管理政策的演变,不仅体现了政策数量的增长和治理理念的深化,也显著增强了城市应对复杂挑战的韧性。从政策发文的增长趋势可以看出,我国城市管理政策经历了由点到面、由浅入深的发展过程,这一过程与城市韧性的构建紧密相连。

在初创探索阶段,城市管理政策主要关注城市规划和基础设施建设,为城市韧性打下了物质基础。随着城市化进程的加速,城市管理政策开始重视制度建设,推动了城市管理体制的改革,提升了城市应对各种风险和挑战的能力。技术革新阶段的到来,尤其是数字化城市管理理念的推广,标志着城市管理政策向智慧治理转型,增强了城市对各种动态变化的响应速度和适应能力,这是城市韧性提升的重要体现。进入数字转型和智慧治理阶段,城市管理政策更加注重信息技术的应用,推动了城市管理的精细化和智能化,这不仅提高了城市运行效率,也显著增强了城市在面对突发事件时的应对能力和恢复力,这是城市韧性的核心要素。

城市管理政策的演进方向与范式转换,从依制而治到以智为治,反映了城市管理理念的成熟和深化。政策主体的多元化、政策目标的韧性化、政策工具的技术化以及政策价值的人本化,共同构成了城市韧性提升的多维框架。政策主体的多元共治,提高了城市在面对复杂问题时的协调和整合能力;政策目标的韧性化,使城市发展更加注重生态环境和社会环境的协调性,增强了城市的适应性和可持续性;政策工具的技术化,通过信息技术的应用,提高了城市治理的精准度和效率;政策价值的人本化,则确保了城市发展更好地服务于居民的需求,增强了城市的凝聚力和向心力。

总体来看,城市管理政策的演进与城市韧性的构建是相辅相成的。政策的深化和创新,不仅提升了城市管理的质量和水平,也为城市在面对未来不确定性时提供了坚实的保障。通过不断优化和完善城市管理政策,我们可以期待城市将变得更加智慧、更具韧性,能够更好地应对各种挑战,实现可持续发展。

第二节　城市韧性的概念与实践

一、城市韧性的概念内涵

城市韧性的概念内涵是城市规划和管理领域中一个至关重要的议题。它源自生态学中的"韧性"概念,由 C. S. Holling 提出,用以描述生态系统在面对干扰和变化时保持功能、结构和反馈机制的能力。城市韧性概念的提出,是对现代城市面对日益增长的复杂性和不确定性挑战的一种回应。随着全球化、城市化进程的加速,城市系统变得更加复杂,其面临的风险和挑战也更为多元和严峻。

城市韧性的核心在于其对各种冲击和压力的应对能力。这种能力不仅体现在城市在遭受自然灾害、经济危机、社会动荡等突发事件后的快速恢复,更体现在城市在面对长期变化趋势时的持续适应和发展。城市韧性的构建要求城市管理者具备前瞻性思维,能够在城市规划和建设中预见潜在风险,制定相应的应对策略。

城市韧性的内涵丰富,涉及多个层面和维度。首先,它要求城市具备强大的物质基础,包括稳固的基础设施、先进的技术装备和充足的资源储备。这些物质条件是城市抵御外部冲击和维持正常运转的前提。其次,城市韧性还体现在其社会结构的稳定性和弹性上。一个具有韧性的城市,其社会结构应能够适应变化,容纳多样性,促进社会融合,同时在面对危机时能够迅速动员社会资源,形成有效的应对机制。经济层面的韧性同样重要。城市经济的多样性和创新能力是其抵御市场波动和经济危机的关键。一个经济韧性强的城市,能够通过产业升级、创新驱动和市场拓展,保持经济活力和增长潜力。此外,城市环境的可持续性也是城市韧性的重要组成部分。城市应通过绿色发展、生态保护和资源节约,构建健康的生态环境,提高对环境变化的适应能力。技术层面的创新对提升城市韧性具有显著作用。现代信息技术、大数据、人工智能等技术的应用,不仅可以提高城市管理的效率和精准度,还可以增强城市对各种风险的预警和应对能力。技术的进步为城市提供了更加智能化的解决方案,使得城市能够更加灵活地应对各种挑战。

城市韧性的构建是一个系统工程,需要政府、市场和社会三方面的共同参与和协作。政府需要制定科学的政策和规划,引导城市向韧性方向发展;市场则应通过技术创新和产业升级,提高城市的经济和技术水平;社会则应通过教育普及和文化建设,增强市民的韧性意识和参与度。此外,社区层面的参与也至关重要,社区居民的积极参与可以为城市韧性的构建提供坚实的基础。城市韧性的评价也是一个重要环节。通过建立科学的评价指标体系,可以对城市韧性的现状和发展趋势进行监测和评估,为政策制定和资源配置提供依据。评价指标体系应涵盖经济、社会、环境、技术等多个维度,综合反映城市在不同方面的韧性表现。

城市韧性的构建还需要考虑城市的历史、文化和社会背景,以及城市在区域和全球层面的角色和地位。不同城市面临的风险和挑战各有不同,城市韧性的构建也需要因地制宜,结合城市的实际情况制定合适的策略和措施。例如,沿海城市需要更加关注海平面上升和风暴潮带来的威胁,而内陆城市则可能更需关注干旱和水资源短缺的问题。

城市韧性的概念内涵是多维度的,它不仅关注城市在面对冲击时的抵抗力和恢复力,还强调城市在不断变化的环境中的适应力和转型力。一个具有高度韧性的城市能够灵活应对各种挑战,保持其功能和活力,同时为未来的发展奠定基础。这种韧性的构建需要城市管理者、规划者和所有市民的共同努力,以确保城市能够持续繁荣和进步。

二、城市韧性的理论发展

城市韧性的理论发展是一个跨学科、多层次的进程,它随着社会对城市可持续发展需求的深入理解而不断演进。最初,城市韧性的概念主要基于工程学视角,强调城市物质基础设施的坚固性和抵御自然灾害的能力。这种对韧性的理解主要关注于建筑和工程结构的物理强度,以及它们在面对地震、洪水等极端事件时的稳定性和可靠性。

随着时间的推移，城市韧性理论开始吸收生态学的视角，将城市视为一个复杂的生态系统。这一阶段的理论认为，城市不仅仅是物理结构的集合，而是一个由社会、经济和自然环境等多重维度构成的复杂系统。城市韧性在这一视角下被理解为系统的自我调节能力，即城市在面对干扰时能够通过其内在机制进行调整，以维持其功能和结构的完整性。

进入 21 世纪，全球化和城市化的快速发展带来了新的挑战和风险，城市韧性理论也因此进一步发展。这一时期的理论开始关注城市系统的适应性和转型能力，即城市如何通过创新和学习来应对长期的环境和社会变化。演进韧性的观点认为，城市应当具备在变化中寻找新的发展路径和模式的能力，而不仅仅是恢复到原有的状态。城市韧性的理论发展也受到了社会学和经济学的影响，特别是在考虑社会公正和经济可持续性方面。社会韧性的概念强调了社区的凝聚力、社会服务的普及性以及社会资本的积累对于提高城市整体韧性的重要性。经济韧性则关注于城市经济的多样性、创新能力和对市场波动的抵御能力。技术进步，尤其是信息技术的发展，为城市韧性的理论发展带来了新的视角。现代城市通过大数据、人工智能和物联网等技术手段，提高了对城市运行的监控和管理能力，增强了对各种风险的预警和应对能力。技术韧性成为城市韧性理论的一个重要组成部分，强调了技术创新在提升城市适应性和转型性方面的关键作用。

城市韧性的理论研究也开始关注政策和治理的作用。政策韧性的概念强调政府的政策制定和执行能力对于提高城市韧性至关重要。这包括政府在规划制定、法规制定、资源分配和应急管理等方面的能力。治理韧性则关注于政府、市场和社会三方如何通过合作和协调来共同应对城市面临的挑战。此外，城市韧性的理论发展还强调了跨学科整合的重要性。城市规划、公共管理、环境科学、社会学、经济学和地理学等学科的研究成果相互融合，为城市韧性的理论构建提供了丰富的视角和工具。这种跨学科的融合促进了对城市韧性多维度、系统性的理解，并为实践中的城市韧性建设提供了理论支持和方法指导。

在全球化背景下，城市韧性的理论发展还必须考虑到城市之间的相互联系和依赖性。城市网络韧性的概念应运而生，强调了城市在全球网络中的互联互通和协同作用，以及城市如何在全球层面上共同应对跨边界的风险和挑战。城市韧性的理论研究还关注到了城市内部不同社区和群体的韧性差异，认识到提升城市韧性需要关注社会边缘群体的需求,确保韧性措施的公平性和包容性。这种对社会公正的关注,进一步丰富了城市韧性的理论内涵。城市韧性的理论发展也与城市化进程中出现的新现象紧密相关,如城市蔓延、城市贫困、城市热岛效应等。这些现象对城市韧性理论的发展和实践提出了新的挑战,要求理论研究能够提供创新的解决方案。最后,城市韧性的理论发展还强调了理论与实践相结合的重要性。理论不仅要能够解释城市韧性的内涵和重要性,还要能够指导实践,帮助城市管理者制定有效的策略和措施,以提升城市的韧性。

三、城市韧性的指标体系

城市韧性的评价指标体系是衡量城市应对复杂挑战的能力的重要工具。这一体系的构建旨在为城市管理者、政策制定者和研究者提供一个全面的框架,以识别城市的优势和潜在脆弱性,从而指导城市发展策略的制定和优化。对城市韧性的评价不仅关注城市在面对突发事件时的快速恢复能力,更重视城市在长期发展过程中的适应性和转型能力。

在设计城市韧性的评价指标体系时,首先需要考虑的是经济韧性。经济韧性指标关注城市经济结构的多样性、产业的创新能力和市场的竞争力。这些指标可以包括经济增长率、就业率、研发投入比重,以及产业结构的多元化等。一个具有经济韧性的城市能够有效应对经济波动,保持经济的稳定增长和就业市场的稳定。社会韧性是评价指标体系中的另一个关键维度。社会韧性指标涉及教育、卫生、社会保障和社区凝聚力等方面。这些指标反映了城市社会结构的稳定性和应对社会问题的能力。例如,教育普及率、医疗服务覆盖率、社会参与度等指标可以作为衡量社会韧性的重要依据。环境韧性关注的是城市生态系统的健康状况和环境管理的有效性。环境韧性指标包括空气质量指数、水质状况、绿化覆盖率和废物处理效率等。这些指标不仅反映了城市当前的环境质量,也预示了城市在面对环境变化时的适应能力。技术韧性指标评价的是城市利用技术创新来提升城市管理和服务的能力。这包括信息技术基础设施的建设、智慧城市项目的实施,以及科技创新对城市管理的支撑作用等。技术韧性的提高可以增强城市对各种风险的预警和应对能力。治理韧性指标是评价指标体系的核心,涉及城市管理体制的完善性、政策制定的科学性和政策执行的有效性。治理韧性指标包括政府透明度、公众参与度、政策响应速度和危机管理能力等。良好的治理韧性有助于城市在面对各种挑战时做出快速而有效的决策。基础设施韧性指标关注的是城市基础设施的安全性、可靠性和冗余性。这包括对交通网络、能源供应、通信系统和水利设施等方面的评价。基础设施的韧性直接关系到城市在面对自然灾害和人为事故时的应对能力。居民韧性指标是城市韧性评价指标体系的重要组成部分。居民韧性指标关注居民的安全意识、自救互救能力和社区的互助精神。通过教育和培训提高居民的韧性，可以增强城市的整体应对能力。

城市韧性的评价指标体系还应当具备动态性和适应性。随着城市发展和外部环境的变化，评价指标体系需要不断更新和完善。此外，评价指标体系的构建还应当具有可比性，使得不同城市之间的韧性水平可以进行比较。具体城市韧性指标体系的设计将在本书后面的内容中详细展开，这将包括对每个维度的深入分析，指标的选择和权重的确定，以及评价方法和工具的介绍。通过构建一个科学、合理且可操作的评价指标体系，我们可以更准确地评估和提升城市的韧性，促进城市的可持续发展。

四、城市韧性的实践应用

城市韧性的实践应用是一个复杂而多维的过程，它涉及城市规划、建设、管理的每一个环节，并且需要城市管理者、规划师、政策制定者以及所有市民的共同参与。这一过程的核心在于将城市韧性的理念融入城市发展的各个方面，确保城市在面对各种挑战时能够展现出强大的适应能力和恢复能力。

在城市规划阶段，韧性的考量应当成为设计的重要组成部分。城市规划者需要综合评估城市的自然条件、资源分布、人口结构和经济发展状况，以确保规划方案能够应对潜在的自然灾害、经济波动和社会变迁。例如，通过合理布局城市空间，增强绿地和开放空间的连通性，提高城市对洪水和热岛效应的抵抗力。这种规划不仅需要考虑当前的需求，还应预见未来可能的变化，确保规划的前瞻性和灵活性。城市建设过程中，韧性的应用体现在对材料和技术的选择上。选择耐用且易于维护的建筑材料，采用先进的施工技术，能够提高建筑物和基础设施的耐久性。同时，建设过程中还应考虑到未来可能的改造和升级，确保城市基础设施的可持续性和灵活性。这不仅涉及物理结构的建设,还包括对能源、水资源等关键资源的管理,确保这些资源的供应在面对突发事件时能够保持稳定。

城市管理是实践城市韧性理念的关键环节。城市管理者需要建立全面的监测和预警系统,对城市运行中可能出现的风险进行实时监控,并制定相应的应急预案。此外,通过建立跨部门的协作机制,确保在危机发生时能够迅速有效地响应。这种管理不仅需要技术的支持,还需要政策的引导和社会的参与,形成一个多方参与、共同治理的格局。社区层面的实践同样重要。社区是城市的基本单元,社区居民的参与和合作是提升社区韧性的基础。通过组织社区活动,提高居民对韧性概念的认识,培养居民的自救互救能力,可以增强社区在面对突发事件时的自我组织和自我恢复能力。这种参与不仅限于应急响应,还应包括日常的社区管理和服务,形成一个持续的、动态的社区发展模式。

教育和培训在城市韧性的实践中发挥着重要作用。通过在学校和社区开展应急知识教育和技能培训,提高市民的安全意识和应对能力。同时,专业培训和继续教育可以帮助城市管理者和专业人员掌握先进的韧性理念和技术。这种教育和培训不仅需要覆盖广泛的群体,还需要不断更新内容,以适应不断变化的环境和挑战。技术创新是提升城市韧性的重要途径。现代信息技术、大数据、人工智能等技术的应用,可以提高城市管理的智能化水平,增强城市对各种风险的预警和应对能力。例如,通过建立智能交通系统,提高城市交通的效率和安全性。这种技术创新不仅需要硬件的支持,还需要软件的开发和维护,形成一个完整的技术生态系统。

经济政策也是实践城市韧性的重要组成部分。通过制定鼓励创新和多元化的经济政策,提高城市的经济活力和抵御经济危机的能力。同时,通过推广绿色经济和循环经济,提高城市的可持续发展能力。这种政策的实施不仅需要政府的推动,还需要企业的参与和社会的支持,形成一个多方参与、共同推动的经济模式。环境政策在城市韧性实践中同样不可忽视。通过制定严格的环境保护法规,保护城市自然资源,提高城市生态系统的健康状况。此外,通过推广绿色建筑和可持续交通,减少城市对环境的负面影响。这种政策的实施不仅需要法律的约束,还需要公众的参与和支持,形成一个全社会共同参与的环境治理模式。

城市韧性的实践应用还需要考虑到城市的历史和文化特色。在保护和利用城市历史文化遗产的同时,探索与现代城市发展相结合的方式,提高城市的文化韧性。这种文化韧性不仅体现在物质文化遗产的保护上，还体现在非物质文化遗产的传承和发展上，形成一个多元、包容的文化发展模式。

城市韧性的实践应用是一个持续的过程，需要不断地评估、学习和改进。通过定期对城市韧性进行评估，了解城市在不同方面的韧性表现，找出薄弱环节，制定改进措施。同时，通过学习和借鉴其他城市的经验，不断提高城市韧性的实践水平。这种评估和学习不仅需要科学的分析，还需要广泛的参与和交流，形成一个开放、共享的知识体系。

五、小结

城市韧性是一个多维度的概念，它要求城市在面对自然和人为冲击时，不仅能够快速恢复，更要能够持续适应和转型。这一概念的内涵随着全球化和城市化的加速而日益丰富，涵盖了物质基础的稳固性、社会结构的稳定性与弹性、经济的多样性与创新能力、环境的可持续性以及技术层面的创新。城市韧性的构建是一个系统工程，需要政府、市场和社会三方面的共同参与。政府需要制定科学的政策和规划，市场通过技术创新和产业升级提高城市的经济和技术水平，社会则通过教育普及和文化建设增强市民的韧性意识和参与度。社区层面的参与尤为关键，它为城市韧性提供了坚实的基础。

城市韧性的理论发展是一个跨学科、多层次的进程，它随着社会对城市可持续发展需求的深入理解而不断演进。从工程学的视角到生态学的视角，再到全球化背景下的城市网络韧性，城市韧性理论的发展反映了对城市系统适应性和转型能力的日益重视。理论研究还关注政策和治理的作用，强调政府的政策制定能力和执行能力对于提高城市韧性至关重要。

城市韧性的理论研究与城市化进程中出现的新现象紧密相关，如城市蔓延、城市贫困、城市热岛效应等。这些现象对城市韧性理论的发展和实践提出了新的挑战，要求理论研究能够提供创新的解决方案。最后，城市韧性的理论发展强调了理论与实践相结合的重要性，理论不仅要能够解释城市韧性的内涵和重要性，还要能够指导实践，帮助城市管理者制定有效的策略和措施，以提升城市的韧性。

城市韧性的评价指标体系是衡量城市应对复杂挑战的能力的重要工具。评价指标体系应涵盖经济、社会、环境、技术、治理等多个维度,以确保评价的全面性和准确性。这一体系不仅能够全面反映城市在不同方面的韧性表现,还能够为政策制定和资源配置提供科学依据。城市韧性的构建需要考虑城市的历史、文化和社会背景,以及城市在区域和全球层面的角色和地位。不同城市面临的风险和挑战各有不同,因此城市韧性的构建需要因地制宜,结合城市的实际情况制定合适的策略和措施。

第二章　智慧城市与城市韧性

在城市治理和可持续发展的议题中，智慧城市与城市韧性的融合为我们描绘了一幅未来城市发展的蓝图。本章我们尝试剖析智慧城市建设对提升城市韧性的价值。本章首先审视了智慧城市的概念如何在全球范围内被提出并逐渐融入我国城市治理的政策话语之中。进一步，探讨了智慧城市试点政策的推广如何作为一种创新机制对城市韧性的构建产生深远的影响。我们分析了这一政策推广过程中的多重逻辑，包括效率逻辑、合法性逻辑以及行动者逻辑，以及它们如何共同推动城市向更加智能化和韧性化的方向发展。此外，本章还着重讨论了政府组织创新，特别是数据治理机构的成立，如何成为提升城市数据治理能力、增强城市应对复杂挑战韧性的关键因素。通过对这些综合维度的分析，旨在为理解智慧城市与城市韧性的协同发展提供全面而深入的视角。

第一节　智慧城市与城市韧性的话语构建

一、智慧城市与韧性城市：可持续发展的双螺旋

所谓智慧城市，是指那些通过集成创新技术，如物联网、大数据分析和人工智能，来提升城市管理和服务水平的城市。在全球化与信息化的浪潮中，智慧城市与韧性城市的融合，正成为构筑可持续未来的双螺旋。这些城市能够优化资源配置，提高运行效率，并通过智能化解决方案应对日益复杂的城市管理挑战。与此同时，韧性城市则侧重于在面对自然灾害、经济波动、社会变迁等压力时，保持城市系统的稳定性和连续性；智慧城市的先进技术为韧性城市提供了数据支

持和决策工具,而韧性城市的理念则确保了技术应用的人性化和可持续性;两者共同塑造了一个能够自我感知、自我调节、自我恢复的新型城市生态。智慧城市与韧性城市的结合,推动了城市发展模式的根本转变。智慧城市的建设,通过实时监控和数据分析,增强了城市对环境变化的感知能力,为城市管理者提供了科学的决策依据。同时,韧性城市的规划,通过提高基础设施的冗余性和灵活性,确保了城市在危机时刻的快速响应和有效恢复。这种双螺旋的发展模式,不仅提升了城市抵御风险的能力,也促进了城市社会经济的全面发展。

二、话语构建:理解智慧城市的微观视角

2008 年 11 月,IBM 提出"智慧地球"理念,此后全球智慧城市建设的大幕徐徐拉开。"智慧城市"(smart city)依托物联网及大数据技术推动新兴产业发展,对城市发展模式具有重要的引领作用。智慧城市由顶层设计和系列政策推动,已成为我国城市建设的重要抓手和创新载体。2012 年,我国住建部出台首份智慧城市建设文件《住房城乡建设部办公厅关于开展国家智慧城市试点工作的通知》,鼓励各地"积极开展智慧城市建设,提升城市管理能力和服务水平"。2014 年,由国家发改委、工信部、科技部等八部委印发了《关于促进智慧城市健康发展的指导意见》,提出建成一批特色鲜明的智慧城市,增强其聚集和辐射带动作用。紧接着,2016年国家发改委、中央网信办、国家标准委等部门联合制定了《新型智慧城市评价指标》(GB/T 33356—2016),从标准化角度支撑智慧城市建设在全国各地开展,加快我国智慧城市整体建设步伐。目前,智慧城市建设已上升为国家战略,成为我国城市的广泛实践,所有副省级以上城市、89%地级以上城市、47%县级以上城市已开展智慧城市建设①。总体而言,智慧城市建设在我国历经了"海外概念-政策理念-政策实践"的政策过程,已成为我国城市治理重要的政策理念和政策实践。然而,我国智慧城市政策形成的过程为何?宏观政策的梳理固然重要,但稍显粗疏,还需对其微观政策实践的演变过程进行探索。

目前学界围绕智慧城市形成了丰富的研究成果,既有研究对智慧城市的建

---

① 唐斯斯,张延强,单志广,等.我国新型智慧城市发展现状、形势与政策建议[EB/OL].北京:国家发展和改革委员会,2020 - 05 - 15[2024 - 08 - 09]. https://www.ndrc.gov.cn/xxgk/jd/wsdwhfz/202005/t20200515_1228150.html。

设实践从过程到效果，进行了多维度研究，呈现了智慧城市在我国丰富的实践样貌，为目前新型智慧城市建设奠定了理论与实践基础。但现有研究倾向于将智慧城市视为一个既定的政策实践或结果，对于"智慧城市"这一海外概念如何进入我国政策视野的实践过程，却着墨不多。与西方国家相比，我国城市治理面临中央调节、组织依赖和社会压力等多重治理约束[①]，呈现出多元化的治理逻辑。不同政策主体对智慧城市有何多元化的想象，进而如何影响实践？这一过程背后的逻辑是怎样的？通过引入政策话语联盟视角，使用话语网络分析(discourse network analysis)工具，通过构建多元主体围绕智慧城市形成的政策话语网络，刻画我国智慧城市政策实践的阶段性特征及其背后的形塑机理，呈现我国政策从多元主体微观话语互动到宏观部署的实践过程。

三、政策网络研究与话语联盟框架

政策网络(policy network)是政策科学领域中备受关注的研究议题，其呈现了行动者间的关联与相互依赖状况。话语联盟(discourse coalition)是以话语为纽带的政策网络，为多元主体参与的政策实践，提供了微观层面的分析框架。智慧城市从海外概念到在中国落地生根，其背后是多元主体政策话语形塑的结果。

(一) 政策网络

政策网络研究将网络理论引入政策科学领域，成为公共政策研究的重要范式。政策网络研究发源于二十世纪六七十年代的美国，政策网络从发展脉络来看，形成了两个研究学派，即利益协调学派和治理学派[②]。利益协调学派以美国和英国为代表，关注政策制定中利益集团与国家之间的复杂结构关系以及这种关系对政策过程和政策结果的影响。治理学派以德国和荷兰为代表，认为政策网络是一种介于政府与市场之间的治理模式，用于调整行动者之间的互动关系和网络结构[③]。

---

① 叶林,周寒.超越增长逻辑：城市治理的多重情境与转向[J].华南师范大学学报(社会科学版),2021(3)：101-112,207.

② 谭羚雁,娄成武.保障性住房政策过程的中央与地方政府关系——政策网络理论的分析与应用[J].公共管理学报,2012,9(1)：52-63,124-125.

③ MARSH D, SMITH M. Understanding policy networks：towards a dialectical approach[J]. Political Studies, 2000，48(1)：4-21.

总体而言,政策网络强调政策过程中多元行动者在网络结构中的互动关系,呈现政策过程的多元主体参与及复杂关系。

政策网络研究形成了三种路径,分别为基于资源依赖的政策网络,基于共同价值的政策网络和基于共享话语的政策网络①。首先,以资源依赖为纽带的政策网络建立在"资源依赖理论"上,认为行动者之间的资源依赖是政策网络或政策联盟形成的基础②。这意味着公共政策很大程度上取决于具有不同资源、偏好等的行动者之间的资源交换,政策执行变化是由于外部冲击导致资源依赖状态发生变动,而引起的政策网络结构变化。其次,倡议联盟框架(advocacy coalition framework)是以共同价值为基础的理论模型。倡议联盟框架认为具有相似或共同价值体系的行动者之间,更容易建立信任,并对政策问题开展集体行动。因此,倡议联盟框架认为政策网络结构的决定因素就是与政策有关的共享价值体系③。最后,马汀·哈杰认为倡议联盟框架忽视了联盟间话语概念的媒介作用,拥有同一价值体系的联盟内部也可能存在冲突④,并由此提出话语联盟框架(discourse coalition framework)。该理论框架解释了在具体的社会情景之中,对事实、术语和行为的共同理解促成了话语联盟的形成,并形塑了政策的最终样态。通过对政策网络的理论框架和研究路径的梳理,发现政策网络理论可以从多角度揭示政策过程背后多元主体参与的复杂过程。

(二) 话语联盟分析框架

马汀·哈杰将"话语"因素嵌入政策网络理论中,提出了话语联盟框架⑤。话语联盟框架由"故事情节、话语行动者及其话语实践"构成。"故事情节(storylines)"用来指称话语内容,是关于社会现实的叙事。倡议联盟框架是基于共同的信仰和目标展开集体行动,而话语联盟框架基于共同的术语(terms)和

---

① 范世炜.试析西方政策网络理论的三种研究视角[J].政治学研究,2013(4):87-100.

② HAY C, RICHARDS D. The tangled webs of Westminster and Whitehall: the discourse, strategy and practice of networking within the British core executive[J]. Public Administration, 2010, 78(1): 1-28.

③ HENRY A D. Ideology, power, and the structure of policy networks[J]. Policy Studies Journal, 2011, 39(3): 361-383.

④⑤ HAJER M A. The politics of environmental discourse: ecological modernization and the policy process[M]. Oxford: Oxford University Press, 1995.

概念(concepts)来呈现政策形成过程。"话语行动者"是政策参与的主体,这些主体表达并践行"故事情节"来落实"话语实践"。在这一过程中,"故事情节"作为纽带联合了具有相同理念的行动者并组建话语联盟。

目前,话语联盟分析框架主要应用于解释政策过程,国外学者多聚焦于环境领域。近年来,该解释框架也逐渐受到国内学者的关注,研究对象不一而足。然而,话语联盟框架在使用政策行动者的"话语"概念时,是基于各政策主体平等的理论预设。在中国政治体系下,政策执行变迁中涉及的多元主体,在权力关系上存在不平等性①。因此将政策参与主体的身份属性纳入话语联盟框架中,以期拓宽话语联盟框架的理论视野。同时,依托于中国层级分明的行政体制,我国城市治理由管理向服务转型过程中,多元主体的参与已日益增多②。在多元主体的共同推动下,智慧城市已成为城市治理创新的重要载体。我们尝试分析我国智慧城市实践背后多元主体的话语演变,以期更好地认识我国政策实践背后的逻辑和演变特征。

四、数据来源与分析方法

(一) 数据来源与编码

基于 2009 至 2020 年我国智慧城市建设的政策文本和新闻报道,对我国智慧城市从概念到实践的政策话语过程进行梳理分析。数据主要来源于中国重要报纸全文数据库(Chinese Core Newspaper Database),该数据库涵盖了 2000 年以来我国公开发行的 500 多种重要报纸。在文本③选择上主要基于两方面考虑:一方面,由于智慧城市建设受到中央和多个相关部委共同影响,我们选择了能够代表决策者话语的报纸,以及智慧城市相关部委主办的报纸;另一方面,根

---

① 朱旭峰,吴冠生.中国特色的央地关系:演变与特点[J].治理研究,2018,28(2):50-57.

② 叶林,宋星洲,邓利芳.从管理到服务:我国城市治理的转型逻辑及发展趋势[J].天津社会科学,2018(6):77-81.

③ 主要包含《人民日报》《新华日报》等国家级报纸,《广东日报》《河北日报》《河南日报》等省委机关报纸,《昆明日报》《厦门日报》《青岛日报》等地/州级报纸,《中华建筑报》《中国城市报》《中国建设报》等城市建设类报纸,《南方周末》《南方日报》等社会性报纸,《第一财经日报》《国际商报》《21 世纪经济报道》等经济类报纸,以及《中国信息化周报》《中国计算机报》《中国科学报》等科技信息类报纸。

据住建部公布的试点名单中的城市，以及明确提出建设智慧城市的城市，选取其主流媒体作为文本来源。在此基础上，在重要报纸数据库中搜索"智慧城市"等关键词，得到 1 276 篇新闻报道。由多名编码者的反复检视阅读，去除相关性不高的报道，共筛选出 683 条有效报道。

在文本编码方面，由两名编码员使用 Nvivo10 软件分别对这些报道进行独立编码，编码具有较高的信度（平均 Cohen's Kappa 指数为 0.903）。具体而言，借鉴扎根理论（the Grounded Theory）的思路，通过开放编码、主轴编码和选择编码三个步骤，明确智慧城市的话语主体及其话语概念。第一步，开放编码。开放编码是将行动者话语概念化并进行归纳和比较的过程。通过开放编码从 683 条有效报道中获得 73 个话语概念。这些话语概念主要包含两类。第一类是行动者争取智慧城市建设合理性的话语概念（例如"推动产业转型"，"推动经济发展"等）。第二类为智慧城市建设模式的话语概念（例如"因地制宜""模式创新"等）。这 73 个话语概念对应智慧城市建设中不同话语联盟的"故事情节"。第二步，主轴编码。主轴编码通过归纳，对开放编码获取的话语概念进行归类。这一步骤中，我们对开放编码获得的 73 个话语概念进一步凝练，形成 33 个核心话语概念，包括"智慧城市建设操之过急""智慧城市建设合理性""智慧城市建设合法性"等。第三步，选择编码。该阶段是对主轴编码得到的话语概念类属进行整合和提炼。在选择编码阶段，将 33 个核心话语概念规整为两大类，分别是智慧城市合理性话语概念和智慧城市建设模式话语概念。

（二）话语网络分析

使用话语网络分析将智慧城市多元话语的动态性可视化。话语网络分析是话语联盟框架的分析工具，融合了社会网络分析和文本分析方法对行动者的话语概念进行测量和可视化[①]。话语网络分析包含行动者（actors）和概念（concepts）两类基本元素，智慧城市由概念提出到政策推广，是社会不同政策行动者推动的结果。根据智慧城市系列政策文件以及新闻媒体报道，主要将以下

---

① 　LEIFELD P, HAUNSS S. Political discourse networks and the conflict over software patents in Europe[J]. European Journal of Political Research，2011，51(3).

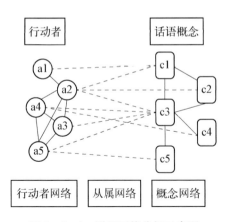

图 2-1-1 话语网络分析示意图

五类政策行动者纳入话语网络分析，分别是中央政府、地方政府、专家学者、中国企业、外国企业。基于前文的编码步骤，在中国重要报纸全文数据库中提取各行动者的话语概念。基于"行动者"和"概念"两种基本元素，可构建三种不同属性的话语网络，即从属网络、行动者网络和概念网络，如图 2-1-1 所示。通过如下步骤构建智慧城市政策行动者与其概念间的联系。

首先，建立从属网络（affiliation network）。从属网络用来表征行动者与概念之间的关系。如图 2-1-1 中行动者 a1、a2 和概念 c1 这组联系所示，当行动者 a1 提出概念 c1 时，a1 会与 c1 相连接。当行动者 a2 再次提出 c1 时，a2 也会被 c1 连接。不同行动者基于共同的话语网络形成"行动者—概念"二模网络（Two Mode Network）。以中央政府、地方政府、专家学者、中国企业、外国企业作为"行动者"，构成智慧城市话语网络中的主要节点。在此基础上，将这些节点与智慧城市话语概念进行关联，并通过网络密度来判断行动者间话语共享或话语异质性。基于此，观察不同行动者与智慧城市话语概念网络的动态演变，梳理出智慧城市在我国的话语实践特征。

其次，构建"行动者网络"（actors network）和"概念网络"（concepts network）。行动者网络以行动者为网络节点，以共同概念为边加以构建。以图 2-1-1 中的行动者 a3 和行动者 a4 为例，当 a3 和 a4 都提出概念 c3 时，则两者建立网络连接。行动者网络可以分为行动者一致网络和行动者分歧网络。行动者一致网络的基本预设是两个行动者同意（或不同意）的概念越多，则在偏好或话语概念方面越相似，那么两者越有可能同属一个话语联盟①。相反，当两个行动者对网络中同一话语概念持相反意见，两者之间则形成行动者分歧网络。我们选取行动者一致网络进行分析，若两个行动者对某一智慧城市话语概念表达出一致或类似的

① LEIFELD P. Reconceptualizing major policy change in the advocacy coalition framework: a discourse network analysis of German pension politics[J]. Policy Studies Journal, 2013, 41(1): 169-198.

观点,则两者与该话语概念建立起联系,且两者共同话语概念越多,则这两个行动者在话语网络中关系越紧密,即两者共享话语较多。概念网络以话语概念为网络节点,以行动者为边构建网络。以图 2－1－1 中概念 c1 和 c2 为例,当概念都由行动者 a2 提出时,则 c1 和 c2 这两个概念间就建立起网络连接①。

最后,运用 Ucinet 软件分别对网络指标进行分析和可视化。在网络图中,用不同形状代表行动者,各行动者用直线与代表行动者的话语概念相连接,展现了不同主体围绕智慧城市形成的不同观点及观点之间的结构关系。政策主体的身份属性划分为五类,分别为中央政府(椭圆形)、地方政府(圆角长方形)、中国企业(三角形)、外国企业(菱形)、专家学者(正方形)。话语概念主要分为智慧城市合理性路径(虚线)与智慧城市建设模式(实线)。

(三) 指数随机图模型

话语网络分析刻画了不同话语联盟在不同阶段的规模、故事情节以及网络的紧密程度。进一步地,我们使用指数随机图模型(Exponential Random Graph Models, ERGM),该模型将网络节点的属性特征纳入网络结构中,分析两者的因果关系,这也是一种常用的网络结构统计模型。利用该模型的量化指标呈现多元主体对于智慧城市的不同话语特征,并对话语网络结构的生成机制加以解释。

在具体的分析中,使用指数随机图模型的主效应模型(Main Effect Model)。主效应模型需要将某一属性作为基准线,比较基准线属性节点与其他属性节点各自产生连线的概率,进而可以判断各节点在网络结构中的位置。在我国智慧城市的政策话语实践中,中央政府的话语在实践中具有重要地位,无论是地方政府还是企业、学者,都会使用中央话语以获取合法性。因此,以中央政府作为基准线,通过各节点属性与中央政府这一基准线的比较,呈现其在话语竞争中的结构特征。总体而言,我们不仅使用话语网络分析政策行动者的话语概念,将不同行动者对智慧城市的话语特征进行可视化,还通过 ERGM 的主效应模型,进一步探究各话语联盟在网络结构中的位置变化情况。结合两种方法,能够更加全面地展现不同话语主体在我国智慧城市政策实践话语网络中的行为变化。

---

① 我国政策实践中的各级政府,相对于其他行动者,会呈现出更多的政策话语。为了减小这种偏差,将“边”的权重进行标准化,具体做法是用边的原始权重,除以两个行动者在网络中所拥有概念(或陈述)的数量平均值。

五、话语联盟视角下中国智慧城市的话语实践

　　智慧城市由最初的海外概念演化为国家战略，是一个长期探索的过程。2008年，IBM首次提出"智慧地球"概念，引起全球广泛关注。2009年，IBM发布《智慧地球赢在中国》计划书，"智慧城市"这一城市建设理念正式引入中国。宏观上，"智慧城市"被引入中国后，经历了智慧城市初步探索期、智慧城市调整期、智慧城市突破期、智慧城市全面发展期等几个阶段[①]。微观层面上，智慧城市在中国的政策实践，可视作政策行动者话语联盟推动的结果。通过话语联盟视角，可以揭示中国智慧城市政策从提出到全国铺开的话语实践过程。

　　结合我国政策实践特点，我国智慧城市建设每一阶段的转变都由顶层政策推动。这些政策主要包括：《住房城乡建设部办公厅关于开展国家智慧城市试点工作的通知》(2012年)、《关于促进智慧城市健康发展的指导意见》(2014年)、《国家新型城镇化规划(2014—2020)》(2014年)、《关于组织开展新型智慧城市评价工作务实推动新型智慧城市健康快速发展的通知》(2016年)、《信息安全技术—智慧城市建设信息安全保障指南》(GB/Z 38649—2020,2020年)等。以2012年和2015年为时间节点，我们将智慧城市的发展划分为三个阶段，分别为"概念导入阶段"(2009—2012年)，"探索实践阶段"(2013—2015年)，以及"全面发展阶段"(2016年至今)。基于话语网络分析方法，使用K-means算法获得从属网络，并将其可视化。

（一）概念导入阶段（2009—2012年）

　　2009年智慧城市概念提出后，我国智慧城市发展迎来概念导入期。由于智慧城市的外延边界十分宽泛，在我国建设初期，政策行动者主要围绕"智慧城市的内涵与外延"与"建设智慧城市的必要性"等问题进行表述。在中央层面，2009年工信部软件与集成电路促进中心编撰《IBM"智慧地球"的认识和思考》，明确表达"智慧地球理念中建设系统安全性将直接关系到国家安全"，"如果中国在建设智慧城市的过程中，不能坚持自主可控原则，将会给国家带来风险"。这一时期，基于国家

---

　　① 摘自《智慧城市白皮书——依托智慧服务，共创新型智慧城市(2021年)》，2022年由国家工业信息安全发展中心、中国产业互联网发展联盟等机构集合各自优势资源，汇集在智慧城市方面的研究成果，结合产业实际，共同编制而成。

安全考虑,中央政府对智慧城市没有明确的认可与推广。相对而言,地方政府与企业首先接受了智慧城市建设理念,并积极开展智慧城市合作项目。例如,中国电信上海公司给当地提供"物联网"等专业信息通信服务,加快构筑"智慧城市"。时任南京市委书记朱善璐在"2009 年智慧南京高峰论坛"中提出,"智慧南京"是人文绿都建设目标中的应有之义。2012 年,青岛市经济和信息化委员会与龙泰天翔通信科技有限公司合作实施的"众 e 通"项目,给市民生活带来较大便利。在"2012 年中国智慧城市高峰论坛"上,该项目被评为 2012 年中国十佳"智慧城市"典型案例。此外,我国专家学者主要侧重于阐述智慧城市内涵,并对智慧城市建设表现出较为保守的倾向。总体而言,智慧城市在我国建设的初期,政策行动者话语主要聚焦于智慧城市必要性与合理性的讨论,且呈现出差异化的观点。

图 2-1-2 是我国智慧城市建设初期(2009—2012 年),由各行动者话语联盟及其话语概念构建的话语网络图。该图直观地呈现了不同政策行动者所持概念间的差异。通过图 2-1-2 可以发现,我国智慧城市概念导入初期,各政策主体的话语概念网络初步形成。具体而言,政策行动者之间话语异质性较高,尤其在专家学者与地方政府之间,共同的政策话语较少。企业与地方政府的共享话语相对较多。虽然中央

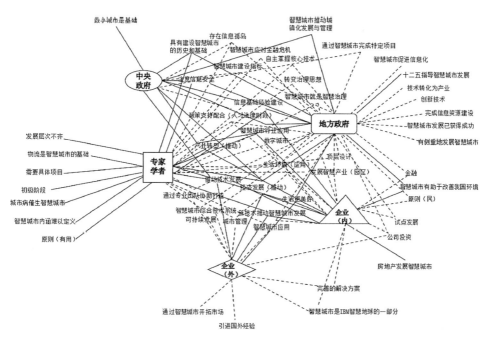

图 2-1-2 2009—2012 年智慧城市话语网络图

政府对智慧城市建设尚未有明确表态,但中央与地方仍然存在较多的政策共享话语。

在此阶段,专家学者的话语概念多是对建设智慧城市必要性和合理性的质疑。不少专家学者表示,现阶段智慧城市概念是模糊的,要发展智慧城市,需要对智慧城市的内涵与外延加以明确。而地方政府和企业①主要是从智慧城市发展愿景出发,例如"智慧城市让生活更美好""智慧城市对城市经济发展带来的巨大效益"等。因此,专家学者联盟与其他行动者联盟,表现出较强的话语异质性,而企业与地方政府共享话语较多。其次,中央政府与地方政府之间大多数政策话语是一致的。地方政府在此阶段大量使用了中央政府的话语,例如"注意信息安全""自主掌握核心科技"等。在"2012年中国智慧城市高峰论坛"上,不少专家表达了这样的观点:目前我国智慧城市建设中所面临的突出问题是缺乏科学、统一的智慧城市顶层设计和总体规划。因而,地方政府与中央政府共享话语较多,是寻求智慧城市建设合法性的一种途径,这也展现了科层结构在解释我国政策话语联盟中的特殊地位。

上述话语网络呈现了不同话语联盟对智慧城市建设必要性与合理性的不同观点。然而,各话语联盟在此阶段所占据的位置如何? 哪类联盟在该阶段获得优势地位? 通过引入指数随机图模型中的主效应模型进行分析,分析结果如表 2-1-1 所示。

表 2-1-1   智慧城市政策话语主效应模型(2009—2012 年)

行动者	估计值	标准误	P 值
中央政府(基准线)	−1.170	0.089	0.101***
地方政府	0.374	0.048	0.112***
外国企业	−0.059	0.051	0.244*
中国企业	0.136	0.065	0.036*
专家学者	0.050	0.051	0.318
	AIC：24090	BIC：24129	

注： *、** 和*** 分别表示在 10%、5% 和 1% 的水平上显著,下表同。

———————————

①   需要注意的是,在此阶段,"企业"主要为外国企业。这是因为:(1) 在实践中,该阶段的地方政府多选择与外国企业展开合作,两者之间有更多的利益相关性。而同时期的本国企业对智慧城市的探索还处于起步阶段;(2) 以 IBM 为代表的外国企业作为智慧城市的发端者,推动智慧城市在中国的生根发芽具有更大动力。

在 ERGM 主效应模型中,中央政府作为基准线。如表 2-1-1 所示,地方政府、企业的显著性较高,即地方政府和企业在整个话语网络结构中占据相对优势地位。就现实层面而言,地方政府为争取智慧城市建设合法性,在政策话语上更加接近中央政府。IBM 等企业引入智慧城市概念需要与地方政府展开合作。2009 年,IBM 公司与新奥集团达成发展新能源的战略合作,双方从智能能源产业合作入手,推动 IBM"智慧城市"战略在中国的落地,此举获得业界的认可。企业与当地积极开展合作,共享话语增多,在话语网络结构中占据优势地位。而此阶段智慧城市还处于引入初期,专家学者的话语主要是对智慧城市建设理念、内涵的探讨,尚未与其他联盟形成较多的共享话语,因而专家学者的话语在整个网络结构中并不突出。

(二) 探索实践阶段(2013—2015 年)

2012 年 11 月,《住房城乡建设部办公厅关于开展国家智慧城市试点工作的通知》(以下简称《通知》)发布,智慧城市建设首次获得中央正式文件支持,进入探索实践阶段。该《通知》指出,建设智慧城市是贯彻党中央、国务院关于创新驱动发展、推动新型城镇化、全面建成小康社会的重要举措,鼓励各地积极开展智慧城市建设。此后,我国智慧城市试点工作逐步在全国铺开。2014 年 8 月,国家发改委、工信部、科技部等八部门联合印发《关于促进智慧城市健康发展的指导意见》(以下简称《指导意见》),要求各地区各部门充分重视智慧城市的健康发展。上述《通知》和《指导意见》是我国智慧城市建设的标志性文本,标志着智慧城市建设逐步走向正轨。中央政府对智慧城市建设进行了政策规范,这意味着智慧城市政策在合理性和建设模式上均得到了中央层面的认可和重视。

我国智慧城市进入探索实践阶段后,各行动者对其建设模式提出不同设想。如图 2-1-3 所示,话语网络中出现了两个明显的凝聚子群,居于左侧的是以专家学者为节点构成的子群,居于右侧的是以地方政府为节点构成的子群。而以中央政府为节点的凝聚子群,居于两者之间。这说明我国该阶段的智慧城市建设,地方政府与专家学者之间的话语异质性愈加明显,两者间的同质话语则与中央政策文件较为一致。2013—2015 年这一时间段,是我国智慧城市建设的重要时期。除了智慧城市试点《通知》和建设《指导意见》之外,2015 年,"智慧城市"和"互联网＋"行动计划首次写入《政府工作报告》,《国务院关于积极推进"互联网＋"行动的指导意见》指出推动移动互联网、云计算、大数据、物联网与智慧城市相融合。同年 12 月，在国家层面成立了"新型智慧城市建设部际协调工作组"，由国家发改委和中信办共同担任组长单位。中央政府对智慧城市建设提纲挈领，一方面保持了谨慎的话语态度，另一方面鼓励各地方发展有特色的智慧城市。

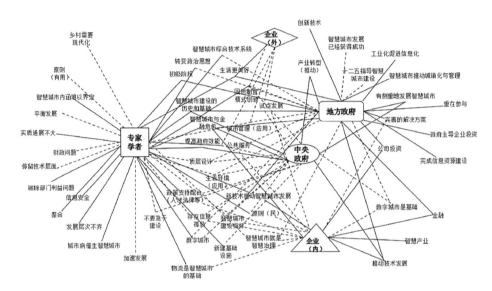

图 2-1-3　2013—2015 年智慧城市话语网络图

专家学者在此阶段更多地关注智慧城市建设的现实问题。在 2015 年"第十届中国智慧城市建设技术研讨会暨设备博览会"上，中国工程院院士崔俊芝表示"'互联网＋'对智慧城市建设带来的机遇与挑战并存"[①]。中国工程院院士邬贺铨也提到"无线城市、数字城市、物联网城市是智慧城市的必要条件"。智慧城市建设需要突破顶层设计与各部门之间的信息孤岛，同时也需要更多的基础设施建设。此外，地方政府在推进智慧城市试点的同时，也注重拓展智慧城市应用层面的发展，例如将智慧城市建设应用在城市管理、生活建设、信息化服务等方面。中外企业在话语上大多与地方政府保持一致，但也提出了具体诉求，将各自行业与智慧城市的推进紧密结合。总体而言，在该阶段智慧城市获得中央权威认可，

---

① 国际地球数字学会中国国家委员会.第十届中国智慧城市建设技术研讨会暨设备博览会[EB/OL]. 2016 - 01 - 20[2024 - 08 - 09]. http://cnisde.radi.ac.cn/hytz/hytz/201601/t20160120_323756.html。

并被广为接受。这也说明我国智慧城市政策实践由概念导入期进入了探索实践期。

在此基础上,继续基于 ERGM 主效应模型探讨各主体在此阶段位置的变化,结果如表 2-1-2 所示。以中央政府作为基准线,可以发现地方政府联盟、专家学者联盟均统计显著。这表明地方政府组成的联盟依然占据优势地位。同时,专家学者组成的联盟在整个政策话语网络中位置提升,其对智慧城市的话语开始发挥较为广泛的社会影响作用。

表 2-1-2　智慧城市政策话语主效应模型(2013—2015 年)

行动者	估计值	标准误	P 值
中央政府(基准线)	−0.408	0.174	0.019*
地方政府	−0.223	0.093	0.017"
外国企业	−0.498	0.106	0.031
中国企业	−0.513	0.125	0.023
专家学者	−0.461	0.099	0.104***
	AIC:6470	BIC:6504	

鉴于专家学者联盟在此阶段位置变化显著,进一步考察了专家学者联盟在此阶段的作用。具体方法是,在 ERGM 主效应模型中以专家学者作为基准线进行分析。在以专家学者作为基准线的主效应模型中,只有中央政府和地方政府存在显著性。由此推断,在智慧城市建设获得国家层面的认可后,专家学者表达智慧城市建设路径的话语,在整个话语网络中呈现显著增长,其中涉及的内容包括:我国智慧城市建设中存在的问题和策略探究[1]、智慧城市发展的技术依托[2]以及对国外智慧城市实践的思考[3]等,这些研究为我国智慧城市建设路径提供了有益参考。

---

[1] 辜胜阻,杨建武,刘江日.当前我国智慧城市建设中的问题与对策[J].中国软科学,2013(1):6-12.

[2] 李德仁,姚远,邵振峰.智慧城市中的大数据[J].武汉大学学报(信息科学版),2014,39(6):631-640.

[3] 王广斌,张雷,刘洪磊.国内外智慧城市理论研究与实践思考[J].科技进步与对策,2013,30(19):153-160.

（三）全面发展阶段（2016 年至今）

自 2016 年以来，我国智慧城市建设上升为国家战略，智慧城市建设进入全面发展阶段。2016 年中央政府工作报告要求深入推进新型城镇化，建设智慧城市。"十三五"规划纲要进一步将智慧城市列为"新型城镇化建设重大工程"。同时，国家发改委、中央网信办、国家标准委联合发布《新型智慧城市评价指标》（GB/T 33356—2016），智慧城市建设更加规范有序。

在此阶段，智慧城市建设上升为国家战略，各行动者的话语开始合流。由图 2-1-4 可以发现，各政策行动者之间共享话语增加，融合为一个凝聚群体。值得注意的是，专家学者在上一阶段提出的"信息安全""打破信息孤岛"等建言资政类话语，多次出现在地方政府的政策话语之中。这也印证了对专家话语联盟在智慧城市建设路径中所起作用的分析。在智慧城市实践中，先行开展智慧城市试点的地区已完成基本建设，而新一批的智慧城市建设正在获取顶层设计的支持。随着智慧城市建设向纵深推进，我国智慧城市建设路径也逐渐清晰和规范化。因而，此阶段政策行动者对智慧城市认知逐步加深，共享话语增加，话

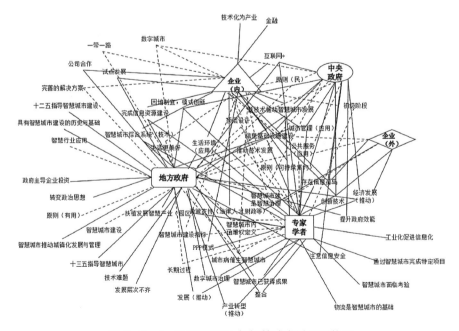

图 2-1-4　2016—2020 年智慧城市话语网络图

语联盟最终走向了政策话语的制度化。

通过表 2-1-3 的 ERGM 主效应模型可以发现，与中央政府相比，除外国企业外的各主体，都呈现出了显著性。究其原因，这一时期智慧城市议题已进入了制度化阶段，中央单独发布关于智慧城市建设的文件减少，而其他行动者围绕智慧城市则展开了较多的表述，地方政府、专家、企业纷纷在"中国智慧城市大会""中国智慧城市发展高峰论坛""中国智慧城市国际博览会"等较具影响力的会议上交流分享、建言献策。在智慧城市全面发展阶段，话语网络中主要为地方政府、中国企业、专家学者的话语概念，这些主体在网络结构中的位置逐步突显。对于外国企业在话语网络中不显著的统计结果，其背后的现实逻辑为：在我国智慧城市概念导入初期，以 IBM、Oracle 等为代表的外国企业，在话语网络中扮演着较为重要的角色。然而，随着国内 5G、大数据、人工智能等技术逐渐成熟，我国智慧城市建设可依托的本土企业越来越多，如中国移动、中国联通等通信运营商，百度、腾讯、阿里巴巴等信息技术企业。因此，在我国智慧城市进入全面发展阶段后，中国企业组成的话语联盟在话语网络中的位置比外国企业更加突出。

表 2-1-3　智慧城市政策话语主效应模型（2016—2020 年）

行动者	估计值	标准误	P 值
中央政府（基准线）	−0.630	0.097	0.021***
地方政府	0.262	0.051	0.233***
外国企业	−0.080	0.053	0.133
中国企业	−1.164	0.094	0.032***
专家学者	−0.698	0.056	0.211***
	AIC：30636	BIC：30677	

六、小结

智慧城市是我国现代化城市建设的战略目标，在我国经历了"海外概念—政策理念—政策实践"的政策发展过程。然而，这一政策实践过程不仅需要宏观政策部署，还需要社会多元主体的微观话语共同促成。我们通过话语联盟框架，描绘了我国智慧城市政策实践背后复杂、动态的多元话语辩论图景。结合新闻媒体对智慧城市的报道，梳理了我国智慧城市实践的话语概念，使用话语网络分析方法，动态呈现出我国智慧城市实践过程中，由中央政府、地方政府、专家学者、企业构成的行动者一致网络及其演变轨迹。通过分析，智慧城市从提出到全国铺开分为概念导入、探索实践、全面发展三个阶段。在传统的话语联盟的预设中，各联盟主体之间的关系是平等的，而在中国政治情境下，科层组织中的权力差序是影响话语联盟的重要因素。智慧城市每一阶段的话语网络变化，都呈现了中央顶层设计和多元主体的政策话语互动过程。

智慧城市的建设不仅是技术革新的过程，更是城市治理理念和实践的深刻变革。通过对政策话语网络的分析，我们可以看到，智慧城市的话语构建在推动城市管理向更加智能化、人性化的方向发展方面起到了关键作用。这种话语不仅涵盖了技术的应用，还包括了对城市居民生活质量提升的关注，以及对城市可持续发展目标的追求。智慧城市的实践已经证明，通过高效的数据管理和先进的信息技术，城市能够更好地应对各种挑战，包括自然灾害、经济波动和社会变迁。这种应对能力的提升，正是城市韧性增强的体现。智慧城市的建设通过优化资源配置、提高基础设施的智能化水平和加强社区参与，为城市带来了更高的适应性和恢复力。

此外，智慧城市话语网络的构建还促进了政策制定者、技术专家、企业和市民之间的沟通与协作。这种多方参与的治理模式，不仅有助于形成更加全面和深入的城市政策，也为城市韧性的构建提供了多元化的视角和解决方案。随着智慧城市理念的深入人心，我们有理由相信，城市将变得更加灵活、更具包容性，能够更好地适应未来可能出现的各种不确定性和挑战。在智慧城市的建设过程中，我们也应该意识到，技术的运用必须以增强城市韧性为目标，而不是单纯的技术展示。这意味着在智慧城市的规划和实施中，需要更多地考虑如何通过技术手段提高城市系统的冗余性、鲁棒性和快速恢复能力。同时，智慧城市的建设也需要考虑到不同社区和群体的需求，确保技术的发展能够惠及所有人，从而在提升城市整体韧性的同时，也促进社会的公平与包容。

随着智慧城市建设的不断深入，我们期待在未来的城市发展中，能够看到更多通过智慧化建设提升城市韧性的成功案例。这些案例不仅将展示智慧城市技术的应用成果，也将为其他城市提供宝贵的经验和启示。在接下来的章节中，我们将进一步探讨智慧城市试点的政策推广如何促进城市韧性的形成，以及政府数据治理机构在提升城市韧性中的作用。

第二节　城市韧性实践：智慧城市试点的政策推广

一、动态视角下的政策试点

政策试点（policy pilot）作为中国政治和行政过程中的"基础性制度"（the fundamental institution）已被学界广为关注，是研究我国国家治理机制的重要切入点。韩博天、王绍光等学者更是将政策试点视为理解中国实现经济腾飞，适应内外部复杂环境的重要手段[1][2]，从而将政策试点研究的视野，引向侧重于解释中国"经济奇迹"、体制弹性、渐进性制度变迁等宏大议题。在改革的语境下，"政策试点"被赋予了天然的积极意涵[3]。总的来看，既有研究主要聚焦于政策试点的启动机制[4]、发生过程[5]、领域特征[6]等，在多个领域已形成了丰富的经验研究，通过在不同政策试点领域的案例积累，为我们提供了一幅中国渐进式改革的图景。

然而，不少学者已经发现政策试点存在着诸多局限[7]，例如，试点成败受制

---

① 韩博天,石磊.中国经济腾飞中的分级制政策试验[J].开放时代,2008(5)：31-51.
② 王绍光.学习机制与适应能力：中国农村合作医疗体制变迁的启示[J].中国社会科学,2008(6)：111-133,207.
③ 刘培伟.基于中央选择性控制的试验——中国改革"实践"机制的一种新解释[J].开放时代,2010(4)：59-81.
④ 周望.政策试点是如何进行的?——对于试点一般过程的描述性分析[J].当代中国政治研究报告,社会科学文献出版社,2013：89-73.
⑤ 刘伟.政策试点：发生机制与内在逻辑——基于我国公共部门绩效管理政策的案例研究[J].中国行政管理,2015(5).
⑥ 梅赐琪,汪笑男,廖露,等.政策试点的特征：基于《人民日报》1992—2003年试点报道的研究[J].公共行政评论,2015,8(3)：8-24,202.
⑦ 吴昊,温天力.中国地方政策试验式改革的优势与局限性[J].社会科学战线,2012(10)：37-45.

于地方政府是否"配合"①；试点过度依赖财政转移支付，甚至产生负激励的现象②；试点过程中地方政府套取政策红利，以致政策试点流于形式③；试点地区领导的更替可能会造成试点的中断或更替，政策试点中的创新常常是形式化的花样翻新。对政策试点效果的评估则可能存在选择性偏差和霍桑效应，可能使得政策试行的结果被高估④。这些关于政策试点局限的研究，从不同角度对试点产生的负功能进行了分析，但其实都是地方政府在由点到面的政策试点推广过程中，不同试点阶段的行为方式与行为逻辑的呈现。

在实践中，不同政策试点阶段，地方政府面临着不同的政策环境与多重任务目标，政策试点推广的逻辑则因之不同。相同的政策试点行为，其背后则可能对应着迥异的政府行为逻辑。在不同的政策试点阶段，哪些逻辑与因素发挥着更加显著的作用？这反映着怎样的地方政府行为特点？通过引入动态过程视角，参考相关研究与我国政策试点的实践特点，我们将政策试点的过程划分为三个阶段：试点起始阶段、局部推广阶段和全面推广阶段。聚焦于十余年来我国城市管理的创新实践，以智慧城市政策试点过程为研究实例，探讨我国政策试点推广的多重逻辑，而有别于静态的政策扩散影响因素分析。需要说明的是，"网格化""数字化""智慧城市"已相继成为城市管理领域的政策标签，城市管理的实践，如同城市管理政策，也是一个动态的过程。我们研究的智慧城市⑤政策试点推广过程，是以2004年北京市东城区进入"数字化城市管理试点"为始点⑥，经住建部等多部门推动，迅速向各个城市扩散并不断丰富内容的一系列城市管理创新实践。

---

① TSAI W H, DEAN N. Experimentation under hierarchy in local conditions: cases of political reform in Guangdong and Sichuan, China[J]. The China Quarterly, 2014,218: 339 - 358.

② ZHU X F, ZHAO H. Social policy diffusion from the perspective of intergovernmental relations: an empirical study of the urban subsistence allowance system in China (1993 - 1999)[J]. Social Sciences in China, 2018, 39(1): 78 - 97.

③ MEI C, LIU Z. Experiment-based policy making or conscious policy design? The case of urban housing reform in China[J]. Policy Sciences, 2014, 47(3): 321 - 337.

④ 刘军强,胡国鹏,李振.试点与实验：社会实验法及其对试点机制的启示[J].政治学研究,2018(4): 103 - 116,128.

⑤ "智慧城市"作为城市的数字化、智能化管理方式经历了一个动态演进的过程，以2004年北京市东城区"城市网格化管理"为始点，逐步演进为"数字化城市管理"，再到2012年正式成为国家层面的规划，其建设内容与实践不断丰富。

⑥ 林雪霏.政府间组织学习与政策再生产：政策扩散的微观机制——以"城市网格化管理"政策为例[J].公共管理学报,2015,12(1): 11 - 23,153 - 154.

二、两个研究脉络：政策试点与政策扩散

（一）政策试点的运作过程与机制

政策试点的运作过程与运作机制是试点研究的核心议题，学界对于政策试点的过程研究，主要是针对不同政策领域的试点案例分析，涉及的领域有公共部门管理、住房政策、最低生活保障政策等，概括总结出试点的若干阶段，例如，有学者将政策试点的过程归纳为"两阶段十环节"[①]，即"先试先行"和"由点到面"前后两个阶段，涉及选点、组织、设计、督导、评估等十个环节；也有学者从政策过程理论出发[②]，提出试点的三阶段，前试点阶段（下级政府有较大自主空间）、试点阶段（上下级政府共同推进）、试点结束阶段（上级政府终止试点）。

在政策试点的运作机制方面，央地关系是基本的分析切入点。一些学者强调试点过程中自上而下的角度，侧重于中央对地方开展试点的收放和地方自主性的限度。例如，在韩博天的"分级制政策试验"（experimentation under hierarchy）分析框架内，上级对下级的先行先试的鼓励是一种前提性的赋权机制，决定了下级开展试点的合法性和广度。在政策试点过程中，确实存在中央集权与地方分权的互动，但中央始终掌握着试点推进、转向、停止或铺开的进程。另外，一些学者基于自下而上的角度，认为政策试点是地方政府的主动行为，在政策创新中发挥着主要作用，更多的学者则注意到了政策试点中央地互动的复杂性，试点虽然是地方政府的主动行为，但在试点过程中地方政府不断揣摩上级政策意图，试点体现的是中央政府的政策偏好[③]。

（二）政策扩散的理论模型与影响因素

不同于政策试点研究，政策扩散研究主要源自典型的西方学术脉络与政治

---

① 周望.政策试点是如何进行的？——对于试点一般过程的描述性分析[J].当代中国政治研究报告，2013：83-97.

② 刘伟.政策试点：发生机制与内在逻辑——基于我国公共部门绩效管理政策的案例研究[J].中国行政管理，2015(5)：113-119.

③ MEI C, LIU Z. Experiment-based policy making or conscious policy design? The case of urban housing reform in China[J]. Policy Sciences，2014，47(3)：321-337.

经验事实。国内外学者对政策扩散影响因素的理论视角,可概括为三种解释性模型:内部决定模型、水平影响模型和垂直影响模型[1]。内部决定模型认为政府自身内部的特定因素可能在某种程度上决定和促进政府创新与政策扩散;水平影响模型认为政策扩散的主要驱动因素来自与该创新采纳政府没有上下级关系的其他政府;垂直影响模型则认为政策扩散的动力来自更高行政层级的政府。对于政策扩散机制,既有研究区分了强制、竞争、学习和模仿四种机制[2]。

在具体影响政策扩散的因素方面,现有研究主要从政府内部与外部两个方面展开。影响政策扩散的内部因素主要涉及人口规模、经济总量、人均收入水平、产业结构等行政区域内的经济社会特征[3];外部影响因素主要包括上级政府的政策指令、政治信号、地方政府竞争、公众舆论等[4],它将政策扩散视为政策创新的府际传播过程。除了结构性的影响因素之外,政策企业家[5]、政策网络[6]等行动者因素也被学者们纳入政策扩散影响因素研究中。此外,地方官员的政治流动、制度压力、政策的绩效合法性与技术可行性等也是影响中国政策扩散的重要因素。

(三) 两个研究脉络的比较

比较两个研究脉络,我们可以发现,政策试点与政策扩散两者关注着相似的经验现象,却因循着不同的学术脉络,各有短长。政策试点研究通常是基于一般性观察的理论分析,或是基于具体试点的案例分析,试图提炼和发掘中国政策试

---

① 马亮.府际关系与政府创新扩散:一个文献综述[J].甘肃行政学院学报,2011(6): 33 - 41,123.

② ZHU X. Mandate versus championship: vertical government intervention and diffusion of innovation in public services in authoritarian China[J]. Public Management Review,2014,16(1): 117 - 139.

③ BERRY F S, BERRY W D. Tax innovations in the states: capitalizing on policy opportunity[J]. American Journal of Political Science,1992,36(3): 715 - 742.

④ WALKER R M, AVELLANEDA C N, BERRY F S. Exploring the diffusion of innovation among high and low innovative localities: a test of the berry and berry model[J]. Public Management Review,2011,13(1): 95 - 125.

⑤ MINTROM M. Policy entrepreneurs and the diffusion of innovation[J]. American Journal of Political Science,1997,41(3): 738 - 770.

⑥ VERGARI M M S. Policy Networks and Innovation Diffusion: The Case of State Education Reforms[J]. Journal of Politics,1998,60(1): 126 - 148.

点的本土特质,这些研究呈现了不同领域政策试点的特征与运作过程,注重解释中国特色的政策变迁。韩博天等学者的"央地互动视角、分级制政策试验"观点奠定了国内试点研究的基本路径,开创了试点研究的央地分析框架,即中央政府为地方政府的"先行先试"提供制度空间,激发地方政策创新,并择其优者进行更大范围的推广,而地方政府的政策创新与学习也被视作政治性适应手段,反映了上级政府的偏好。但这样的分析框架却在一定程度上遮蔽了对政策试点过程中地方政府诸多行为的解释,例如,地方政府对"先试先行"的积极争取、"跑部钱进""做局"等,既有的政策试点研究较难解释"试点初期生龙活虎,试点末期草草收场或流于形式"的现象。因而,对不同政策试点阶段的演化逻辑与因果机制的讨论,显得较为薄弱。随着不同试点领域的案例式研究的不断积累,该研究脉络一定程度上已呈现出边际学术贡献递减之势。

对于政策扩散这一研究脉络,因其规范、清晰的理论脉络,对分析我国政策试点推广过程有着积极的参考价值。近些年,随着中国学者对政策扩散理论与分析方法的引介,基于中国经验事实的政策扩散研究,数量和质量都已颇为可观。这些研究试图检验西方政策扩散研究对中国的适用性,并发掘中国地方政府创新扩散过程的独特性。但大多数政策扩散的研究框架来自西方理论模型,侧重于政策扩散的影响因素分析,并不能很好地解释中国单一制政治环境中的政策试点的推广过程[①],对政策试点过程的动态性与复杂性的关注也相对不足。

在分析政策试点与政策扩散这两个理论脉络的基础上,我们探讨中国制度背景下政策试点的基本逻辑与演化,尝试沟通政策试点与政策扩散两个研究脉络,在分析工具上引入政策扩散领域的量化方法,分析不同政策试点阶段的推广逻辑,注重解释中国政策试点的基本经验事实:从地方政府的跃跃欲试、积极争取,到试点的"形式化、表面化"。

(四)研究假设:不同政策试点阶段中的多重推广逻辑

大规模政策与制度变迁,往往涉及多重过程和机制[②],Tolbert 和 Zucker 研

---

① 朱亚鹏,丁淑娟.政策属性与中国社会政策创新的扩散研究[J].社会学研究,2016,31(5):88-113,243.

② 周雪光,艾云.多重逻辑下的制度变迁:一个分析框架[J].中国社会科学,2010(4):132-150,223.

究了美国地方政府采纳公务员制度的历史过程，她们发现在政策扩散的早期和后期，由于地方政府面临的制度环境不同，其政策扩散的逻辑也不同，在早期通常遵循效率逻辑，而后期则遵循合法性逻辑①。从政策扩散的理论脉络来看，影响政策试点推广的因素可从内、外部两个层面加以分析，其一为内部因素，通常体现为政府行为的效率逻辑，其遵循经济学理性主义的基本假定，即组织之所以采纳某一政策或制度，是出于其对组织运转的有效性和效率的考虑②；其二为外部因素，往往展现为政府行为的合法性逻辑，作为组织社会学新制度主义学派开创者的 Meyer 和 Rowan 通过大量的实证研究证明，很多时候组织采用某一组织结构或某一政策并非由于它们能够提升组织效率，而是出于提高组织在制度环境中的合法性的需要③。也就是说，效率逻辑是从组织内部的角度分析和解释组织行为，而合法性逻辑则是从组织外部的角度强调组织环境对组织行为的形塑④。

效率逻辑和合法性逻辑虽然存在着较强的竞争性，但均是从组织的结构性因素切入政策扩散研究。在政策变迁与政策试点过程中，特别是在中国政策情境下，除了结构性因素之外，政策主体（行动者）发挥着重要的能动作用，行动者与结构性要素相结合共同推动政策过程⑤。在学理意义上，一方面，制度结构为行动者提供行动机会与空间，另一方面，行动者对制度结构具有能动的塑造能力⑥。在实践意义上，我国的官员晋升"锦标赛"和行政发包制被视为地方政策创新与变迁的双重激励机制，作为政策企业家或地方政府核心行动者的地方党政一把手，能动地嵌入制度之中以获得其行动空间和制度资源，

①　TOLBERT P S, ZUCKER L G. Institutional sources of change in the formal structure of organizations: the diffusion of civil service reform, 1880 - 1935 [J]. Administrative Science Quarterly, 1983, 28(1): 22 - 39.

②　THOMPSON J D. Organizations in action: social science bases of administrative theory[J]. Social Science Electronic Publishing, 1967, 48(3).

③　MEYER J W, ROWAN B. Institutionalized organizations: formal structure as myth and ceremony[J]. American Journal of Sociology, 1977, 83(2): 340 - 363.

④　DIMAGGIO P J. Interest and agency in institutional theory[J]. Institutional Patterns & Organizations Culture & Environment, 1988: 3 - 22.

⑤　毛丹，陈佳俊.制度、行动者与行动选择——L 市妇联改革观察[J].社会学研究，2017,32(5): 114 - 139, 244 - 245.

⑥　[瑞典]汤姆·R.伯恩斯，等.经济与社会变迁的结构化：行动者、制度与环境[M].周长城，等，译.北京：社会科学文献出版社,2010.

成为地方经济绩效和政策演化的决定性变量①。一些学者将地方官员特征与流动,引入政策扩散研究②,这无疑是极具中国特质的要素,开启了政策试点研究的微观视野,我们将其概括为行动者逻辑,也纳入研究之中。

由此,通过搭建一个效率逻辑、合法性逻辑和行动者逻辑的动态分析框架,尝试厘清政策试点从起始到推广再到全面铺开的多重逻辑。核心问题为,在试点"由点到面"的不同阶段遵循何种试点推广逻辑,多重逻辑之间呈现出什么样的序贯关系。需要说明的是,上述政策试点推广的三种逻辑具有一定的理念性,在实践中三种逻辑不可避免地存在着交互与重叠,特别是行动者逻辑常常嵌入效率逻辑与合法性逻辑之中,发挥着能动作用。为尽可能降低三种逻辑的交叉重叠,在后文的自变量操作化上,将力求减少其多重共线性。

1. 效率逻辑

政策试点推广的效率逻辑侧重于行政区域内部的因素,从行政区域自身特点和需求出发分析政策试点推广的影响因素。在政策试点初期,进入试点有着很高的政策红利,具备条件的地方政府对争取进入试点有着很高的积极性,利用其自身禀赋大力争取试点的"先试先行"。因此,提出如下假设:

假设 1 - a: 在政策试点的起始阶段,效率逻辑对地方政府争取进入试点具有显著影响。

但是如果政策试点逐步在全国推广,随着同级政府进入试点不断增多,政策红利边际递减,试点的政绩动力也趋于弱化,效率逻辑可能不会对政策试点的推广产生显著影响。因此,提出如下假设:

假设 1 - b: 在政策试点的推广阶段,效率逻辑对地方政府争取进入试点不再具有显著影响。

2. 合法性逻辑

不同于基于理性选择的效率逻辑,合法性逻辑聚焦于诱使或迫使组织采纳在外部环境中具有合法性的行为模式的制度力量。从新制度理论的角度来看,

---

① 宋煜萍,舒遥.论地方政府竞争的实践逻辑与规塑路径——基于地方政府核心行动者的分析视域[J].学术研究,2014(11):77-81.

② ZHU X F, ZHANG Y L. Political mobility and dynamic diffusion of innovation: the spread of municipal pro-business administrative reform in China[J]. Journal of Public Administration Research & Theory, 2016,26(3).

当某项政策获得了多数政府的应用时，它就可能具有了规范性的合法性逻辑。合法性逻辑强调来自同辈或同行的规范压力和模仿压力，这会推动组织同形（Isomorphism），促使组织效法其他组织的实践。这种趋同现象，常发生在同一上级政府管理之下的同级政府之间。对于政府而言，获取制度合法性常常成为其采纳新政策的主因，甚至新政策并不是真实之需，也会象征性或表面性地采纳。据此，我们提出如下假设：

假设 2：在政策试点的推广阶段，同一省份中进入政策试点的地级政府越多，其他同级政府越有可能争取进入该政策试点（邻近效应）。

重要媒体的关注会吸引各级政府的注意力，形成一定的舆论压力，影响地方政府的政策议程①。尤其是全国性的官方媒体，作为中央意见和建议的传声筒，影响着地方政府行为。中央政府通过官方媒体发出支持某一政策的"信号"时，即使没有经济激励和行政压力，地方政府仍会通过积极响应，与中央政府步调一致以表达组织忠诚。在单一制的行政体制下，中央政府发布的正式文件对地方政府行为的影响巨大②，特别是当中央政府或上一级政府明确了政策导向之后。无论是横向组织间趋同现象，还是官方媒体所释放的信号，均高度依赖于行政指令。因此，我们提出如下假设：

假设 3：在政策试点的推广阶段，当中央政府或上一级政府政策导向越明确，下一级政府越有可能争取进入试点（纵向压力）。

3. 行动者逻辑

地方主官在地方经济社会发展中扮演着重要角色，在政策选择与决策中也发挥着关键作用。在政策扩散领域，不少学者都在关注官员的特征及其政治流动对创新意愿的影响。异地交流而来的官员通常会有更大的动力去争取政策试点的"先试先行"，一方面，通过政策试点可以动员人力、资金等组织资源，增强组织向心力、树立威信；另一方面，官员异地交流作为锻炼干部能力的制度安排，被交流官员需要向上级发出"强能力"的信号，以期获得上级的关注和赏识。据此，我们提出如下假设：

---

① NICHOLSON-CROTTY S. The Politics of Diffusion: Public Policy in the American States[J]. Journal of Politics, 2009, 71(1): 192 - 205.

② 李林倬.基层政府的文件治理——以县级政府为例[J].社会学研究,2013,28(4): 101 - 128,244.

假设 4‑a：在试点的起始阶段，当地方主官来自其他地级市或省份时，其更可能争取进入政策试点。

此外，有研究者发现，主政官员如果推动过某项政策的采纳或实施，那么他对该政策的理念、操作化方案等内容拥有更多专业知识、具备较强的政策决断能力①。对政策试点而言，如果官员来自"创新地"，即已经开展政策试点的城市，可以认为他在政策议程中会发挥"政策企业家"的角色。在风险与机会并存的政策试点过程中，他们更可能将过去的"成功"政策经验转变成新的政策方案。因此，提出如下假设：

假设 5‑a：在试点的起始阶段，如果主政官员曾在试点城市工作过，更可能争取政策试点。

制度空间为政策行动者提供了一个基本的行为空间与约束条件。在全国性制度出台之前，地方官员是否采纳一项创新性政策或争取政策试点，主要取决于自身工作经验、工作需要或者对政策的认知等个体因素。但随着政策试点进入推广阶段，进入政策试点的城市也越来越多，此时，是否争取这一政策试点，个体的行动者效应会逐渐减弱或者消失。因此，提出如下假设：

假设 4‑b：在试点的推广阶段，地方主官来自其他地级市或省份对政策试点的效应减弱或消失。

假设 5‑b：在试点的推广阶段，地方主官即便曾在试点城市工作过，也不会对其主政城市争取政策试点产生显著影响。

三、研究设计

（一）实例选择与样本来源

政策试点是我国国家治理中常见的政治现象，因国家治理的领域、路径与目标十分多样，政策试点的类型也呈现多元样态。依据不同的分类方式，政策试点可以划分为不同类型，例如，按照试点的跨领域性、任务复杂性，可划分为综合试点、专项试点；按照试点的发起方，可划分为中央授权型试点、地方自主型试点。此外，还可基于试点的领域、层级、效果、政策工具、推动策略等进行划分，不一而足。

① 朱亚鹏.政策过程中的政策企业家：发展与评述[J].中山大学学报（社会科学版），2012（2）：156‑164.

我们力图探讨不同政策试点阶段的推广逻辑，注重解释中国政策试点的基本经验事实。因而，在研究实例的选择上，侧重于选取地方政府具有较强自主性、具备较长经验观察周期，并涉及全国范围的试点。智慧城市（数字化城市管理①）试点为我们提供了一个良好的试点案例。首选，该试点属于城市治理领域，牵涉职能部门广，能够呈现出政策试点自身的复杂性；其次，地方政府在城市治理领域有较强的政策自主性，央地互动在试点推广过程中能够展现得比较充分；最后，智慧城市建设内容与实践不断丰富，历时十余年，体现了不同的政策试点的推广阶段。因而，选择智慧城市政策试点作为研究实例与我们的研究问题有较强的适切性。

在样本选择方面，以我国副省级与地级市作为基本统计单位，样本数据覆盖了我国 281 个城市。根据事件史分析方法对数据结构的要求，笔者建立了 281 个城市的生存数据（Survival Data）。针对 281 个城市的考察期为 2004—2014 年，2004 年北京市东城区在国内率先开始推行"万米单元网格化城市管理制度"，因而将该年确定为我国进行"数字化城市管理/智慧城市"的开端。为保持研究的一致性，我们选择忽略这一观察期内未正式建立的地级市和撤销的地级市。例如，2012 年建立的三沙市和 2011 年由地级市转为县级市的巢湖市。在模型中，覆盖了 281 个城市不同时段的数据，去除掉缺失过多数据的观测点，进入模型的"市-年"观测点共计 2 677 个。

（二）变量设计与测量

1. 因变量

因变量设定为"是否进入数字化城市管理（智慧城市）政策试点"，即某个城市在某个年份是否进入数字化城市管理/智慧城市政策试点，为二分变量。编码方式为，在某城市进入该政策试点年份之前，该变量记为 0，而在该年份之后，不再记录。该变量的信息来源于住建部发布的各期《数字化城市管理工作简报》（2004—2014 年）和网络资料收集②。需要说明的是，我们的研究实例"智慧城

---

① 所谓"数字化城市管理"，是综合运用遥感、遥测、网络、多媒体及虚拟仿真等技术对城市的基础设施、功能机制进行信息自动采集、动态监测管理和辅助决策服务的技术系统，再造城市管理流程，从而实现精细化管理的城市管理新模式。它作为"智慧城市试点"的前序政策试点而存在。

② 对住建部发布的《数字化城市管理工作简报》中无法提取的样本城市，在百度搜索引擎中分别输入"城市名＋数字化城管"或"城市名＋网格化管理"或"城市名＋数字化城管平台"等，对信息加以甄别，获取样本城市采纳创新政策的事件及其年份信息。

市”,在实践层面上,作为城市治理范式与手段经历了一个动态演进的过程,以2004年北京市东城区"城市网格化管理"为始点,逐步演进为"数字化城市管理"和"智慧城市",其建设内容与实践不断丰富;在政策层面上,"智慧城市试点"与"数字化城市管理试点"也是一脉相承的。因此,设计因变量时以2004年"数字化城市管理试点"作为试点的起始年份。

2. 自变量

对于效率逻辑,选择人均GDP、人口密度两个变量,验证效率逻辑对进入政策试点的影响,以及随着外部环境变化而发生的改变。选择依据与思路为:其一,城市经济发展水平越高,意味着其具有更高的资源配置和生产效率,这会对其城市管理提出更加快捷、准确、高效的要求。此外经济发展水平较高的城市,也意味着具有较为雄厚的财力来支撑其争取进入智慧城市试点;其二,人口规模和密度的增长对城市管理能力提出了挑战,而数字化城市管理作为新型、高效的治理模式,进入了管理者的视野。相对而言,城市辖区人口密度越大,其内部治理结构也就越复杂,对政府的城市治理能力有着更高的要求。因此,人均GDP、人口密度两个变量,能够较好地体现地方政府争取进入政策试点的效率逻辑。考虑到经济因素影响的滞后性,对人均GDP这一变量进行滞后处理,使用其上一期的数据,即每一个城市在上一年的人均区域生产总值;辖区人口密度是衡量区域内部生产能力的重要指标,为保证数据可比性,将辖区人口密度取对数纳入模型。

针对合法性逻辑设计两个变量。首先为邻近效应变量,将其操作化为省内采用数字化城市管理(智慧城市)政策的城市数量除以省内其他城市总数。其次是纵向压力变量,鉴于《人民日报》与各省报在我国政治生态中的特殊性,将该变量操作化为《人民日报》与各省报中有关数字化城市管理(智慧城市)的新闻篇数之比。无论横向组织间趋同现象,还是官方媒体所释放的信号,均高度依赖于行政指令。例如,尽管建设部2007年发布的建办城函[2007]12号文并非强制性法律与政策,但是依然释放了一个明确的信号,即推行数字化城市管理或智慧城市,是符合中央精神的。在此意义上,政策文件会加剧地方政府之间的横向竞争,同时也会使得地方政府更加关注《人民日报》等中央媒体的报道。因而,我们预测在政策试点的推广阶段,中央媒体关于"智慧城市""数字化城市管理"等内容的报道越多,地方政府越有可能争取智慧城市试点。

　　针对行动者逻辑设置若干城市主官特征变量，分别为市委书记来源、市长来源（当在任书记/市长来源于该市或该省份政府时，记为"0"，否则记为"1"）；还设置了"市领导是否在创新地工作过"这一虚拟变量，编码方式为，如果市委书记或市长曾在创新地工作过，则记为1，否则为0。这一部分数据来源于各年份的《中国城市统计年鉴》（2004—2014年），以及中国领导干部资料库、择城网和百度百科等互联网资源。此外，在2004—2014年我国城市管理进程中，有两项政策值得关注：2007年的"建办城函[2007]42号文"，标志着中国数字化城市管理自2008年起进入全面推广阶段[①]；而2012年住建部推动的"国家智慧城市试点"[②]，则标志着数字化城市管理进入了建设"智慧城市"的新阶段。此后召开了中央城镇化工作会议，"智慧城市"也成为被多次提及的重点。将这两项政策分别转化为虚拟变量纳入模型。表2-2-1呈现了模型使用的变量[③]及其测量方法，表2-2-2是各变量的描述性统计。

表 2-2-1　变量及其测量方法

变量名称	含义	测量方法	资料来源
因变量			
adopt	是否进入智慧城市/数字化城市管理政策试点	如果某城市进入了智慧城市/数字化城市管理政策试点，则记为1，反之则为0	自建资料库
自变量			
效率逻辑			
GDP	人均GDP	人均区域生产总值（单位：千元）	《中国城市统计年鉴》
pop_log	辖区人口密度	市辖区年末人口/市辖区面积（万人/平方公里）	《中国城市统计年鉴》

---

　　① 建办城函[2007]42号文的主要内容为，根据全国建设工作会议的工作部署和全国数字化城市管理工作会议要求，加快推进数字化城市管理试点工作。就工作目标而言，2005—2007年为试点工作阶段，2008—2010年为全面推广阶段。

　　② 2012年11月22日住房和城乡建设部正式发布了关于开展国家智慧城市试点工作的通知，并印发了《国家智慧城市试点暂行管理办法》和《国家智慧城市（区、镇）试点指标体系（试行）》两个文件。

　　③ 各变量之间的共线性诊断显示方差膨胀因子（VIF）均小于5，说明各变量间不存在严重的共线性问题。

续　表

变量名称	含义	测量方法	资料来源
合法性逻辑			
neighbor	邻近效应	省内采用数字化城市(智慧城市)政策的城市数量除以省内其他城市总数	国家住建部官网、网络抽样
news	纵向压力	《人民日报》与各省报中有关数字化城市(智慧城市)的新闻篇数之比	中国知网
行动者逻辑			
ori_ps	市委书记来源	当在任书记来源于该市或该省份政府时,记为"0",否则记为"1"	中国领导干部资料库、择城网
ori_may	市长来源	测量方法同市委书记来源	中国领导干部资料库、择城网
innovation	市委书记、市长是否在创新地工作过	是,记为"1";否,记为"0"	中国领导干部资料库、择城网
时间控制变量			
duration	每次事件从开始到发生所需要的持续时间	该城市采用政策创新之前,从观察期开始到每年的持续时间*	自建资料库

* 事件史方法的一种数据结构　假设观察期从第 n 年开始,第 n+5 年政策被 A 城市采用,则对应 A 城,有 n,n+1,n+2…n+5,6 行数据,"到每年",即 n+x 的第 x 年,是一种控制变量的方式。

表 2-2-2　自变量的描述性统计

变 量	观测值	均值	标准差	最小值	最大值
人均 GDP	2 677	2.76	2.31	0.24	29.05
辖区人口密度	2 677	3.05	0.49	1.59	4.43
邻近效应	2 677	0.25	0.32	0	1
纵向压力	2 677	0.88	0.80	0	5
市委书记来源	2 677	0.49	0.50	0	1
市长来源	2 677	0.58	0.49	0	1
市委书记、市长是否在创新地工作过	2 677	0.14	0.35	0	1

3.计量模型

采用事件史分析模型(Event History Analysis，EHA)检验多重逻辑对各城市进入智慧城市政策试点的影响。事件史分析方法由贝瑞夫妇于 1990 年首次引入政策扩散研究领域[①]，此后该方法逐渐成为研究这类问题的主流方法。所谓事件史，是指在特定时期内，对某个体是否经历某个事件的记录。此处因变量是虚拟变量，在"事件"发生时取值为 1，未发生时取值为 0，即进入政策试点被采纳取值为 1，未被采纳为 0。因变量的二分性质让 Logit 模型成为优选。目前学界进行扩散研究大多使用离散时间事件史分析方法，但这一方法难以控制时间因素对政策试点的影响，因此引入时间控制变量(duration)，这一变量表示该城市进入政策试点之前的持续时间。此外，我们在回归模型中还增加"三次样条"变量[②](cubic splines)，既可以保证时间影响的平滑性，又能够避免设置年份虚拟变量而造成的自由度损失。模型如下：

$$\log it(p_{i,t}) = \log\left(\frac{p_{i,t}}{1-p_{i,t}}\right) = b_0 + b_1 * GDP_{i,t-1} + b_2 * pop\_log_{i,t-1}$$
$$+ b_3 * neighbor_{i,t-1} + b_4 * news_{i,t-1} + b_5 * ori\_ps_{i,t-1}$$
$$+ b_6 * ori\_may_{i,t-1} + b_7 * innovation_{i,t-1}$$
$$+ b_8 * duration_{i,t-1} + b_9 * spline_{i,t-1}$$

其中 $p_{i,t}$ 是地方政府 i，在年份 t 采纳政策的概率，$\frac{p_{i,t}}{1-p_{i,t}}$ 为优势比 (odds)。公式中等号右边的变量除常数项 b_0 外，其他变量涉及了效率逻辑、合法性逻辑以及行动者逻辑三个方面，已在变量设计部分具体阐述。

四、实证分析与结果

(一) 考量时间因素的 EHA(logit spline)分析

在表 2 - 2 - 3 所示的 logit spline 模型中，纳入了代表时间因素的 duration 变量

---

① BERRY F S, BERRY W D. State lottery adoptions as policy innovations: an event history analysis[J]. American Political Science Review，1990，84(2).

② Spline 是由 Richard Tucker 开发的软件包 btscs 自动生成的三次样条变量。

与 spline 变量。模型 1 报告了效率逻辑(人均 GDP、辖区人口密度)的基线回归结果;模型 2 中增加了合法性逻辑的变量,包括邻近效应与纵向压力;模型 3 把行动者逻辑考虑在内,包括市委书记来源,市长来源,市委书记、市长是否在创新地工作过等。

表 2 - 2 - 3　时间因素事件史(logit spline)分析模型

变量	模型 1		模型 2		模型 3	
	系数 (标准误)	优势比 变化	系数 (标准误)	优势比 变化	系数 (标准误)	优势比 变化
事件						
建办城函[2007]42 号文(2007)			1.40*** (0.39)	4.07	1.25** (0.40)	3.48
智慧城市试点政策(2012)			−3.27** (0.51)	0.04	−3.11** (0.52)	0.04
效率逻辑						
人均 GDP	0.19*** (0.03)	1.20	0.13*** (0.04)	1.14	0.12*** (0.04)	1.13
辖区人口密度	0.56** (0.23)	1.75	0.45* (0.24)	1.57	0.43* (0.24)	1.53
合法性逻辑						
邻近效应			1.89*** (0.40)	6.62	1.85*** (0.41)	6.35
纵向压力			0.33** (0.14)	1.39	0.32** (0.15)	1.38
行动者逻辑						
市委书记来源					0.71** (0.27)	2.04
市长来源					0.24 (0.27)	1.27
市委书记、市长是否在创新 地工作过					0.84*** (0.28)	2.31
duration	0.85*** (0.17)	2.34	0.78*** (0.18)	2.18	0.72*** (0.18)	2.06
_spline1	−0.002 (0.002)	1.00	−0.003 (0.002)	1.00	−0.003 (0.003)	1.00
_spline2	5.38*** (0.82)	216.23	4.76*** (0.78)	117.14	4.77*** (0.81)	118.30
_spline3	−1.99*** (0.56)	0.137	−1.60*** (0.51)	0.20	−1.60*** (0.53)	0.20

续　表

变量	模型 1		模型 2		模型 3	
	系数 （标准误）	优势比 变化	系数 （标准误）	优势比 变化	系数 （标准误）	优势比 变化
_cons	−6.16***		−3.71***		−4.41***	
	(0.75)		(1.00)		(1.05)	
N	2 677		2 677		2 677	
McKelvey & Zavoina's R^2	0.275 3		0.354 9		0.368 7	
Log lik	−295.06		−262.67		−252.77	

注：回归系数在括号外，标准误在括号内。*** $p < 0.01$, ** $p < 0.05$, * $p < 0.1$。

　　有关效率逻辑的变量中，人均 GDP、辖区人口密度都与因变量呈显著正向相关。虽然在其他外部变量加入后这些变量的影响有所减弱，但在模型 2 与模型 3 中持续显著，表现出较好的稳健性，可见效率逻辑对政策试点的显著影响。模型 2 加入了合法性逻辑，不难看出，邻近效应十分显著。即在同一省份内，一旦邻近城市进入了数字化城市管理（智慧城市）试点，会对未进入试点的城市产生合法性压力，进而促进该市争取进入试点。此外，《人民日报》的报道量作为中央政策话语的风向标，也对地方政府争取进入政策试点产生积极影响。模型 3 加入了行动者逻辑，展示了官员的背景属性对其主政城市争取进入政策试点的影响。当地方主官来自其他地级市或省份，城市更可能争取进入政策试点；如果主政官员曾在创新地工作过，在其官员流动过程中，更可能将创新地的成功政策经验加以应用，从而促进政策试点的推广。

　　为确保上述统计分析的稳健性，借鉴 Chenery 和 Syrquin 的方法[①]，采用半对数模型（Half-Logarithm Model）进行了稳健性检验，半对数模型能很好地减少异方差，并呈现变动的相关性。半对数模型的统计结果与表 2 - 2 - 3 有一定的差异，但基本一致，这表明统计模型是稳健的。但是上述统计模型无法区分各因素在政策试点不同阶段的影响，如果不做进一步地分析，很容易将三种政策试点的推广逻辑等量齐观，因而有必要将政策试点的不同阶段纳入分析。

---

　　①　HOLLIS C, MOISES S. Patterns of development, 1950 - 1970[M]. Oxford：Oxford University Press，1975.

（二）对效率、合法性、行动者逻辑的分时段分析

我们旨在理清不同时段，不同政策试点推广逻辑的影响效果。为此将时间段进行划分，以期探求各时段多重政策推广逻辑的效果变化。分段常指数模型（Piecewise Constant Exponential Model，PCEM）可用于任何类型的截尾数据，对其时间区间参数进行较好地估计，试点推广的不同阶段可能受到不同因素的影响，使用该模型以衡量不同阶段各推广逻辑的显著性情况。将建办城函〔2007〕42 号文与智慧城市试点政策（2012 年）作为两个关键政策，将数字化城市管理（智慧城市）的政策试点过程划分成三个时段。

表 2-2-4　分段常指数函数模型

	2004—2007 年（试点起始）		2008—2012 年（局部推广）		2013—2014 年（全面推广）	
	系数	标准误	系数	标准误	系数	标准误
Time Period	-10.07^{***}	1.49	-5.33^{**}	1.02	-7.00^{***}	1.40
效率逻辑						
人均 GDP	0.32^{***}	0.08	0.008	0.05	0.06	0.05
辖区人口密度	0.85^{**}	0.37	0.22	0.29	0.38	0.31
合法性逻辑						
邻近效应	-58.91	95.17	1.01^{*}	0.56	2.37^{**}	0.96
纵向压力	0.07	0.28	0.10	0.18	0.39^{**}	0.19
行动者逻辑						
市委书记来源	1.07^{*}	0.56	0.63^{*}	0.32	0.31	0.35
市长来源	-0.01	0.52	0.21	0.32	0.21	0.36
市委书记、市长是否在创新地工作过	1.90^{***}	0.50	0.36	0.34	0.57	0.38
N	3 969					
Log lik.	-264.85					
Wald chi2(44)	1 377.45					

注：*** $p<0.01$，** $p<0.05$，* $p<0.1$。

在试点起始阶段（2004—2007 年），辖区人口密度、人均 GDP、地方主官来

源、地方主官在创新地的工作经历,对城市进入政策试点具有显著正向影响,而合法性逻辑在这一阶段则没有发挥显著作用。这说明在智慧城市试点初期,各城市主要是基于自身需求和经济实力,而进行是否争取试点的决策,同时这一阶段政策决策也与地方主官的背景属性有着密切的关系。也就是说,在试点阶段,地方政府积极利用其自身禀赋,争取试点的"先试先行",从而展现为效率逻辑与行动者逻辑的结合,由此可以证明假设 1 - a、4 - a、5 - a。

在局部推广阶段(2008—2012 年),合法性逻辑开始发挥显著作用,效率逻辑和行动者逻辑之中的若干变量,由于进入试点的同级政府不断增多和政绩的驱动作用,对进入政策试点的显著影响逐渐消失。因而在局部推广阶段,地方政府进入试点,展现为合法性逻辑与行动者逻辑的结合,由此假设 1 - b、4 - b、5 - b得到部分证明。在全面推广阶段(2013—2014 年),我们可以发现,体现合法性逻辑的"纵向压力"与"邻近效应"两个变量,对因变量的影响十分明显,而效率逻辑和行动者逻辑在此阶段,则不再具有显著影响。随着智慧城市建设在各地级市的全面铺开,未采纳该政策的城市已经成为"小数现象"[①],加之政策红利的边际递减和政绩驱动弱化,在全面推广阶段,地方政府进入试点只是合法性逻辑使然。由此可以证明假设 2 和假设 3。

(三)试点阶段划分合理性的检验：基于断点回归设计

对效率逻辑的操作化是通过地方区域内部特征变量加以实现,合法性逻辑通过纵向压力与邻近效应得以展现,城市主官的政治背景与流动构筑了行动者逻辑。不同政策试点阶段呈现了地方政府不同的试点推广逻辑,将"建办城函[2007]42 号文"和"智慧城市试点政策(2012 年)",作为试点阶段划分的依据是否合理? 我们尝试使用断点回归设计(Regression Discontinuity Design),对此进行检验。断点回归是量化研究领域日趋重要的方法,不同于传统 OLS 回归,断点回归能有效地控制内生性问题,其实质是一种局部随机实验。断点回归的基本原理是,以外生制度或政策断点,将样本按照一定规则分配到断点两侧,断点附近样本受到随机因素干扰,两侧被分为控制组与处理组,然后观察这种制度

---

① 资料来源：国土资源部[EB/OL].(2014 - 2 - 15) http://news.163.com/14/0215/03/9L3IO3UQ00014AED.html. 截止到 2013 年,采纳智慧城市政策的地级市已达 230 个,占我国地级市总数的 81.9%。

或政策对研究样本的影响。

根据样本中的观测值被分配给处理组和控制组的情况,断点回归可以分为清晰(sharp)和模糊(fuzzy)分析。清晰断点回归是将所有目标样本全部纳入实验组,非目标样本全部纳入对照组;模糊断点回归则允许一定比例的目标样本未进入实验组,同时也允许一定比例的非目标样本进入实验组。"建办城函[2007]42 号文"和"智慧城市试点政策"均非强制性法律与政策,各个城市的政策响应不会整齐划一,而是存在着政策采纳的时间先后。因此采用模糊断点回归的方法(FRDD),对智慧城市试点推广的多重逻辑进行检验。

模糊断点回归通常包括以下几个要素,分别为自变量(causal variable)、因变量(outcome variable)、参考变量(forcing variable)及断点(cutoff)。Trochim 认为当自变量是内生变量时,则存在一定的选择性偏误(selection bias)[1],无法直接识别自变量与因变量的因果效应,如果能找到一个外生于因变量而又与自变量高度相关的参考变量,便能更好地识别自变量对因变量的因果影响。而断点则是参考变量的一个"临界值",若参考变量超过该"临界值",则意味着自变量处于某一取值状态。对本研究的模糊断点回归模型而言,自变量为二分变量,表示各城市是否受相关政策(建办城函[2007]42 号文、智慧城市试点政策)的影响;因变量也为二分变量,即各城市是否进入政策试点;参考变量为年份;两个断点对应的政策为"建办城函[2007]42 号文"(2007 年)和"智慧城市试点政策"(2012 年),体现了政策因素的作用。模糊断点回归设计的优势在于可以尽可能地将观测样本限制在断点附近,即断点两边范围足够小,则可以较好地控制由于时间变化导致的偏误,从而得到参考变量(年份)代表的自变量(受政策影响)对因变量(政策采纳)的无偏估计。如果在断点处出现了因变量的跳跃(不连续),则说明断点代表的外部政策和数字化城市管理的政策采纳之间存在显著因果关系。此外,协变量(控制变量)也是模糊断点回归的重要组成部分。模型引入的协变量包括,地区类型、第三产业占比、城市行政等级、人口密度(取对数)。

在进行断点回归分析之前,需要对平滑性与密度分布连续性两个假设进

---

① TROCHIM W M K. Research design for program evaluation: the regression discontinuity approach[J]. Journal of the American Statistical Association, 1984, 81(2): 871-872.

行检验，只有满足上述两个假设，断点回归分析才是有效的。平滑性假设要求协变量（控制变量）是连续的，即在断点处不出现跳跃；密度分布连续性假设要求参考变量密度分布曲线是连续的。根据 Imbens[①] 和 McCrary[②] 的方法，分别进行了平滑性检验与参考变量密度连续性检验，结果表明两个假设都被满足。

图 2-2-1 为断点回归分析的散点图，可以发现，在"建办城函[2007]42 号文"与"智慧城市试点政策"两项政策出台前后，各城市进入政策试点的情况，在断点处有一个明显的跳跃。因而，可以认为上述两项政策对各城市争取进入政策试点产生了显著影响。以 2008 年和 2013 年为时间点，划分政策试点阶段的时间节点，是合理且必要的。

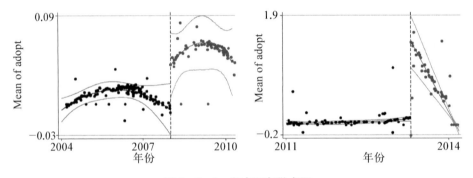

图 2-2-1　断点回归散点图

表 2-2-5 呈现了断点回归分析的统计结果，我们可以发现，在模型中通过"年份"呈现的"建办城函[2007]42 号文"，分别在最优带宽、1.5 倍带宽、2 倍带宽上，对进入政策试点具有显著影响。以 1.5 倍带宽为例，2008 年数字化城市管理开始全面推广，处理组中的城市采纳概率比控制组高出 5.4%。同样地，"智慧城市试点政策"也分别在最优带宽、1.5 倍带宽、3 倍带宽上，对处理组和控制组的城市呈现出显著的政策效应。这也表明选取"建办城函[2007]42 号文"和"智慧城市试点政策"两项政策，作为划分政策试点时间段的依据是合理的。此外，在

①　IMBENS G W. Better late than nothing：some comments on Deaton（2009）and Heckman and Urzua（2009）[J]. Journal of Economic literature，2010，48(2).

②　MCCRARY J. Manipulation of the running variable in the regression discontinuity design：A density test[J]. Journal of Econometrics，2008，142(2)：698-714.

断点回归设计中不加入协变量也是一种合理的做法①,因此我们还尝试了未加入协变量进行断点回归,统计结果与表 2 - 2 - 5 基本一致,这表明断点回归模型是稳健的。此外还对断点回归模型进行了证伪检验,结果显示模型具有较好的有效性。

表 2 - 2 - 5　断点回归结果

断点 (2008 年)	模型 1	模型 2	模型 3	断点 (2013 年)	模型 1	模型 2	模型 3
最优带宽 (1.872)	最优带宽	1.5 倍带宽	2 倍带宽	最优带宽 (2.012 1)	最优带宽	1.5 倍带宽	2 倍带宽
$adopt$	0.054*** (0.02)	0.053*** (0.02)	0.040*** (0.01)	$adopt$	0.222*** (0.05)	0.232*** (0.05)	0.175*** (0.04)
是否加入 协变量	是	是	是	是否加入 协变量	是	是	是
N	2 677	2 677	2 677	N	2 677	2 677	2 677

基于断点回归可进行"因果推论"的特性,并结合前文的分段常指数函数模型统计结果,我们可以得出如下判断,在 2008 年之前,即智慧城市政策试点初期,效率逻辑发挥着更加显著的作用。在 2013 年之后,即智慧城市政策试点的全面推广阶段,合法性逻辑则是政策试点的主导逻辑。

五、小结

Michael Mintrom 曾批评政策扩散研究仅仅关注政策采纳这一结果②,而把政策试点过程视为一个"黑箱"。我们则尝试打开政策试点过程这一"黑箱",探讨不同政策试点阶段的影响因素及其基本逻辑,使用事件史(EHA)分析模型和分段常指数模型(PCEM),检验了效率逻辑、合法性逻辑和行动者逻辑对地方政

①　断点回归中可以选择是否加入协变量。加入协变量可能会降低残差平方和,但是协变量系数的估计误差也会降低估计效率,而且协变量间的共线性或异方差性会使断点回归的局部实验效应结果产生偏误。

②　MINTROM M. Policy Entrepreneurs and the Diffusion of Innovation[J]. American Journal of Political Science,1997,41(3):738-770.

府进入政策试点的影响。然后，在此基础上使用模糊断点回归设计（FRDD），对上述三种逻辑在不同试点阶段的作用效果进行了检验。研究发现，在试点起始阶段，地方政府积极利用其自身禀赋，争取试点的"先试先行"，从而展现为效率逻辑与行动者逻辑的结合；在局部推广阶段，由于政绩驱动和进入试点的同级政府不断增多，地方政府进入试点，展现为合法性逻辑与行动者逻辑的结合；在全面推广阶段，随着政策红利的边际递减和政绩驱动弱化，地方政府进入试点只是合法性逻辑使然。

21世纪以来，"网格化管理""数字化城市管理""智慧城市"已相继成为我国城市管理的理念与抓手，从中可以发现我国智慧城市建设的基本轨迹：北京东城区于2004年首推网格化管理，获得中央编办、国家科技部和建设部的肯定，并于2005年被建设部确认为"城市管理新模式"，并开始推动试点工作。至2007年，推行数字化城市管理的城市数量增至41个。在该政策试点的起始阶段，效率逻辑与行动者逻辑均对进入政策试点产生显著影响。在政策试点的局部推广期（2008—2012年），该政策开始在全国推广，截止到2012年，我国推行数字化城市管理的城市达到125个，合法性逻辑与行动者逻辑相结合在政策试点的局部推广期发挥着重要作用。在智慧城市试点的全面推广期（2013—2014年），为响应中央新型城镇化的号召，多个部委联合大力推行智慧城市试点，截止到2014年，已有241个城市进行智慧城市建设①。目前发展智慧城市已经写入了中央和地方政府的"十四五"规划，各地推行智慧城市的纵向压力与邻近效应不断增大，合法性逻辑在该阶段发挥着主导作用。

从实证分析结果可以发现，在政策试点的不同阶段，地方政府的行为逻辑发生了明显的改变。为何如此？在数字化城市管理（智慧城市）诞生之初，地方政府对于这一创新实践是否符合上级领导和中央政府的意志，是否符合未来城市管理发展的方向，把握不清，甚至会有一些质疑，因此各城市的政策采纳较为谨慎，注重从本地的城市管理需求和财力等实际条件出发，效率逻辑在该阶段发挥

---

① 数据来源：工信部［EB/OL］.（2014 - 4 - 21）http://www.forestry.gov.cn/portal/xxb/s/2529/content-672251.html。

2013年之后，在各级政府的相关文件中，"数字化城市管理"逐渐被"智慧城市"所取代。据国土资源部公布的信息，截止到2016年，我国所有地级以上城市和400余县级市都已开展智慧城市建设。

着主导作用。但是,2007 年"建办城函[2007]42 号文"明确指示在 2008 年开始全面推广数字化城市管理。尽管该文件并非行政命令,地方政府可以执行,也可以选择观望,但是该文件的发布,体现了强烈的政策导向,即数字化城市管理代表了科学高效的城市治理方向,解答了地方政府对于该政策是否符合中央政府意志的疑惑,这是一种明确的制度导向。此后,该政策迅速在全国范围内实施推广,地方政府争取进入智慧城市试点的行为逻辑也如研究假设的预期一致,发生了明显的改变。

至此,基本形成了一个针对中国政策试点推广的一般性脉络,即在政策试点的起始阶段,地方政府是一个相对理性的行动者,而在中央政府制度导向下,地方政府可能会不再考虑自身能力和需求,而成为模仿者和跟风者。随着我国政府职能改革和简政放权力度的深化,尽管地方政府具有一定行动自主性,但我国依然是一种中央集权的行政体制,在一些重大社会管理政策上,由于信息不对称以及害怕承担行政责任,地方政府尚难判断这些创新是否是中央政府的导向,通常会审慎决定是否采纳某一项创新。而一旦中央政府发文,将一个新的事物确定为一个创新方向,代表中央意志,就意味着政策试点中产生的负面社会后果将不再由官员个人承担,官员就不会再因地制宜地进行思考。这虽然有利于政策试点的推广,实现中央目标,但是也可能会导致盲目的跟风和资源的浪费。虽然不能说这个框架,已经解开了政策试点推广过程的"黑箱",但其确实能够很好地解释为何在中央相关政策文件出台前后,政策试点推广过程中的政府行为逻辑的变化。

从政策意义上看,这一研究有助于深化对我国政策试点内在逻辑的认识,增强对政策试点推广过程的动态性与复杂性的理解。智慧城市试点的政策推广不仅是技术革新的体现,更是城市韧性建设的重要实践。在新一轮的智慧城市建设热潮日益高涨之际,一些研究者不无忧虑地指出,随着"智慧城市"被各地热捧,智慧城市建设出现了一哄而上、盲目跟风模仿、重复建设、缺乏顶层设计等一系列问题。有的学者更是通过实证分析发现,我国智慧城市的建设不仅取决于技术理性,政治理性同样还起着决定性作用[1]。在智慧城市政策试点的全面推广阶段(2013—2014 年),我们的确可以发现一些地方脱离了本地区的问题与需

---

① 于文轩,许成委.中国智慧城市建设的技术理性与政治理性——基于 147 个城市的实证分析[J].公共管理学报,2016,13(4):127-138,159-160.

求，只是对其他地方政策的简单照搬，甚至有不少贫困县正在或计划进行智慧城市建设①。盲目跟风的政策扩散，会使政策项目无法与当地的实际情况有效对接，造成建设浪费，也会损害政策主体的合法性与公信力。智慧城市试点的政策推广还应关注政策的持续性和深度。随着试点的逐步推广，地方政府应不断评估和优化智慧城市建设的效果，确保其在提升城市韧性方面发挥长期和稳定的作用。这不仅需要技术上的持续投入和创新，还需要政策和制度上的支持，以确保智慧城市建设能够适应不断变化的社会和环境需求。

最后要说明的是，以上研究尚存在一些不足之处。首先，使用政策扩散研究中常用的事件史分析模型，因变量为二分变量，仅能反映出某城市在某时点是否进入了政策试点，并不能呈现政策执行效果在不同城市的差异性。而显而易见的是，即使是在同一年开始进行数字化城市管理（智慧城市）建设的城市，其政策推进力度和建设效果也可能差异悬殊，后续研究将尝试采用事件计数模型（Event Count Model）对因变量加以优化，力图能够反映出政策执行的差异性；其次，以多重逻辑的视角审视政策试点过程，发掘不同政策试点阶段背后的推广逻辑，从一个侧面呈现了我国政策试点过程的多元性与复杂性，但是对效率逻辑、合法性逻辑与行动者逻辑的交互关系仍有待进一步理清，这将会是后续研究的努力方向；最后，我国经济社会的发展往往要经历不同目标、不同政策内容、多轮次的政策试点过程，在不同政策目标和政策内容下，政策试点的推广逻辑必然呈现更加多元的样态。因而研究结论是否适用于其他政策试点的推广过程，是否还存其他逻辑与机制，仍有广阔的研究空间。

第三节　政府数据治理机构
何以提升城市韧性

由于现代城市具有人口规模大、空间密度高、运转速率快等特质，城市治理长期以来处于高度不确定性的环境之中，面临着传统风险与非传统风险同频共振、交

---

① 资料来源：新华社［EB/OL］.（2013 - 8 - 27）http://www.xinhuatone.com/detail.jsp? con_id＝24536 & class_id＝5671。

互叠加的复杂态势。作为现代城市风险治理的新思路,城市韧性源于韧性理论中"演进韧性"的提出与发展,是将韧性理论应用于城市治理情境之中的产物。城市韧性将城市视为一个由多元要素有机构成、高度耦合的生命体,主张通过对城市的全周期管理,提升城市在受风险冲击时的抗逆力与风险冲击后的恢复力,从而降低城市的脆弱性。随着我国应急管理工作的关口前移与重心下移,在城市治理中如何提升城市系统的承灾能力和恢复能力,成为亟须回应的重大理论与现实问题。

政府作为城市治理的核心主体,是城市韧性建设的重要推动者,其治理能力直接影响着城市韧性。然而,城市韧性相关经验研究不仅较为分散,也缺乏对政府组织的作用机制的关注,政府要素如何对城市韧性产生影响尚待深入研究。数字时代的开启使得传统城市治理所采用的"人海战术"日渐失灵,且难以适应现代城市治理的要求。但是机遇往往蕴含于挑战之中,数字革命催生了智慧城市的建设与政府治理的数字化转型,并诞生了数据治理这一新型公共治理模式,为提升政府治理能力、解决政府治理顽疾提供了重要机会。然而,政府内部各部门之间的信息孤岛与业务壁垒的广泛存在,限制了数据治理能力的提升。近年来,为形成强有力的跨部门协调机制,政府围绕机构改革进行了一系列探索,如高层领导牵头的大数据治理委员会与政府部门的首席数据官制度[①]。随着数据治理实践的深入开展,组建高度整合的数据治理机构,统筹推进数据治理业务,成为地方政府的广泛共识。数据治理机构作为数据治理体系的核心组织,承担着推进数据汇聚、共享、开放的使命,在推动跨部门互动上发挥着基础性作用[②]。数据治理机构的组建将整合分散于各部门的数据治理职权,实现对数据资源的高效配置,通过结构赋权与资源赋能共同提升政府绩效[③]。在大数据为城市风险防范与决策提供技术支撑的过程中,由功能性协同塑造的政府数据治理能力,将为城市韧性的提升提供制度化路径。

有鉴于此,我们着眼于地方政府这一城市治理中的核心组织与关键行动者,将数据治理机构的组建视为地方政府为提升数据治理能力的制度创新,构建了

---

① 丁波涛.政府数据治理面临的挑战与对策——以上海为例的研究[J].情报理论与实践,2019,42(5):41-45.

② 赵丹宁,郭晓慧,孙宗锋.数据治理机构推动跨部门数据共享面临的困境及原因分析——基于山东两地市的案例分析[J].公共管理与政策评论,2023(1):156-168.

③ 张会平,叶晴琳.组建数据管理机构何以提升政府治理绩效?——基于结构赋权与资源赋能的视角[J].公共管理评论,2022(3):99-122.

分析框架以探究数据治理机构与城市韧性之间的因果关系。将数据治理机构的组建方式与隶属关系，视为差异化功能性协同的具体表现，分析数据治理机构所产生的效应及其异质性，进而剖析积极效应产生的作用机制。在具体实证分析上，基于我国 287 个地级及以上城市 2010—2020 年的面板数据，构建城市韧性评价指标体系，整理政府数据治理机构的相关信息，在确保变量测度科学性的前提下，应用交错 DID 模型对研究假设进行实证检验。这一研究主要有以下边际贡献：第一，在分析框架层面，着眼于政府的功能性合作困境，提出数据治理机构通过职权整合强化数据治理能力，进而提升城市韧性的作用机制，为组织内部的功能性协同提供了实证基础；第二，在因果推断层面，利用准自然实验设计进行了因果识别，借助不同组建方式与隶属关系所隐含的差异化功能性协同进行了作用机制检验，使经验证据更加充分可靠；第三，在变量测度层面，从城市系统的五个维度构建了较为系统科学的城市韧性评价指标体系，同时综合考虑主客观的权重判定，为后续研究提供了可供参考的变量操作化方法。这一工作不仅有助于明晰数据治理机构通过功能性协同所塑造的治理效果，而且从职能整合与业务协同的角度为我国城市韧性建设提供了政策启示。

一、制度背景与研究假设

（一）制度背景

长期以来政府内部缺乏主管数据治理工作的职能部门，这导致政府数据治理能力的提升受限于部门之间目标分歧、协调困难、权责模糊等功能性合作困境，而突破该困境的重要途径便是协调与整合，构建针对公共数据资源开发利用的整体性政府①。数据治理机构实质上是在整体性政府理念指导下进行的公共治理实践，基于整合数据治理职权、提升数据治理能力的需求，政府在内部组建数据治理机构，以自上而下的方式授予其数据资源共享汇集与开放利用等"一揽子"的数据治理职权，从而促进政府内部的功能性协同，统筹协调部间的数据治理业务。数据治理工作是一项系统性工程，理顺现有的数据治理体系，并形成权责明确的组织

---

① 郑大庆，黄丽华，郭梦珂，等.公共数据资源治理体系的演化模型：基于整体性治理的建构[J].电子政务，2022(5)：79－92.

架构和管理体制,是提升政府数据治理能力、释放数据治理价值的关键[①]。

在促进政府内部功能性协同的探索过程之中,数据治理机构的政策实践大致经历了三个阶段。首先,地方探索阶段。2015 年 9 月,国务院印发了《促进大数据发展行动纲要》,"纲要"指出我国在大数据发展和应用方面仍然存在缺乏顶层设计和统筹规划不足等问题,并提出了从组织层面建立大数据发展和应用统筹协调机制,形成职责明晰、协同推进的工作格局。此后,数据治理机构的组建被提上日程,当年便有广州、成都、兰州、厦门等 9 个城市政府率先组建了数据治理机构。其次,提速建设阶段。2018 年的第八次党和国家机构改革对政府职责体系构建进行了原则性设计,即逻辑层面的"职责归类"、内容层面的"统筹协同"、结构层面的"府际差异"。这为大数据深入发展背景下数据治理机构的创新扩散提供了契机,数据治理机构的组建得以在全国大范围铺开。最后,中央助推阶段。2023 年 3 月新一轮的党和国家机构改革明确提出组建国家数据局,这是中央关于数字中国建设的重大举措,标志着经过多年的地方探索,数据治理的行政职能地位已经形成制度共识。这有利于解决数据治理职责多头管理、交叉分散的问题,促进数字中国建设的统筹协调[②]。图 2-3-1 呈现了政府数据治理机构创新扩散的数量化过程。

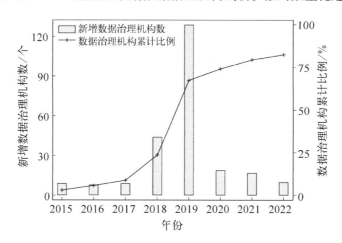

图 2-3-1　政府数据治理机构创新扩散的数量化过程

①　门理想.地方政府数据治理机构研究:组建方式与职能界定[J].兰州学刊,2019(11):146-156.
②　张克.从地方数据局到国家数据局:数据行政管理的职能优化与机构重塑[J].电子政务,2023(4):58-67.

当前地方政府数据治理机构已经呈现出"多点开花，纵深发展"的态势。截至2022年底，在我国297个地级及以上城市中，共有245个城市政府已经组建了数据治理机构，占比82.49%。虽然这些数据治理机构具有类似的职能定位，但其机构名称和组织形态却差异甚大。首先，机构名称主要呈现出"区域板块"的特征（见表2-3-1）。可以发现，省区内的数据治理机构名称高度一致，但在省区外则多有不同，这可能是省内不同城市政策模仿与邻近效应的影响。其次，组建方式主要呈现出"强力整合"的特征。数据治理机构主要有四种组建方式，重组政府部门（59.18%）占比最高，其他类型如原有部门挂牌（17.14%）、直属事业单位（11.02%）、部门设立单位①（12.65%）的占比都相对较低。最后，隶属关系主要呈现出"职能部门"的特征。数据治理机构主要有三种隶属关系，政府组成部门（75.10%）占比最高，其他类型如政府直属机构（10.20%）、部门管理机构（14.69%）的占比相对较低。

表 2-3-1   政府数据治理机构的名称

机 构 名 称	数量/个	比例/%	集中分布省域/城市个数
大数据管理局	40	16.33	江苏省13；辽宁省6；福建省6；甘肃省6
政务服务和大数据管理局	30	12.24	河南省16；湖北省12
大数据中心	30	12.24	黑龙江省9；山东省4
大数据发展管理局	23	9.39	浙江省9；西藏自治区4；贵州省4；江西省4
政务服务数据管理局	22	8.98	广东省20
数据资源管理局	16	6.53	安徽省15
大数据发展局	13	5.31	广西壮族自治区13
大数据局	12	4.90	山东省12
政务服务和数字化建设管理局	8	3.27	吉林省8
大数据应用局	5	2.04	山西省5
大数据服务中心	4	1.63	甘肃省2

① 其中部门设立单位主要指部门直属行政单位或者部门下设事业单位这两类。

(二) 研究假设

由于部门之间的体制分割与利益固守使得基于自愿的合作机制难以开展,组建数据治理机构成为破解数据治理功能性合作困境的重要举措。作为典型的纵向干预的制度安排,其基于过程或结果导向的方式塑造部门间的协作动机[①],并以更高的政治势能为协作部门提供沟通与对话的平台和机制,增进协作行为,降低协作风险[②]。由此,数据治理机构通过部门间数据治理职权的功能性协同,可以有效提升数据治理能力,而这正是大数据驱动政府治理进而提升城市韧性的重要路径[③]。

数字时代,基于城市内部的万物互联互通,以海量异构与动态实时为特点的大数据得以持续生成与存储,与统计分析、可视化交互、时空轨迹分析等大数据技术的匹配与融合,使得政府数据治理在城市风险的监测预警、防范准备、事态评估、应急响应等全链条城市风险治理过程中,发挥着愈加关键的作用,具有传统治理难以比拟的优势。可以从三个维度理解数据治理:"对数据治理",强调政府内部数据的质量、共享、汇集与安全;"用数据治理",强调政府以数据为基础提升外部的社会公共事务的治理效果;"数据生态治理",强调政府对数据治理的政策、法规、文化等的制度体系建设[④]。基于此,政府数据治理能力将有效提升城市韧性:第一,"对数据治理"意味着政府可以将分散于政府内外与部门之间的碎片化数据,进行共享汇集与统筹管理,推动政务业务流程的优化重组与数据生命周期的规范管理,这不仅将保障数据的安全可控,而且将为有效的数据治理奠定基础;第二,"用数据治理"意味着政府可以将数据作为治理工具,通过数据分析深入挖掘数据所蕴藏的丰富信息,从数据中形成知识和智能,推动公共安全治理模式由"经验驱动型"向"事实驱动型"转变,从而提升政府的风险决策水平;第

---

① 李智超,李奕霖.横向合作与纵向干预:府际合作如何影响环境治理? 基于三城市群的比较研究[J].公共管理与政策评论,2022(6):36-48.

② 徐换歌,王峰.纵向干预下的城市群协作治理何以降低雾霾污染? [J].公共管理与政策评论,2022(3):65-79.

③ 王超,赵发珍,曲宗希.从赋能到重构:大数据驱动政府风险治理的逻辑理路与价值趋向[J].电子政务,2020(7):89-98.

④ 胡海波.理解整体性政府数据治理:政府与社会的互动[J].情报杂志,2021,40(3):153-161.

三，"数据生态治理"意味着政府可以构建一个公平开放、自由有序的数据生态环境，吸引公众、市场等多元主体参与到数据治理过程之中，借助多元主体的资源，通过共同生产形成数据开发利用的合力，从而形成服务于城市治理的产品与服务。基于此，提出如下假设：

H1：政府数据治理机构能够提升城市韧性。

虽然各城市政府都组建了具有相似职能定位的数据治理机构，但这些机构所表现出来的差异性则意味着不同程度的组织保障，这将直接关乎政府数据治理能力的强弱，进而影响到城市韧性的提升效果。一方面，组建方式不仅反映了政府对数据治理事务的重视程度，还体现了政府设置数据治理职权的制度性安排[①]；另一方面，隶属关系不仅反映了机构所处的相对行政层级，还隐含了机构与其他职能部门间的关系。上述性质在更深层次上体现了政府为推进数据治理职权整合、破解功能性合作困境所付出的努力和给予的资源保障。数据治理机构的结构设置是否完善、职责分配是否清晰与权责关系是否明确将直接影响其差异化的部门整合与业务协同能力，由此塑造地方政府不同的数据治理能力[②]，进而深刻影响着对城市韧性的提升效果。

具体而言，一方面，相较于其他组建方式，重组政府部门往往具有较高的行政级别，所牵涉的人员更替、编制流动、权力转移的程度最深，对部门职权整合的强度最高。另一方面，相较于其他隶属关系，政府组成部门往往具有更加稳固的行政地位，而且具备较高行政权限与话语权。一般而言，更广范围的职权整合更有利于建成统一的数据治理体系，可更大程度降低机构业务协同的掣肘与组织沟通的成本。因此，重组政府部门的组建方式与政府组成部门的隶属关系，将使得数据治理机构在行政权力与专业化的职能定位方面都具有相对优势，更能实现政府内部的功能性协同、塑造数据治理能力，进而充分释放其对城市韧性的积极效应。由此，提出如下假设：

H2：政府数据治理机构的不同组建方式会对城市韧性产生异质性效应，相较于其他组建方式，重组政府部门的组建方式可能对城市韧性产生更强的积极效应。

H3：政府数据治理机构的不同隶属关系会对城市韧性产生异质性效应，相

---

① 张克.省级大数据局的机构设置与职能配置：基于新一轮机构改革的实证分析[J].电子政务，2019(6)：113－120.

② 刘银喜，赵森，赵子昕.政府数据治理能力影响因素分析[J].电子政务，2019(10)：81－88.

较于其他隶属关系,政府组成部门的隶属关系可能对城市韧性产生更强的积极效应。

基于以上假设,构建了如下分析框架(见图 2-3-2)。

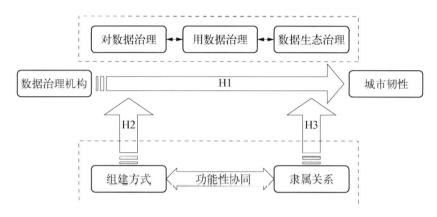

图 2-3-2　数据治理机构对城市韧性影响机制的分析框架

二、研究设计

(一) 指数测度

城市韧性是由经济、社会、制度、生态、基础设施等子系统组成的高度复杂耦合体,强调城市系统在应对风险与灾害时所表现出的适应、恢复、学习能力[①]。概念内涵的丰富性与抽象性增加了变量测度的难度,为实现对城市韧性的精细衡量,构建评价指标体系已成为学界广泛采用的操作化手段。因此,考虑城市韧性的核心内涵,参考既有研究成果[②],基于数据的可获取性,我们构建了一套城市韧性的综合评价指标体系(见表 2-3-2),其中包含经济韧性、社会韧性、物理韧性、生态韧性、制度韧性共 5 个一级指标,每个一级指标包括 4 个二级指标[③]。

①　赵瑞东,方创琳,刘海猛.城市韧性研究进展与展望[J].地理科学进展,2020,39(10):1717-1731.

②　韩自强,刘杰,田万方.城市韧性的测量指标:基于国际文献的系统综述[J].广州大学学报(社会科学版),2022(6):131-144.

③　为控制货币贬值所带来的影响,保障各年度的二级指标具有可比性,根据历年各省级行政区的居民消费价格指数(CPI)对所涉及的经济变量进行平减处理。

该评价指标体系不仅体现了城市韧性内涵的丰富性，通过多维度多层级的指标系统地对变量进行了测度，而且广泛参考了既有研究的指标体系，结合指标内涵进行了甄别与取舍，从而试图构建一个历时可考、地区可比的指标体系，以呈现城市韧性在不同城市的发展样貌。

表 2-3-2　城市韧性综合评价指标体系

一级指标	二级指标	指标解释	说明	主观权重	客观权重	综合权重
经济韧性 (0.219 5)	经济基础	人均 GDP	正向	0.066 6	0.055 0	0.060 8
	产业结构	第三产业产值与第二产业产值之比	正向	0.048 0	0.042 6	0.045 3
	发展活力	城镇居民人均可支配收入	正向	0.093 8	0.048 3	0.071 1
	消费潜力	人均社会消费品零售总额	正向	0.033 8	0.050 8	0.042 3
社会韧性 (0.183 7)	人力资本	每万人普通高等学校在校学生数	正向	0.055 5	0.084 0	0.069 7
	文化底蕴	每万人公共图书馆藏书量	正向	0.020 0	0.068 8	0.044 4
	医疗设备	每万人医院床位数	正向	0.028 4	0.034 1	0.031 3
	医疗队伍	每万人执业医师人数	正向	0.039 4	0.037 1	0.038 3
物理韧性 (0.261 9)	交通设施	人均道路面积	正向	0.087 9	0.038 8	0.063 3
	水网设施	建成区平均供水、排水管道密度	正向	0.063 4	0.041 2	0.052 3
	网络普及	每万人拥有互联网用户数	正向	0.123 9	0.046 1	0.085 0
	资源供给	人均供水综合生产能力	正向	0.044 7	0.078 0	0.061 3
生态韧性 (0.120 4)	绿化水平	建成区绿化覆盖率	正向	0.021 4	0.018 1	0.019 8
	保育水平	人均绿地面积	正向	0.015 1	0.076 1	0.045 6
	污染治理	废物平均处理利用率①	正向	0.029 7	0.016 7	0.023 2
	空气质量	$PM_{2.5}$平均浓度	负向	0.041 7	0.021 9	0.031 8
制度韧性 (0.214 5)	财政自给	财政收入占财政支出比重	正向	0.026 1	0.043 9	0.035 0
	社会保障	失业保险参与率	正向	0.051 3	0.064 0	0.057 6
	科教重视	人均教育与科技财政支出	正向	0.037 0	0.041 8	0.039 4
	市政维护	人均市政公用设施建设投资	正向	0.072 3	0.092 7	0.082 5

---

①　即生活垃圾无害化处理率与污水处理厂集中处理率的均值。

我们采用主观赋权法与客观赋权法相结合的综合赋权法来确定各城市韧性指标的权重,并在此基础上测度最终的城市韧性指数。首先,根据指标的正负,使用不同的算法对其进行归一化处理,以统一各指标的计量单位,把指标的绝对值转化为相对值,解决异质指标的同质化问题。其次,主观赋权使用层次分析法(AHP),客观赋权使用熵权法(EWM),分别测算出主观权重与客观权重。再次,进行等权重加权平均得出综合权重,以兼顾专家经验知识的理性判断与数据信息分布的价值判断,确保赋权效果。最后,将各指标的归一化数值分别与对应的综合权重相乘并进行累加求和,并放大 100 倍以优化展示效果。城市韧性指数的测度模型(1)如公式(2-3-1)所示:

$$RES_{it} = 100 \sum_{j=1}^{m} W_j x_{itj} \qquad (2-3-1)$$

其中,RES_{it} 为样本城市 i 第 t 期的城市韧性指数;W_j 为指标 j($j=1, 2, \cdots, m$)的综合权重;x_{itj} 为归一化处理后的指标值。

(二)模型设定

为明确政府数据治理机构对城市韧性的影响,将数据治理机构的组建视为准自然实验,考虑到组建过程的多阶段性特征选择交错 DID(Staggered Difference in Differences),依据城市政府是否组建机构将其划分为处理组与控制组,通过构造双重差分估计量,实现对"处理效应"的评估。采用双向固定效应模型对城市与年份固定效应进行控制,从而精确反映被解释变量在这两个维度中的变异性,缓解遗漏变量偏误问题。基准(静态)DID[模型(2)]公式如下:

$$Y_{it} = \alpha_0 + \alpha_1 reform_{it} + \sum \beta Z + u_i + \lambda_t + \varepsilon_{it} \qquad (2-3-2)$$

其中,Y_{it} 为被解释变量——城市韧性;$reform_{it}$ 为解释变量——数据治理机构建设情况,表示因城市而异的处理期虚拟变量,即若 i 城市政府于第 t 年组建了数据治理机构,则此后其取值为 1,否则为 0。Z 为一系列控制变量,以排除可能影响城市韧性的干扰因素;u_i 与 λ_t 分别代表城市与年份固定效应,以排除地区固定差异以及时间共同趋势的干扰。ε_{it} 为误差项。系数 α_1 是我们所关注的核心,反映了数据治理机构的组建对城市韧性的效应是否具备统计显著性。

（三）数据来源与变量选择

基于数据可得性,构建我国 287 个地级及以上城市[①] 2010—2020 年的面板数据。具体而言：第一,解释变量与调节变量所涉及的政府数据治理机构的数据,主要来源于各城市官网公开信息、百度百科与新闻报道[②]。第二,被解释变量与控制变量的城市宏观层面数据主要来源于《中国城市统计年鉴》《中国城市建设统计年鉴》、Wind 数据库、中经城市年度库、EPS 数据平台以及 WorldPop 人口密度数据库[③],并通过各城市的统计年鉴、各省区统计年鉴、国民经济与社会发展统计公报等对缺失数据进行查漏补缺。第三,对于非边缘年份缺失较少的多数变量,采用线性插值的方法对其进行精确填补；对于边缘年份缺失较多的若干变量,基于既有数据计算出该变量的年平均增长率,并据此对其进行近似估算。

（1）被解释变量：城市韧性。通过评价指标体系所测算的城市韧性指数进行衡量。

（2）解释变量：数据治理机构。通过政府数据治理机构的组建与否进行衡量,考虑到现实中机构的效能释放过程,根据其不同的组建时间进行差异赋值。某城市若为 1—6 月组建,从当年起赋值为 1；若为 7—12 月组建,则从下年起赋值为 1。

（3）调节变量：机构组建方式,主要分为四类,即① 重组政府部门；② 原有部门挂牌；③ 直属事业单位；④ 部门设立单位。机构隶属关系,主要分为三类,即① 政府组成部门；② 政府直属机构；③ 部门管理机构。皆以虚拟变量进行测度。

（4）控制变量：参考既有研究,纳入以下变量以尽可能地提升估计精度、降

---

① 在我国目前 297 个地级及以上城市中,未包含的 10 个城市为海南省的三沙市、儋州市,西藏自治区的日喀则市、昌都市、林芝市、山南市、那曲市,青海省的海东市,新疆维吾尔自治区的吐鲁番市、哈密市。

② 具体而言,笔者首先通过搜索引擎对某市的数据治理机构进行尝试性搜索,明确是否能够获取相关信息。此类信息一般来源于新闻报道或百度百科,权威性相对有限,且可能缺乏我们所需的部分信息。在此基础上,通过该市政府门户网站进行相关关键词的检索,进一步明确该数据治理机构的组建时间、级别、性质等信息。

③ https://hub.worldpop.org/geodata/listing?id=76.

低遗漏变量偏误。分别为① 经济活力，以 GDP 增长率(%)衡量；② 金融发展，以金融机构人民币各项存贷款余额占 GDP 比重(%)衡量；③ 创新能力，以专利授权数(个,取对数)衡量；④ 对外开放，以人均使用外资金额(元,取对数)衡量；⑤ 人口密度，以每平方公里常住人口数(人,取对数)衡量；⑥ 城镇化水平，以常住人口城镇化率(%)衡量；⑦ 地理状况，以地形起伏度衡量[①]。鉴于固定效应模型无法有效估计地理状况这样的非时变变量，将地理状况与各年份虚拟变量的交互项(以 2010 年为基期)纳入模型中进行估计。

　　主要变量的描述统计分析结果，如表 2 - 3 - 3 所示。

表 2 - 3 - 3　主要变量描述统计分析结果

变　　量	观测值	均值	中位数	标准差	最小值	最大值
城市韧性	3 157	35.445 3	32.144	17.715 4	3.432 8	94.963 4
数据治理机构	3 157	0.148 2	0	0.355 4	0	1
重组政府部门	3 157	0.090 0	0	0.286 2	0	1
原有部门挂牌	3 157	0.024 7	0	0.155 3	0	1
直属事业单位	3 157	0.012 4	0	0.110 5	0	1
部门设立单位	3 157	0.021 2	0	0.144 1	0	1
政府组成部门	3 157	0.111 2	0	0.314 4	0	1
政府直属机构	3 157	0.013 0	0	0.113 2	0	1
部门管理机构	3 157	0.024 1	0	0.153 3	0	1
经济活力	3 157	8.686 8	8.31	4.722 1	−20.63	109
金融发展	3 157	245.872 5	212.207 8	127.672 3	58.787 9	2 130.145 5
创新能力	3 157	7.190 9	7.088 4	1.678 3	1.791 8	12.312 3
对外开放	3 157	5.729 2	5.929 2	1.701 9	−1.976 2	9.462 2
人口密度	3 157	5.759 0	5.802 3	0.976 5	1.901 7	8.941 7
城镇化水平	3 157	54.589 3	52.75	15.260 1	18.06	100
地理状况	3 157	0.701 7	0.369 8	0.813 1	0.001 3	5.790 8

---

　　① 　游珍,封志明,杨艳昭.中国地形起伏度千米网格数据集[DB/OL].全球变化数据仓储电子杂志(中英文)2018[2024 - 08 - 09]. https://doi.org/10.3974/geodb.2018.03.16.V1.

三、实证分析

（一）平行趋势假设检验

平行趋势假设是 DID 得以正确识别因果效应的前提条件，即处理组个体在未接受处理的状态下与控制组个体具有相同的时间变动趋势。由于无法观察到处理组个体在处理后的反事实结果，本质上平行趋势假设无法检验，但通过事前平行趋势检验间接证明假设满足往往是一个退而求其次的选择[①]。因而基于事件研究法（ESA），构建平行趋势检验模型（2-3-3）：

$$Y_{it} = \theta_0 + \sum_{j=-9}^{j=-1} \theta_j reform_{itj} + \sum_{j=0}^{j=4} \theta_j reform_{itj} + \sum \beta Z + u_i + \lambda_t + \varepsilon_{it}$$

$$(2-3-3)$$

其中，由于样本期内数据治理机构的组建时间基本设定为 2016—2020 年，将组建时间虚拟变量分解为组建前 10 年、组建当年与组建后 4 年共计 15 个相对时期。为避免多重共线性，将组建前 10 年作为估计结果比较的基期。若 i 城市在 2010—2020 年组建了政府数据治理机构，j 表示距离组建前后的时间，若 t 年是其机构组建之前或之后的第 j 年，此时 $reform_{itj}$ 取值为 1，否则取值为 0。那么，组建前的 θ_j 就意味着处理组与控制组之间的固有差异，若这种差异在各时期内都没有发生结构性变化，则一定程度上可认为平行趋势假设成立。

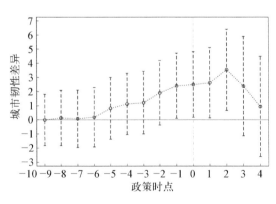

图 2-3-3　动态 DID 检验结果

根据模型（2-3-3）的估计结果，绘制了 $reform_{itj}$ 系数的时间趋势图（见图 2-3-3）。图中展示了系数的估计值与 95％置信区间，横轴代表了 j。在机构组建前，系数虽然呈现出了向上的波动，但其 95％置信区间几乎都

---

①　黄炜，张子尧，刘安然.从双重差分法到事件研究法[J].产业经济评论，2022(2)：17-36.

包含了0,表明在5%的显著性水平上,处理组与控制组在数据治理机构组建前的固有差异并不明显,由此平行趋势假设在一定程度上得到验证[①]。然而,在机构组建的当年以及后续年份中,系数在5%的显著性水平上为正,且存在着短期的增长趋势,这意味着数据治理机构积极效应存在的可能性,但由于模型比较的基期与基准回归并不一致,因此需要后续更加严谨的验证。

(二) 基准 DID 检验

采纳逐步回归法的思路,在模型(2-3-3)中依次加入控制变量、城市与年份固定效应进行结果估计,从而观察核心解释变量——数据治理机构系数的稳健性与敏感性。基准DID的估计结果如表2-3-4所示:第(1)列仅包含解释变量;第(2)列又纳入控制变量;第(3)列与第(4)列又分别纳入城市固定效应与年份固定效应,第(5)列则将所有因素都予以纳入。可以发现,各列中无论模型对干扰因素的控制程度如何,系数都在1%的水平上显著为正,且随着干扰因素的逐渐纳入而呈现出逐渐缩小的趋势,表明了估计结果具有一定的稳健性。

表 2-3-4　基准回归结果

变量	城市韧性				
	(1)	(2)	(3)	(4)	(5)
数据治理机构	17.72***	4.520***	4.683***	3.156***	1.216***
	(0.922)	(0.626)	(0.432)	(0.826)	(0.461)
经济活力		−0.190***	−0.327***	0.004 3	0.054 1*
		(0.050 4)	(0.083 1)	(0.080 1)	(0.030 8)
金融发展		0.018 4***	0.006 26**	0.018 6***	−0.007 2**
		(0.003 7)	(0.002 6)	(0.003 8)	(0.002 9)
创新能力		2.863***	2.497***	2.585***	0.012 5
		(0.409)	(0.379)	(0.424)	(0.170)
对外开放		1.540***	0.232	1.668***	0.357***
		(0.251)	(0.147)	(0.264)	(0.097 9)

[①]　需要指出的是,在组建前1年,系数达到了5%的显著性水平,这可能与对数据治理机构的变量的设置方式存在关系。考虑到机构组建的运作过程,将7—12月组建的数据治理机构从下年起赋值为1,如此方式设置下2015年赋值为1的城市仅有4个(沈阳市、广州市、成都市、兰州市),处理组样本过少可能带来严重的估计偏误问题,因此也将其统一设定为2016年。

续　表

变量	城市韧性				
	(1)	(2)	(3)	(4)	(5)
人口密度		−1.190	6.632	−1.048	−10.35 **
		(0.740)	(5.928)	(0.743)	(4.605)
城镇化水平		0.620 ***	0.467 ***	0.613 ***	0.081 5 **
		(0.044 2)	(0.047 2)	(0.044 5)	(0.037 3)
常数项	32.82 ***	−25.43 ***	−48.22	−25.90 ***	89.37 ***
	(0.872)	(3.832)	(34.17)	(3.921)	(26.94)
城市固定效应	否	否	是	否	是
年份固定效应	否	否	否	是	是
N	3 157	3 157	3 157	3 157	3 157
R^2	0.126	0.780	0.947	0.786	0.972

注：***、**、*分别表示在1%、5%、10%的水平上显著，括号内为聚类在城市层面的稳健标准误。限于篇幅，未展示地理状况与年份的交互项。下文各表中控制变量与双向固定效应皆已控制。

第(5)列是我们所采纳的最终模型。其中数据治理机构的系数为1.216，达到1%的显著性水平。这意味着在对影响城市韧性的主要因素都进行有效控制后，相比于控制组，处理组的城市韧性提升更多，H1成立。由于城市韧性的均值为35.45，可以推断数据治理机构对城市韧性的年平均效应约为3.43%。数字时代虽然加剧了城市风险治理困境，但同时也提供了数据治理的发展机遇。在政府数字化转型的当下，数据治理不仅成为数字政府运行的基础，也成为推动治理体系和治理能力现代化的重要路径。在"对数据治理"的基础上，一方面，地方政府可以"用数据治理"，通过大数据手段挖掘城市运行过程中海量数据间的内在关联，从而精准识别社会公众的公共安全需求与网格单元的公共安全隐患，促使政府实现基于科学决策的靶向治理。另一方面，地方政府还可以打造"数据生态治理"，即通过建立与完善数据相关制度体系，培育数据资源自由流动与开发利用的社会环境，为市场与社会主体开发数据产品与服务保驾护航，从而弥补政府在挖掘数据公共安全价值方面的技术劣势。综上，数据治理机构作为地方政府为提升数据治理能力、改善社会治理绩效而开展的政策实践，是城市韧性的重要组织保障。

(三) 动态 DID 检验

政府机构改革往往是多部门博弈的结果,各地数据治理机构虽纷纷组建,然而其效能的释放却并非简单的线性过程。数据治理机构的协调工作特性决定了其工作成效依赖于其他部门的密切配合,不同时期部门之间的配合差异,可能导致其对城市韧性的具体效应表现出阶段性特征。即数据治理机构组建的效果具有时间维度的异质性,围绕年平均效应上下波动。数据治理机构在时间维度上变化的治理效果,反映了其对城市韧性的历年边际效应。因此,构建以下动态 DID 模型(2-3-4):

$$Y_{it} = \theta_0 + \sum_{k=0}^{k=4} \theta_j reform_{itj} + \sum \beta Z + u_i + \lambda_t + \varepsilon_{it} \qquad (2-3-4)$$

其中,由于与基准 DID 保持一致,即将数据治理机构组建前的时期作为参照,因此只保留了组建当年与组建后的 4 个年份。θ_j 表示机构组建对城市韧性的动态平均处理效应。

表 2-3-5 展示了动态 DID 检验结果。在机构组建后,当年、后 1 年与后 2 年的系数都呈现出显著性水平,分别为 1.098、1.222、1.720,然而后 3 年与后 4 年的系数则不再显著。这意味着数据治理机构提升城市韧性的过程具有阶段性。具体表现为数据治理机构积极效应的短期性,即虽然在组建前期数据治理机构产生了递增的效应,并在组建后 2 年达到最大值,年平均效应约为 4.85%;然而在此后两年数据治理机构的积极效应逐渐减弱。数据治理机构作为一个政府内部相对弱势的协调部门,其职能履行往往需要其他同级乃至更高级部门的业务配合,这往往会面临诸多堵点。在此情形下,地方政府对数据治理机构的重视程度就显得至关重要,政府注意力意味着政策助推与资源倾斜,会影响公共事务的治理成效。数据治理机构的建设成效在很大程度上反映了地方政府对数据治理的重视程度,然而在政府注意力不断变化的制度环境中,面临着各部门对政府注意力的策略性竞争[①],数据治理机构难以始终保持着注意力的竞争优势。在数据治理机构组建前期,为保障新部门的工作开展,政府可能会对其加以更多的支持;然而随着时间的推移,治理任务纷繁复杂,政府不得不在各类议题之间调整

---

① 崔慧姝,周望.如何引起重视:政府职能部门的注意力吸引行为[J].新视野,2021(3):53-58,66.

注意力,这就导致政府注意力的稀释、耗散、泛化等问题①。因而,政府注意力的分配与调整过程塑造了数据治理机构由效能释放到效能减弱的动态过程,这也反映出目前数据治理机构尚未能形成提升城市韧性的长效机制。

表 2－3－5　动态 DID 检验结果

变量	城市韧性	变量	城市韧性
组建当年	1.098*** (0.391)	组建后 4 年	−0.820 (1.385)
组建后 1 年	1.222** (0.583)	常数项	86.88*** (27.60)
组建后 2 年	1.720* (0.905)	N	3 157
组建后 3 年	0.660 (1.373)	R^2	0.972

注：***、**、*分别表示在 1%、5%、10%的水平上显著,括号内为稳健标准误。

(四) 调节效应检验

虽然数据治理机构与城市韧性之间的因果关系已较为明晰,然而,更重要的问题是,这种因果关系的作用机制究竟为何? 即政府内部的功能性协同是否发挥了重要作用? 地方政府数据治理机构的组建方式与隶属关系,都反映了政府为整合数据治理职权、促进功能性协同所提供的组织保障。可以预期,保障程度更高的组建方式与隶属关系,将强化数据治理机构对城市韧性的积极效应。因此,采取调节效应检验的思路②,构建计量模型(2－3－5):

$$Y_{it} = \delta_0 + \sum \delta_k group_{itk} \times reform_{it} + \sum \beta Z + u_i + \lambda_t + \varepsilon_{it} \quad (2－3－5)$$

其中,$group_k$ 是数据治理机构的组建方式或隶属关系,分别对应四类组建方式虚拟变量与三类隶属关系虚拟变量。以组建方式为例,若 i 城市政府于 t 年时存在数据治理机构且组建方式为 k,则其取值为 1,否则为 0。δ_k 代表了数据治理机构的不同类型对城市韧性的边际贡献。

①　陈辉.县域治理中的领导注意力分配[J].求索,2021(1)：180－187.
②　江艇.因果推断经验研究中的中介效应与调节效应[J].中国工业经济,2022(5)：100－120.

我们在进行模型估计时,先将数据治理机构的某一类型单独纳入模型中进行估计,即不存在该类型数据治理机构的城市成为参照组,而后再将各类型同时纳入模型中进行估计,即未组建数据治理机构的城市成为参照组①。如此,可以对数据治理机构的不同组建方式与隶属关系形成更为全面的认识,并且可以通过结果对比增强可信度。

首先,就组建方式而言(见表2-3-6)。在单独估计中,仅有重组政府部门的系数达到5%的显著性水平,这意味着即使是与包含其他组建方式的参照组相比,重组政府部门的积极效应仍然突出。在综合估计中,重组政府部门与部门设立单位的系数都达到5%的显著性水平,分别为1.502与1.335。二者的效应都高于数据治理机构的效应(1.216),且重组政府部门的最高,年平均效应约为4.24%,假设H2成立。这些组建方式差异化的效能表现与其内在性质密不可分:第一,对于"重组政府部门"的组建方式,该类机构所具备的预算、编制与权力优势将为其后续工作开展提供更多"博弈筹码",降低其业务开展所面临的掣肘与协调成本。第二,"原有部门挂牌"的组建方式,虽然可能借力于挂牌机构的既有权力,但根据挂牌机构不得实体化单独运行的机构编制原则,必然会受到自身实体机构的影响,可能成为一种形式化的机构设置,从而难以发挥实际作用。第三,对于"直属事业单位"的组建方式,非行政机关的定位使其并不具备与各职能部门相匹配的行政权力,且由于其额外承担行政职能容易造成政事不分、行政职能体外循环、管理不规范等问题。第四,对于"部门设立单位"的组建方式,往往设置在政府办、发改委、网信办、工信局(委)等优势部门之下,这使其可以"借势",从而一定程度上实现纵向支配下的横向协调。

表2-3-6 组建方式调节效应检验结果

变量	城市韧性				
	(1)	(2)	(3)	(4)	(5)
重组政府部门	1.125** (0.470)				1.502*** (0.527)

① 两个参照组的区别是,对前者而言,参照组不仅包含了未组建政府数据治理机构的城市,还包含了那些组建方式或者隶属关系不为该类型的城市;对后者而言,参照组则仅为未组建政府数据治理机构的城市。

续　表

变量	城市韧性				
	(1)	(2)	(3)	(4)	(5)
原有部门挂牌		0.496			1.318
		(0.730)			(0.819)
直属事业单位			−1.560		−0.789
			(1.396)		(1.400)
部门设立单位				0.914	1.335**
				(0.596)	(0.622)
常数项	84.69***	84.25***	82.06***	85.57***	87.55***
	(27.17)	(26.94)	(26.82)	(26.83)	(26.67)
N	3 157	3 157	3 157	3 157	3 157
R^2	0.972	0.972	0.972	0.972	0.972

注：***、**、*分别表示在1％、5％、10％的水平上显著，括号内为稳健标准误。

其次，就隶属关系而言（见表2-3-7）。在单独估计中，仅有政府组成部门的系数达到5％的显著性水平，这意味着即使是与包含其他隶属关系的参照组相比，政府组成部门的积极效应仍然突出。在综合估计中，政府组成部门与部门管理机构的系数都达到5％的显著性水平，分别为1.398与1.342。二者的效应都高于数据治理机构的效应（1.216），且政府组成部门的最高，年平均效应约为3.94％，假设H3成立。这些隶属关系差异化的效能表现与其内在性质紧密相关：第一，政府组成部门作为政府内部常规的内设机构，一般与上级政府的组织架构相对应，"职责同构、上下对口"的管理体制形塑了其稳定的权责关系，从而为与其他部门的有效协调提供了必要条件。第二，政府直属机构虽然也具备一定的专业性、独立性、权威性，但往往是作为政府组成部门的一个替代选择而出现，其事业单位性质局限了数据治理的协调统筹能力。第三，部门管理机构虽然仅隶属于政府的职能部门之下，然而这实际上也是考虑到了强势部门所具有的统筹协调优势，如果二者磨合顺利，则可借力于强势部门的资源，服务于任务开展的高位推动。

表 2-3-7　隶属关系调节效应检验结果

变量	城市韧性			
	(1)	(2)	(3)	(4)
政府组成部门	1.239**			1.398***
	(0.506)			(0.529)
政府直属机构		−0.992		−0.250
		(1.343)		(1.348)
部门管理机构			0.938	1.342**
			(0.569)	(0.595)
常数项	85.63***	83.00***	85.96***	88.63***
	(26.96)	(26.87)	(26.87)	(26.71)
N	3 157	3 157	3 157	3 157
R^2	0.972	0.972	0.972	0.972

注：***、**、*分别表示在 1%、5%、10%的水平上显著，括号内为稳健标准误。

最后，无论是重组政府部门的组建方式还是政府组成部门的隶属关系，实质上两者存在着高度重叠。以 2022 年已经组建数据治理机构的 245 个城市政府为例，组建方式为重组政府部门的有 145 个，隶属关系为政府组成部门有 184 个，而其中存在交叉的城市政府就达到了 144 个。由此可见，这两者分别作为组建方式与隶属关系中功能性协同最高的类型，其性质实际上也高度相似，都是依托于更高程度的组织保障，实现数据治理职权的集中整合，进而提升数据治理能力，强化数据治理机构对城市韧性的积极效应。也正是如此，这两者所产生积极效应都高于数据治理机构的平均效应，表现出高度的一致性，这为我们关于数据治理机构提升城市韧性的作用机制提供了较为有力的经验证据支持[①]。纵观国家历次机构改革，政府数据治理机构经历了以事业单位为主到以行政单位为主、从隶属关系多元化到以政府组成部门或部门管理机构为主的转换过程[②]，这体现了政府对数据治理职

① 进一步考察了"重组政府部门"和"政府组成部门"两类数据治理机构的动态效应，结果显示虽然其仅在机构组建当年与后 1 年存在积极效应，然而两者都对城市韧性表现出了更积极的影响。"重组政府部门"和"政府组成部门"两类数据治理机构在有限时期内所释放出来的积极效应，仍然明显高于一般的数据治理机构，展现了功能性协同对提升城市韧性的重要价值。

② 孟庆国，林彤，乔元波，等.中国地方政府大数据管理机构建设与演变——基于第八次机构改革的对比分析[J].电子政务，2020(10)：29-38.

能的认知深化。数据治理现实需求客观上需要综合性、专业性的数据治理机构，而由于数据治理工作的跨部门协调特征，必须尽可能地通过组织保障，赋予其较高的统筹协调能力，从而充分发挥数据治理对公共事务治理的赋能效果。

四、稳健性检验

(一) 替换被解释变量

考虑到城市韧性评价指标体系的权重判定方式可能存在主观性问题，将影响城市韧性测度结果的有效性，进而导致基准 DID 的估计结果产生波动。我们尝试替换被解释变量，分别使用熵权法、层次分析法、均权法[①]与因子分析[②]对评价指标体系的权重进行判定，并测度出相应的城市韧性指数。表 2-3-8 展示了替换被解释变量的估计结果。无论采用何种方法进行城市韧性指数的测度，数据治理机构的系数仍然显著为正。这表明选择综合赋权法进行城市韧性的测度是合理的，DID 估计结果对城市韧性测度方法的变化并不敏感。

表 2-3-8　替换被解释变量估计结果

变量	城市韧性			
	(1) 熵权法	(2) 层次分析法	(3) 均权法	(4) 因子分析
数据治理机构	1.296***	1.137**	1.063**	4.374***
	(0.451)	(0.492)	(0.420)	(1.401)
常数项	64.61**	114.1***	108.1***	57.63
	(26.49)	(28.24)	(24.27)	(78.10)
N	3 157	3 157	3 157	3 157
R^2	0.973	0.969	0.971	0.974

注：***、**、* 分别表示在 1%、5%、10% 的水平上显著，括号内为稳健标准误。

---

① 均权法无须调整权重，通过对所有指标权重的均等化赋值，一定程度上可以更好体现城市韧性的协调发展。

② 因子分析适用性检验显示：KMO 值为 0.911，Barlett 球形检验统计量的 P 值接近于 0，表明各指标之间存在较强相关性。选用特征根大于 1 的标准成功提取出 4 个公因子，累计方差贡献率为 67.81%，结果可接受。在计算出公因子得分的基础上，用公因子的方差贡献率与累计方差贡献率之比作为各公因子权重。

（二）排除干扰性政策

考虑到在数据治理机构释放效能的过程中还伴随着其他政策的实施,这些政策不仅可能与数据治理机构的组建发生于同一城市,而且还可能对城市韧性产生影响,由此将导致基准 DID 的估计结果并非是一个净效应。我们尝试排除干扰性政策,即通过构造新的双重差分估计量来对各试点政策进行测度,从而将这些政策的影响从基准 DID 模型中予以剔除。这些政策主要涉及：第一,智慧城市。我国于 2012 年正式启动智慧城市试点政策,并于 2013 年与 2015 年分别加入新一批试点城市。智慧城市依托数字技术的整合协同功能,以创新驱动城市整体结构发生变革,进而可能提升城市韧性。第二,海绵城市。我国于 2015 年正式启动海绵城市试点政策,并于 2016 年将其扩充至 30 个城市。海绵城市依托于国家专项资金补助,聚焦于城市建设中的水生态问题,能提升城市系统的风险防御能力。第三,国家创新型城市。我国于 2010 年开始在全国范围内逐渐铺开国家创新型城市试点,截至 2024 年 1 月,已有 101 个试点城市。国家创新型城市建设可通过人才集聚和创新产出,对城市韧性产生积极效应。表 2-3-9 展示了排除干扰性政策的估计结果。除海绵城市外,其他"干扰"政策均对城市韧性具有显著较高的积极效应,然而即使如此,各列中数据治理机构对城市韧性的效应仍然保持在较高水平。这表明这些政策冲击虽然使得数据治理机构的效应有所降低,但数据治理机构的积极效应并未因此而明显下滑或者消失。

表 2-3-9　排除干扰性政策估计结果

变量	城市韧性		
	（1）智慧城市	（2）海绵城市	（3）国家创新型城市
数据治理机构	1.196***	1.189**	1.092**
	(0.461)	(0.460)	(0.457)
干扰性政策	1.009**	1.079	2.135***
	(0.439 7)	(0.878 5)	(0.766 7)
常数项	90.07***	95.47***	89.47***
	(26.97)	(26.78)	(26.68)
N	3 157	3 157	3 157
R^2	0.972	0.972	0.972

注：***、**、* 分别表示在 1%、5%、10%的水平上显著,括号内为稳健标准误。

（三）安慰剂检验

虽然已对主要干扰性政策进行排除，然而，现实中政策的纷繁复杂导致无法对其穷尽，多种政策之间错落重叠的时间更是令所关注的真实效应受到影响。所以，我们应用反事实检验的思路进行安慰剂检验。由于交错 DID 中不同城市具有不同的政策时点，标准 DID 仅虚构处理组的方式不再适用。因此采用如下方式：先将全样本按城市分组，并随机抽取 207 个城市作为处理组，而后在每个组内分别随机抽取一个年份作为该组城市的处理时间，如此可实现处理城市与处理时间的双重随机性，最后生成虚构核心解释变量——数据治理机构进行 DID 结果估计。图 2-3-4 展示了随机抽取 500 次的安慰剂检验结果，图中刻画了虚构变量系数的概率密度与对应的 P 值，竖线代表基准DID 估计结果(1.216)，横线代表 10% 的显著性水平。可以发现：一方面，虚构效应高度集中于 0 附近，且 P 值也高度集中于 10% 的显著性水平以上，这表明虚构变量对城市韧性的估计结果不具有统计显著性。另一方面，基准DID 的估计结果也落在小概率区间，与虚构效应的分布存在显著差异，这表明虚构变量对城市韧性的估计结果难以达到真实变量所在的水平。综上，虚构变量并未对城市韧性产生显著影响，这反向验证了结论的可信度，即数据治理机构对城市韧性的积极效应并未受到其他随机性因素的较大干扰。

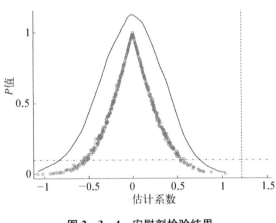

图 2-3-4   安慰剂检验结果

五、结论与讨论

大数据时代的城市系统变得愈加复杂，城市灾害的级联效应改变了城市治理中的危机生成模式与风险扩散规律，城市韧性的价值日益凸显，对政府数字治理与韧性治理提出更高的要求。我们着眼于政府组织层面，构建了政府数据治理机构提升城市韧性的分析框架,基于287个地级及以上城市的2010—2020年城市韧性的时空演变过程,应用交错DID模型分析了两者之间的因果关系与作用机制。研究发现:第一,数据赋能。数据治理机构能提升城市韧性,静态维度下,在对影响城市韧性的主要因素进行控制后,数据治理机构的组建对城市韧性的年平均效应为3.43%。第二,短期效应明显。数据治理机构提升城市韧性的过程具有阶段性,动态维度下,数据治理机构的组建在前期产生了积极效应,但在后期积极效应逐渐减弱。第三,协同效应显著。政府内部的功能性协同是城市韧性得以提升的作用机制,调节维度下,就组建方式而言,重组政府部门的积极效应更强,就隶属关系而言,政府组成部门的积极效应更强。

以上结论为我国城市韧性的建设提供了以下政策启示:首先,数据治理机构作为政府推动数据治理深入发展的组织载体,在城市韧性提升的过程中可以扮演重要角色。在城市治理向"概率性确定"转型的过程中,综合化与专业化的数据治理机构可以成为有效的政策抓手与治理工具。其次,目前数据治理机构治理效能的释放仅具有短期效应,尚未形成提升城市韧性的长效机制。在数据治理机构组建和调整的过程中,政府相关部门需要投入必要的注意力资源。更重要的是,识别新老部门业务磨合过程中所蕴含的难点堵点,破解传统碎片化权威的功能整合困境,解决其与既有体制机制的衔接问题,确保机构业务运转平稳过渡,形成制度化赋能路径。最后,数据治理机构治理效能的塑造,本质上是部门间功能性协同的结果,城市韧性的提升效果最终取决于功能性协同的程度。鉴于其他组建方式与隶属关系所实现的功能性协同程度较弱,在条件具备的情况下,应当逐渐将数据治理机构以重组政府部门的方式组建,并调整为政府组成部门的隶属关系。

作为从政府组织层面分析城市韧性的一项探索性经验研究,以上研究仍然存在局限与不足:第一,对于分析框架,虽然提出了政府数据治理机构借助功能性协同,提升城市韧性的作用机制,但尚未明晰该机制在更为广泛的治理领域中所发挥的作用。第二,对于因果推断,虽然借助于调节效应分析,初步识别了数据治理机构提升城市韧性的作用机制,但城市韧性内涵的多维度和复合性,决定了其与数据治理机构之间存在多种可能的因果逻辑。第三,对于变量测度,基于准自然实验分析了政府数据治理机构成立与否对城市韧性的影响,但不同城市的数据治理机构的运作情况与绩效水平千差万别。

第三章

城市风险管理与城市韧性

在飞速的城市化进程中,我们见证了城市规模的扩张和人口的集聚,尤其是超大城市作为国家经济发展的重要引擎和国家治理的关键支撑,展现出了前所未有的活力与潜力。然而,随之而来的还有日益增长的复杂性和不确定性,使得城市系统性风险管理成为城市可持续发展中不可忽视的议题。本章将深入探讨城市韧性与城市风险管理的紧密联系,分析超大城市在面对公共卫生事件、极端气候和事故灾害等多重风险时的脆弱性与应对策略。通过系统性风险的基本特征分析,我们将揭示城市级联灾害的形成机理,以及如何通过创新城市应急管理体系来有效阻断风险的级联演化,提升城市的抗灾减灾能力。此外,还将讨论在总体国家安全观指导下,如何通过关口前移的风险治理策略,提高城市治理水平和风险防控能力,确保城市在面对未来挑战时能够展现出更强的适应性和恢复力。

第一节　超大城市系统性风险的特征

超大城市是现代化发展的重要载体,汇集了大量人才、产业、科技等生产要素,已成为国家经济增长的重要引擎、对外开放的关键枢纽和国家治理的有力支撑。然而,在高度密集的生产要素和复杂的社会环境相互催化之下,超大城市的空间结构、系统功能、生态环境等都面临着较大的风险挑战。新冠肺炎疫情暴发以来,公共卫生事件、极端气候以及事故灾害等在超大城市中频发,影响城市生产生活秩序,城市公共安全经受重大风险的考验。超大城市处于风险前沿地带,是现代社会防灾减灾的重点,如果防控不及时不到位,可能会引发系统性风险与社会脆弱性耦合、级联,产生"多米诺骨牌效应"或"蝴蝶效应",给整个经济社会系统造成重大威胁。因而,系统性风险应对已成为超大城市治理的重要任务之一。

一、超大城市系统性风险的基本特征

城市化是现代经济社会发展的强大动力和必由之路。按照国务院城市规模划分标准,城区常住人口 1 000 万以上的城市为超大城市。依据国家统计局发布的《经济社会发展统计图表:第七次全国人口普查超大、特大城市人口基本情况》,我国现有 7 个超大城市,分别是上海、北京、深圳、重庆、广州、成都、天津。这些超大城市是海内外人才、资本与前沿科技等先进生产要素的聚集高地,在政治、经济、文化等方面具有重要影响力和广泛辐射力。在此背景下,超大城市面临着更为棘手的脆弱性难题,系统性风险的潜在威胁也更为严峻。具体而言,超大城市的风险种类更多、传播速度更快、演化链条更复杂。相较于一般城市风险的线性传播,超大城市系统性风险更容易升级爆发、连锁集聚。同时,不同灾种之间还常常耦合传递,引发风险级联,城市灾害呈现出非线性、连锁性和跨域性等基本特征。

(一) 非线性

超大城市系统性风险具有非线性特征,容易衍生破坏力巨大的次级灾害。非线性是指风险爆发、演化和影响呈不稳定的波动变化。各类复杂的风险相互渗透,多点爆发,传统的风险线性演化规律难以适用,现有的知识、流程和规范无法有效应对非线性风险带来的社会无序。社会系统越复杂,风险的非线性特征越凸显。超大城市系统规模体量巨大、空间聚集度高、人口结构复杂且流动性大,使之成为各类风险的综合承载体。与单一风险的线性趋势变化不同,系统性风险的非线性演化使其灾害链更加复杂多维,较难识别。此外,城市生命线系统经过长周期运行,显露出不稳定性和不确定性,加剧了风险非线性变化。在超大城市建设过程中,交通运输系统(公路、铁路、航空等)、能源动力系统(电力、燃气、热力等)、信息传播系统(电信、网络、广播等)以及生活供应系统(供水、医药、防疫等)等若干子系统,共筑了城市生命线系统。随着城市人口增长和经济快速发展,能源消耗不断攀升、交通运输压力过载、生态环境脆弱等问题叠加,不断积累风险能级,达到峰值后致使系统出现脆断。这也是超大城市系统性风险非线性演化最为显见的结果。

(二) 连锁性

超大城市系统性风险具有连锁性。从风险管理视角来看,连锁性可以理解为,初始致灾因子造成的危害触发了另一个或多个灾害的发生。一方面,超大城市面临的风险,传统与非传统并存,风险多重交织引发连锁危机。新形势下,风险内涵和外延更加丰富,时空领域更加宽广,传统安全与非传统安全问题交织出现。党的十九届五中全会审议通过的《中共中央关于制定国民经济和社会发展第十四个五年规划和二〇三五年远景目标的建议》,首次明确强调要"统筹传统安全和非传统安全"。在实践层面,超大城市的重大设施、公共服务等场域都存在着传统和非传统安全隐患,且两者相互渗透、牵制、转化。另一方面,超大城市高度关联的生产生活空间,是灾害链的潜在来源。超大城市的产业链、供应链、价值链复杂交错,一旦系统性风险爆发,容易形成灾害链进一步成为风险演化的惯性路径,将破坏整个城市系统。例如 2012 年飓风"桑迪"带来的连锁性灾害,飓风首先引发海水倒灌,造成城市内涝、断电、断水等灾害,大规模断电、断水又引发了通信危机、交通危机、能源供给危机、政府信任危机等一系列连锁危机,引起社会恐慌。在传统灾害和新兴风险连锁传导时,超大城市更具暴露度和脆弱性。

(三) 跨域性

超大城市系统性风险的第三个特征是跨域性。超大城市日新月异,人口流动愈加频繁,风险传播的行政边界、时间边界、灾种边界日趋模糊。例如,上海市常住人口接近 2 500 万,流动人口超千万,每日人口流动数以百万计。人口流动给城市创造财富与价值的同时,也使得风险传播突破传统的行政边界。此外,系统性风险积累的时间越长,辐射的空间范围就越广。在系统性风险治理实践中,应及时发觉并阻断风险跨域传播,将风险控制在最小的空间范围内,最大程度降低风险治理成本。

二、超大城市系统性风险的级联演化

风险级联演化是致灾因子与社会脆弱性耦合的结果。在风险演化进程中，致灾因子是风险转化为灾害产生破坏性的触发点，而社会脆弱性是诱发风险升级的核心。系统性风险演化机制可识别为，初始致灾因子沿着灾害链非线性传递，引发连锁性灾害，并与社会脆弱性发生耦合，造成风险升级，衍生出更具冲击力的次生灾害，这种灾害升级的演化逻辑可概括为级联效应。级联效应是指灾害中出现的动态现象，由自然灾害、技术失误或人为失误引发，经过非线性传递对自然系统、社会经济系统造成连锁性冲击。级联效应的驱动因素与社会脆弱性程度紧密关联，社会脆弱性越高，风险就越容易与社会系统发生耦合，并积聚矛盾形成升级点，灾害的破坏力持续放大，较低水平的灾害可能会因此演化为巨灾。

（一）超大城市的脆弱性主要来源于城市生命线系统和城市生产生活活动

其一，庞大的生命线系统构成了超大城市脆弱性的主要来源。超大城市就像一个完整的生命有机体，交通运输系统、能源动力系统、信息传播系统以及生活供应系统等若干子系统共同维护机体有序运行。然而，随着城市化进程加速，各子系统可能会出现功能过载，超负荷运转等问题，超大城市生命线系统可能面临解构的风险。当某一关键系统遭受风险扰动时，其产生的影响势必会从局部蔓延至整体，进而影响城市的正常运转。其二，高度密集的人口和大规模的生产消耗，增加了超大城市脆弱性的暴露程度。相较于农村地区，城市特别是超大城市拥有完备的基础设施系统和公共服务体系，为教育、医疗、就业、娱乐等活动提供更多的便利。例如美国纽约、华盛顿、波士顿等大都市圈，占地面积仅约全美国面积的 1.5%，却集中了全国 20% 的人口，制造业产值占全国的 30%。然而，日趋密集的社会经济活动也增大了系统性风险与城市科技、社会、经济系统间的耦合概率，更大范围地暴露出城市生命线系统的脆弱性。

（二）转化、蔓延、衍生和耦合是超大城市系统性风险级联演化的关键机理

根据突发公共事件的演化机理，级联演化的机理可以细分为转化机理、蔓延机理、衍生机理和耦合机理。转化机理是指初始灾害导致其他灾害；蔓延机理是某一突发事件导致类似事件连续发生；衍生机理是指灾害发生后，一些传统应对或处置措施不力，可能会导致新的灾难性事件发生；耦合机制则是指两个或两个以上突发事件相互影响、相互促进。超大城市系统性风险的级联演化是多个机理综合作用而成，可以概括为：自然风险因子或人类活动风险因子在城市中偶发，并蔓延至城市生态环境、基础设施、社会经济系统中，转化为跨域危机，进一步与城市脆弱性耦合，造成灾害升级，给整个城市系统带来难以预测和估量的破坏。此外，政府在开展风险防控治理工作时，可能会由于对风险认知不全面或处置不力等，导致新的灾害衍生出来，增加城市应急管理难度。正如 2011 年日本"3·11"大地震产生的级联效应，地震引发了多次高达 10 米以上的海啸，有关部门对海啸预警失误，造成大量人员伤亡以及巨额的经济财产损失。地震和海啸造成城市生命线系统的巨大破坏，引发日本乃至全球重要物资供应链断裂。由于地震的巨大冲击和人为因素，日本福岛核电站发生爆炸，核泄漏对陆地、海洋以及大气均造成了严重污染，并危及邻国及邻近海域。在整个风险应对环节中，政府与民众间缺乏有效的风险沟通，民众焦虑情绪蔓延，衍生出政府信任危机。由此可以发现，超大城市中系统性风险经过多种演化机理叠加后级联升级，单一的灾害冲击最终会成为巨灾，同时也暴露出城市系统性风险治理能力的短板。

（三）阻断超大城市风险级联演化急需创新城市应急管理体系

系统性风险经级联演化造成的巨大破坏力，远远超出城市风险应急能力范围。传统的应急管理体系应对系统性风险的薄弱之处，主要体现在三个方面。首先，对于新兴的系统性风险认知不全面，缺乏科学有效的风险评估。风险评估是开展风险治理的前提和基础，如果无法对系统性风险进行科学研判、评估，将影响风险预警、应对、恢复等一系列后续工作。其次，系统性风险防控治理存在协同失调问题。系统性风险经级联演化带来的危害往往是跨域性的，单靠城市

独立进行风险防控工作,无法阻止风险持续外溢和放大。最后,城市综合承载压力过大,城市生态环境、社会经济系统的脆弱性愈加凸显。总之,面对风险的复杂性、不稳定性以及不确定性增强,已有的城市应急管理体系无法满足系统性风险治理的需要。

第二节　城市级联灾害的形成与治理

一、级联灾害:理解城市系统性风险的新视角

随着后工业时代到来,人类的生存和发展环境面临更多的不确定性和复杂性,社会风险越来越呈现系统性特征。特别是 2020 年全球疫情暴发以来,传统安全与非传统安全问题高度聚集、相互交织,我国应急管理体系和能力迎来一次大考。随着社会经济生活日益复杂和紧密联系,自然环境、技术、社会、经济系统耦合性越来越强,各类风险因素复杂演化与突发事件暴发愈加不同以往,以级联灾害(cascading disasters)为代表的社会新兴风险逐步显现[①],新的系统性城市风险治理需求日益迫切。

为应对和化解多元复杂新兴风险的挑战,我国作出"坚持总体国家安全观,着力防范化解重大风险"的总体部署。2021 年 3 月,全国人大通过的《中华人民共和国国民经济和社会发展第十四个五年规划和 2035 年远景目标纲要》,"风险"一词共提及 54 次,"风险"成为该文件的高频词之一。强化风险治理是提升国家治理效能的重要维度,城市风险治理则是我国应对系统风险的重要单元和抓手。就实践层面而言,城市也是各类风险的综合承载体和现代社会防灾减灾的重点。随着我国城市进程不断加速,人口、生产要素更加集聚,产业链、供应链、价值链日趋复杂,生产、生活空间高度关联,使得城市在各种传统灾害和新兴风险面前的暴露度、脆弱性不断凸显,如果应对失当则可能出现级联灾害。近年来,我国城市面临的社会风险形势尤为严峻。例如,江苏

---

① 魏玖长.风险耦合与级联:社会新兴风险演化态势的复杂性成因[J].学海,2019(4):125-134.

响水、河南三门峡、湖南株洲等多地发生化工厂重特大爆炸事故，造成人员伤亡、基础设施破坏及城市环境污染；河南、山西、湖北等部分地区出现罕见暴雨洪灾，给人民生命财产造成巨大损失。总之，极端天气、安全生产事故、突发公共卫生事件等，给城市带来的风险挑战呈级联效应。单一突发事件经联动、外溢、放大后，衍生出新的灾害，造成城市系统性风险。传统的突发事件应对体系，难以应对新兴风险产生的复合型冲击，急需对新的风险形势加以研判和系统性治理。

目前，我国应急管理、公共管理等学科尚未对级联灾害给予足够的重视，级联灾害的形成、演化和应对更是有待研究。级联灾害是不可忽视的社会新兴灾害，如同多米诺骨牌倒下后产生的连锁反应，级联灾害经过致灾因子的链式增强，并与社会脆弱性加以耦合，易产生具有强烈影响的次生灾害。随着时间的推移，造成灾害的时空影响不断升级、扩大，局部的风险可能会蔓延至整个社会系统。在风险社会背景下，以级联灾害为代表的新兴灾害冲击着城市应急管理体系。

二、从突发事件应对到级联灾害治理

（一）风险社会与城市风险

"风险社会"（Risk Society）源于人类社会的现代性，是现代工业社会的重要特征①。风险社会理论认为，伴随着现代社会发展，"一些以前所知甚少或全然无知的新风险参量"开始出现在现代社会生活中。乌尔里希·贝克指出："在现代化的进程中，生产力的指数式增长，使危险和潜在威胁释放达到了一个前所未知的程度"。在百年变局的背景下，我国面临的风险，传统与非传统并存。传统风险如自然灾害、安全生产事故、传染性疾病等，依然对人民生活和社会安全构成威胁。同时，随着后工业时代的来临，传统风险与非传统风险以级联与耦合的形式迭代演化，形成更为复杂的社会新兴风险，对社会经济发展构成新的挑战。在宏观政策方面，为破解灾害治理难题，我国不断优化、完善应急管理体系。新

---

① ［德］乌尔里希·贝克.风险社会［M］.何博闻，译.南京：译林出版社，2004.

中国成立后，我国应急管理体系的演变大体经历了三个阶段①，分别是以单灾种应对为主的阶段(1949—2003 年)、以"一案三制"为核心内容的应急管理体系建设阶段(2003—2012 年)、以总体国家安全观为统领的应急管理体系建设阶段(2012 年至今)。党的十八大以来，以总体国家安全观为统领的应急管理体系，以治理系统性风险为目标，因应了"风险社会"对应灾系统的要求，统筹应对全灾种、全领域的突发事件和系统风险。在风险治理实践层面，城市是我国风险治理的主要场域和抓手。2021 年 9 月，国务院安全生产委员会办公室印发的《城市安全风险综合监测预警平台建设指南(试行)》(安委办函[2021]45 号)，要求加强城市安全风险防范工作，切实提高城市防控重大风险与突发事件的能力，提升城市安全治理现代化水平。

城市是现代化发展和社会矛盾冲突的综合载体。一方面，城市是现代化建设的重要引擎，快速发展的城市能够创造巨大的需求和财富，吸引各种资源集聚；另一方面，城市体量的急剧增长也将城市自身异化为潜藏多重风险的空间聚合体，换言之，城市是社会各类风险的主要承载体。迈入 21 世纪以来，2003 年的"非典"疫情、2008 年的南方暴雪灾害和"5·12"汶川特大地震等重特大突发事件，对我国社会生活和城市经济发展造成了严重影响。我国已进入社会转型关键期，一些一线城市各类突发事件频发，如 7·21 北京特大暴雨事件②、12·31 上海外滩拥挤踩踏事件③、12·20 深圳光明新区特别重大滑坡事故④等，引起人们对城市公共安全的担忧。此外，近年来的极端天气、安全生产事故以及突发公共卫生事件更是给城市带来严峻的风险挑战。

城市作为各类风险演化发展的聚集地，也是系统风险治理体系建设的着力点。在风险社会背景下，城市风险化和风险城市化交互作用、密切联系。城

---

① 钟开斌.中国应急管理机构的演进与发展：基于协调视角的观察[J].公共管理与政策评论,2018(6)：21—26.

② 2012 年 7 月 21 至 22 日 8 时左右，北京及其周边地区遭遇 61 年来最强暴雨及洪涝灾害。根据北京市政府举行的灾情通报会的数据显示，此次暴雨造成房屋倒塌 10 660 间，160.2 万人受灾，经济损失 116.4 亿元。

③ 2014 年 12 月 31 日 23 时 35 分，上海市黄浦区外滩陈毅广场东南角通往黄浦江观景平台的人行通道阶梯处发生拥挤踩踏，造成 36 人死亡，49 人受伤。

④ 2015 年 12 月 20 日 11 时 40 分，广东省深圳市光明新区凤凰社区恒泰裕工业园发生山体滑坡，事故造成 73 人死亡、4 人失踪，直接经济损失 8.8 亿元。

市发展面临的社会风险日益加剧，城市风险化成为现代城市发展的重要特征之一。同时，城市逐渐成为社会风险产生和演化的主要场域，风险城市化是风险演化和发展的重要趋势。2018年1月，中共中央办公厅、国务院办公厅印发的《关于推进城市安全发展的意见》，指出："城市运行系统日益复杂，安全风险不断增大。一些城市甚至大型城市相继发生重特大生产安全事故……暴露出城市安全管理存在不少漏洞和短板……切实把安全发展作为城市现代文明的重要标志。"城市风险化和风险城市化要求动态地把握人类、自然和社会系统之间的相互依赖性，全面系统地认知城市风险。伴随着现代社会发展，城市自然环境、技术、经济系统出现高强度耦合，某些局部或突发性的事件容易引发整体性的社会灾难。更为重要的是，城市的孕灾环境、致灾因子、脆弱性和暴露性等方面具有特殊性[①]，城市发生灾害升级的概率大为增加，给城市风险治理带来更大的挑战。因此，为实现城市经济社会稳步发展，急需全面认识城市级联灾害，转变传统的突发事件应对策略，完善系统风险治理体系。

（二）级联灾害的概念、形成、演化和升级

"级联"一般指初始事件影响了后继事件，并引发一连串的反应，使得原有影响不断传递、扩散[②]。级联灾害是一种社会新兴风险，相对于"脆弱性"（vulnerability）、"韧性"（resilience）等研究议题，级联灾害是一个相对较新的研究领域。目前，对于级联灾害，学者们已开始进行初步的探索性研究。级联灾害本质上是一个灾害演化的动态系统，级联灾害的每个演化分支都可以视为一个新的灾难，并且可能与主要事件相分离，产生新的危害性。吉安卢卡·佩斯卡洛里（Gianluca Pescarol）和戴维·亚历山大（David Alexander）认为，级联灾害是由灾害动态演化而成，不仅本体是一种极端事件，级联效应产生的二级事件还会因放大效应带来强烈影响。通过与其他复合型灾害进行比较，两位学者进一步提出级联灾害是由物理性事件或是技术失误等人为因素导致，对

---

①　容志.从分散到整合：特大城市公共安全风险防控机制研究［M］.上海：上海人民出版社，2014.

②　KELMAN I. Connecting theories of cascading disasters and disaster diplomacy［J］. International Journal of Disaster Risk Reduction，2018(30)：172–179.

自然、社会或经济系统造成一系列破坏的事件集合①。伊兰·开尔曼(Ilan Kelman)认为级联灾害由自然致灾因子触发,并衍生出次生危机,次生危机通常与城市公共空间、经济社会活动、应急管理体制等有更直接的联系②。在此基础上,有学者指出,为全面认识级联灾害,社会脆弱性和不平等性都应纳入级联灾害研究中③。

综上所述,级联灾害在自然致灾因子与社会脆弱性耦合的作用下,将初始灾害性放大、升级并产生新的灾害,动态演变成具有复杂时空属性的系统性风险。区别于致灾因子叠加而成的复合型灾害,级联灾害具有三个关键特质:一是级联灾害发生于自然—社会系统中,单纯的自然灾害难以形成级联效应;二是级联灾害在不同阶段经过放大后会形成等级差别;三是级联灾害体现了不同风险因素之间的互相连接与联系。国内学者也逐渐开始关注这种由风险耦合与级联形成的社会新兴风险,并将级联灾害视为理解系统风险和总体国家安全观的一个重要视角④,结合级联灾害案例分析,归纳出级联灾害的四个基本特征,即连锁性、联动性、放大性和意外性⑤。还有学者基于重大公共事务决策风险的级联效应,搭建起风险治理跨空间的治理框架⑥。

级联灾害的形成,不同于一般性灾害,是致灾因子和社会系统交互影响的结果。以 2008 年南方雪灾为例,此次灾害发生过程呈现典型的级联灾害特征。罕见的低温、雨雪、冻害等极端天气触发了雪灾,但由于当时我国应急管理体系的局限性,诸如缺乏专业性应急预案、灾害响应滞后等,极端天气的影响最终发展为级联灾害,引发了一系列连锁危机,造成全国 20 多个省份不同程度受灾。可

---

① PESCAROLI G, ALEXANDER D. Critical infrastructure, panarchies and the vulnerability paths of cascading disasters[J]. Natural Hazards, 2016, 82(1): 175 - 192.

② KELMAN I. Connecting theories of cascading disasters and disaster diplomacy[J]. International Journal of Disaster Risk Reduction, 2018(30): 172 - 179.

③ KYRIAKIS M, AVRUCH J. Sounding the alarm: protein kinase cascades activated by stress and inflammation[J]. Journal of Biological Chemistry, 1996, 271(40): 24313 - 24316.

④ 张晓君.级联灾害:一个理解系统风险和总体安全观的视角——兼论国外应急管理级联效应研究的新进展[J].国家治理与公共安全评论,2020(2):92 - 117.

⑤ 张惠,景思梦.认识级联灾害:解释框架与弹性构建[J].风险灾害危机研究,2019(2): 25 - 66.

⑥ 于峰,樊博.重大公共事务决策级联风险的跨空间治理框架[J].中国行政管理, 2021(7):119 - 125.

以发现,级联灾害初始于单一灾害,由自然致灾因子引发,后经社会灾害响应失当,造成灾害的影响在空间上扩展、烈度上增强,从而形成系统性风险。

一般而言,突发公共事件的演化机理可以分为转化机理、蔓延机理、衍生机理和耦合机理①。级联灾害的演化亦是由多种演化机理综合作用而成。例如,2008年南方雪灾形成的级联灾害就是经过灾害转化、蔓延和耦合演化而成。极端的低温、雨雪、冻害天气造成电网瘫痪、交通受阻、大规模旅客留滞,引致社会失序,自然灾害转化成为社会系统风险,并将局部的灾害风险蔓延至全国大部分地区。

级联灾害的演化发生于自然—社会的环境与灾害链的交互作用,同时触发事件也十分关键,又可称为升级点(escalation point)②。Helbing认为当系统达到某一个点,系统就会变得动态且不稳定③,这个点也叫作引爆点(tipping point)或者临界点(critical point)。与引发级联灾害的初始事件相比,升级点可能是灾难影响的更大来源。除了自然致灾因子烈度增强,升级点的形成与治理理念、管理模式、组织结构以及文化观念等社会因素密切相关。一些学者通过对2008年南方雪灾以及2011年日本大地震等多案例分析发现,导致灾害升级为级联灾害的社会因素主要有,主动失败、制度固化、应灾组织结构等④。总体而言,早期的灾害研究对级联灾害的认识深度尚有不足,特别是我国对级联灾害的研究正处于初步探索阶段。通过上述对级联灾害概念的介绍、形成逻辑的梳理、演化机理的分析以及升级路径的总结,笔者试图厘清级联灾害与传统灾害的区别,为我国系统风险治理奠定认知基础。级联灾害的致灾因子越来越普遍地存在于社会系统中,如不加以有效治理,初始灾害可能演化升级为级联灾害。在风险社会背景下,城市逐渐成为系统风险发展演化的中心场域,对城市级联灾害的基本特征进行揭示和梳理显得尤为必要。

---

① 陈安,陈宁,倪慧荟,等.现代应急管理理论与方法[M].北京:科学出版社,2009.

② HELBING D. Globally network risks and how to respond[J]. Nature, 2013, 497(7447): 51–59.

③ HELBING D. Traffic and related self-driven many-particle systems[J]. Physics, 2000, 73(4): 1067–1141.

④ 于峰,樊博.重大公共事务决策级联风险的跨空间治理框架[J].中国行政管理, 2021(7): 119–125.

（三）我国城市级联灾害的基本特征

城市级联灾害区别于一般性灾害，具有非线性、连锁性、联动性、放大性等特点。就我国发生的重大灾害而言，2008 年南方雪灾和 2021 年河南郑州"7·20"特大暴雨灾害都是较为典型的"巨灾"，均造成人员伤亡、财产损失和基础设施的毁坏，且依赖外部资源进行灾害应对，在很大程度上可被视为级联灾害。笔者将通过分析上述两个灾害的发生和演化过程，刻画我国城市面临级联灾害的基本特征。

1. 城市级联灾害具有非线性变化的特点

基于灾害的显露程度，可以将灾害划分为可被察觉灾害和无法察觉灾害，特别是对于无法察觉的灾害，有关威胁的征兆、趋势及后果需要较长时间演化，不易被人们识别和感知①。区别于一般可被察觉、预测和快速控制的线性演变的灾害，级联灾害的发生、演化具有非线性的特点，如图 3－2－1 所示。级联灾害的非线性特点具体体现在发生时间具有隐蔽性，演变和影响呈现很强的不确定性和波动性。级联灾害往往初始于难以察觉的灾害，经过较长周期才显露出系统性风险。城市生命线系统为各类风险提供了独特的孕灾环境，加剧了灾害的破坏性。例如，2008 年南方雪灾发生的过程具有典型的非线性特点。这场雪灾起初并未形成气象灾害，也未引起人们重视。但自 1 月 25 日始，我国南方地区出现连续暴雪天气，安徽持续降雪 24 天，江西出现 59 年来最严重低温、雨雪天气，贵阳持续 49 天冻雨突破历史纪录。此次冰雪冻害天气持续时间较长，并非线性演化出一系列灾害，带来巨大的破坏性。高速铁路、公路、民航受阻，生活和生产物资运输中断，公路险情不断。

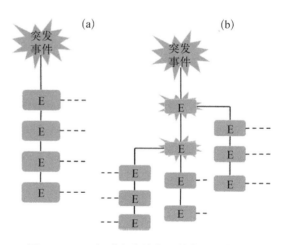

图 3－2－1　级联灾害的非线性变化示意图*

*（a）代表一般灾害的线性变化；（b）代表级联灾害的非线性变化，包括灾害的放大和产生的次级灾害；E 表示灾害的影响。

---

① 彭宗超.风险社会来临：警惕无察觉危机蔓延[J].人民论坛,2012(16)：48－49.

再如，郑州"7·20"特大暴雨灾害，也呈现出城市级联灾害的非线性特点。短历时降雨极强，在短时间内引发河南省中北部地区严重汛情，导致城市内涝、河流洪水、山洪滑坡等灾害，造成了重大人员伤亡和财产损失。

2. 城市级联灾害具有连锁性

连锁性是相对于单一突发事件而言，指一个突发事件的发生导致或触发另一个或多个其他突发事件的发生，后发的一系列事件都与原始事件存在直接或间接的关系。由于灾害的非线性增强，后发事件可能会造成比初始灾害更加严重的影响。城市规模体量大、人口结构复杂、流动性高，成为潜在的风险积聚中心。城市级联灾害一旦发生，往往形成连锁反应，引发更多的突发事件。南方雪灾形成以"低温—雨雪—冰冻"的串发式灾害链，对城市造成停电停水、交通瘫痪和通讯中断等严重影响，进而引发了一系列综合性灾害。极端天气带来的影响波及电力系统、交通运输系统以及通信、社会治安等领域。此外，根据灾害调查报告显示，郑州"7·20"特大暴雨灾害导致严重的城市内涝、洪水、山体滑坡等多灾并发。整个城市生命线系统以及城市居民，都在这次极端暴雨天气中遭受不同程度的损失。

3. 城市级联灾害具有联动性

联动性产生的主要原因在于系统内不同要素之间相互联系、相互依赖，致灾因子在系统内传播，使灾害影响互相增强。城市级联灾害的联动性主要表现为一个系统出现故障导致另一个系统失灵，环环相扣。以南方雪灾为例，受低温、雨雪、冰冻灾害的影响，贵州、湖南等多地的电力设施瘫痪，造成大面积停电，高速铁路、公路都因此受阻。湖南郴州市作为连接我国南北方的重要交通枢纽，由于长达半个月的停电以及路面结冰，京广铁路南段和京珠高速都因此中断，加之正值春运期，旅客大量滞留，广州火车站先后滞留了超过 200 万名旅客。郑州"7·20"特大暴雨中同样呈现了级联灾害的联动性特征。短期内超强降水引发城市内涝，城市内涝又导致居民小区、地下室、街道、地铁、桥涵、隧道等区域受淹，继而引发多个区域断电断水断网，道路交通断行。特大暴雨灾害对城市生命线系统影响具有联动性，牵一发而动全身。因而，厘清子系统间灾害传播路径，对于控制级联灾害的危害具有重要意义。

4. 城市级联灾害具有放大性

放大性是由于灾害出现连锁和联动演化，致使致灾因子不断与社会系统耦合,不同致灾因子像"滚雪球"一样聚集,造成灾害升级,带来比初始灾害更为严重的破坏性。同时,在灾害过程中由于技术失误、组织应对失当等人为因素也会放大灾害影响。在郑州"7·20"特大暴雨灾害中,出现了较严重的灾害级联放大。事故调查报告显示,郑州地铁5号线因遭遇涝水灌入,导致失电迫停,但事发后相关部门和单位应对处置不力,地铁行车指挥调度失误,加重了车内被困乘客险情,造成重大人员伤亡。由于郑州市隧道管理单位和有关部门封闭隧道、疏导交通不及时,郑州京广快速路北隧道发生淹水倒灌,导致隧道内汽车被淹、多人溺亡。上述备受社会关注的灾害事件虽然是由极端天气引发的,但由于相关部门和单位处理失当,加剧了灾害的破坏性,造成较大人员伤亡和重大财产损失。因此,城市级联灾害防治,需要格外关注灾害升级点,防止灾害影响放大。

在风险社会背景下,各类灾害相互依存,初始灾害可能会演化为级联灾害。城市处于各类风险的前沿地带,是落实国家安全和抵御风险的重要单元,同时也是系统风险治理的重要抓手。对于城市级联灾害呈现的非线性、连锁性、联动性和放大性,城市风险治理面临的挑战将更为复杂、更为棘手。为提高城市风险防控能力,必须重新审视新形势下我国城市级联灾害面临的困境,并根据当前困境寻求治理之策,构筑平安城市。

三、我国城市级联灾害的治理困境

城市是各类风险形成和加剧的主要场域,同时也是社会新兴风险主要发源地和集中地,特别是城市级联灾害伴随非线性、连锁性、联动性、放大性等特征,冲击着传统突发事件应对体系,这对城市抵御多种灾害的综合能力提出更高要求。结合城市级联灾害的特征以及我国城市风险治理的现状,笔者将从风险评估、风险预警、风险沟通、风险应对与城市脆弱性五个方面总结城市级联灾害面临的治理困境。

第一,缺乏系统性、专业化的城市级联灾害风险评估机制。风险评估应建立在系统的风险认知和科学的风险研判基础上。与传统的突发事件不同,城市级联灾害的产生具有非线性的特点,且由于耦合和衍生等演化机理,形成复合型多灾种灾害,这些灾害往往经过一定时间才暴露于人们的感知范围内。这给对城市级联灾害的认知带来更高的难度。能源、交通、通讯、供水、供电等基础设施，构成了城市复杂的生命线系统，每个子系统都是潜在的风险源，任何一个子系统失灵都可能带来城市风险的叠加连锁，导致风险扩散升级，形成级联灾害，甚至造成城市运行的停摆。目前，我国对隐匿于城市复杂生命线系统中的风险，尚未形成系统化的评估机制，在城市未来风险应对中容易产生疏漏，埋下更大的风险隐患。此外，我国专业化的风险评估队伍建设、智能化的风险评估信息搜集整合机制仍然是薄弱环节①。以级联灾害为代表的系统风险开始渗入城市各个系统，对于城市系统风险存在片面认知且缺乏专业的评估机制，这将影响城市级联灾害管理，对现代城市稳健发展造成潜在威胁。

第二，风险预警机制响应迟缓、弹性不足，存在信息壁垒。城市面临的级联灾害演化机理错综复杂，传统的预警模式面临越来越多的挑战。首先，我国的风险预警机制存在响应迟缓的问题，传统的风险预警模式需要经过细致分工的科层组织内部程序化执行，向上集中、部门分割且针对单一灾种的预警响应模式，难以迅速适应城市级联灾害不确定的风险演变趋势。就公共卫生事件的风险预警而言，《中华人民共和国传染病防治法》规定，"国务院卫生行政部门和省、自治区、直辖市人民政府根据传染病发生、流行趋势的预测，及时发出传染病预警，根据情况予以公布"。然而，这一规定未能赋予省级以下地方政府发布预警的事权，可能在风险预警的实践上带来一定的滞后性，从整体上影响了后续风险应对和沟通的效率。其次，目前我国风险预警更加侧重政府组织的内部响应与行动协调，以民间救灾团体为代表的社会救援力量与政府组织之间的信息壁垒，阻碍了多元主体合作的协调性和有效性。最后，城市风险预警信息未能有效向公众传达，城市公众是级联灾害的波及对象之一，公众对灾害预警信息的及时获取与有效理解，将影响城市应灾的韧性水平，然而目前预警信息向公众传达的过程或是过于迟缓，或是所传达的信息未能被公众有效理解，从而出现公众应灾行为与灾情实际情况不匹配的问题，这进一步导致社会系统风险升级。

第三，信息不对称和信息失真制约了风险沟通的有效性。风险信息是风险

---

① 刘鹏.从行政管控走向风险治理：中国风险应对体系建设的发展历程与逻辑[J].政治学研究,2021(6)：85-96,177.

治理的重要依据,但目前在城市级联灾害治理中,风险沟通仍然是较为薄弱的环节,主要存在风险信息不对称和信息失真的问题。首先,风险信息不对称主要是科层组织结构导致的,其面临的障碍是科层组织内部条块关系的壁垒。同时,行政官员与专家也会出现因信息不对称而导致的沟通不畅的困境。特别是在应对非传统的系统风险过程中,由于其复杂程度远远高于传统灾害,新技术的全面介入和信息的高度不确定性,专业科学群体与行政官僚之间既有的知识壁垒和信息处理方式差异成为更重要的挑战。其次,行政部门与社会公众的风险信息沟通,主要涉及政策宣传和科普教育,缺乏对信息共享和双向交流的重视。最后,随着互联网和信息技术的发展,风险信息从不同渠道传播,会出现信息超载、信息真伪难辨等问题。社会公众对风险信息的判断能力受年龄、教育、收入、风险感知能力等因素影响,而对来源不明的风险信息,可能会出现反应过激或反应不足的情况。总之,风险沟通中出现的信息不对称和信息失真,对政府传递和整合风险信息的能力提出了更高的要求。

第四,协同失调、权责失衡成为城市风险应对的结构性矛盾。我国风险应对在制度层面上遵循《国家突发公共事件总体应急预案》规定,“建立健全分类管理、分级负责、条块结合、属地管理为主的应急管理体制”。在具体的实践运作过程中,我国城市一般采取属地管理的方式开展风险防控工作。当前,我国对于城市内部跨区域协同和跨城市的横向府际协作,均缺乏具体规定。在城市建设和发展过程中,系统风险不断出现放大和外溢的特点,属地管理无法满足这种跨域风险的治理需要。此外,根据《中华人民共和国突发事件应对法》,我国确立的是自上而下的应急管理模式,风险应对工作分级负责,遵循权力等级序列开展工作,来自上级的风险应对任务最终由基层加以落实,因而出现了“条条指挥块块”的现象①。通常的情况是,基层政府需要承担较大的防控责任,但相应的权力和资源配置却不足。这种权责失衡的弊端在应对城市级联灾害中更加突出,如图3-2-2所示。城市级联灾害具有较大的破坏力,容易产生链式反应,单一风险出现后又可能经过演化升级,衍生其他风险。我国纵向的应急管理体系很难与级联灾害的横向演变相契合,这一结构性矛盾,若处理不当则会带来整个城市系统的失序。

---

① 吴晓林.特大城市社会风险的形势研判与韧性治理[J].人民论坛,2021(35):56-58.

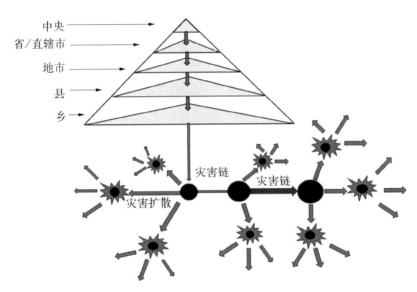

图3-2-2　"科层式"政府应急管理体系与级联灾害演化结构

第五，城市风险叠加积聚，城市脆弱性日益凸显。城市是人口聚集、资源集中和社会经济发展的中心地，具有人口流动性高、资源要素密度大等特征，常规性的风险如城市内涝、火灾、流行疾病等就会造成程度不同的破坏。伴随城市化加速发展，密集城市活动以及城市功能和空间的复合多样，进一步加大了城市流线和交通的复杂性、叠加性，逐渐增多的社会经济活动使得城市面临资源紧张、交通拥堵，空间承载力超载的局面，各种社会新兴风险在城市不断出现。如，上海外滩拥挤踩踏事件和郑州"7·20"特大暴雨灾害等这些非传统风险冲击着城市医疗卫生系统、交通运输系统、信息和通信系统等生命线系统。城市各类致灾因子流动性和叠加性较高，这无疑增加了城市的脆弱性，而在城市建设和管理过程中，并没有充分将城市韧性纳入其中，一旦发生重大风险，城市风险演化的级联特征可能进一步凸显。

四、我国城市级联灾害的治理策略

党的十八大以来，以习近平同志为核心的党中央以统揽全局的战略思维和宽广的世界眼光深刻把握国家安全问题，坚持总体国家安全观，把国家安全贯穿到党和国家工作各个方面，着力构建大安全格局。进入新时代，我国面临更为严峻的国家安全形势,外部压力前所未有,传统安全威胁和非传统安全威胁相互交织,"黑天鹅""灰犀牛"事件时有发生,这给城市公共安全带来严峻挑战。党的十九届五中全会审议通过的《中共中央关于制定国民经济和社会发展的第十四个五年规划和二〇三五年远景目标的建议》提出,要"提高城市治理水平",特别是要"加强特大城市治理中的风险防控"。基于对我国城市级联灾害治理困境的分析,在总体国家安全观统领下,城市级联灾害的治理需要从以下五个方面加以优化。

第一,全面认知系统性风险,提升风险评估专业化程度。级联灾害区别于传统灾害,其主体、演化、升级等具有极高的复杂性与不确定性。因此,对城市级联灾害进行风险评估,首先,需要突破传统的风险评估机制,科学研判城市系统风险,扩展风险评估领域,将政治风险、经济风险、科技风险、网络风险纳入城市风险评估实践中。其次,加强风险评估法制建设,为城市系统风险评估工作提供明确的制度规范。风险评估是将灾害管理关口前移的重要环节,明确风险评估的制度化运作机制,确保各类组织和社会公众等能够有序应对灾害。再次,级联灾害形塑的风险复杂多样,在开展城市系统风险的评估工作时,还应当拓展和开发各种风险评估方法与工具,充分运用地理信息技术(GIS)、遥感技术(RS)等信息技术,捕捉风险信息,实现风险信息资源共享;最后,积极培训风险评估专业人员,为风险评估提供人才支撑,全面提高城市风险评估的科技和专业水平。

第二,基于长期规划的风险治理视角,增强风险预警的弹性建设。城市级联灾害的风险隐藏于城市复杂生命线系统内,把握风险全貌难度很大。因而,秉持长期规划的风险治理视角,增强风险预警尤为重要。可依托城市大数据平台,收集风险信息、监测信息、导控信息和传感器信息,减少决策失误,为精确预警和科学决策提供城市运行数据基础。此外,我国各城市在社会经济特征方面差异显著,不同类型城市面临的风险特征也存在较大差异,风险预警需要更大的灵活性和弹性。各级政府在风险预警事权上具有明显的层级序列,面临城市的系统性风险,特别是重大风险时,应适度对基层政府的风险预警工作予以授权,给予基层政府一定的风险预警弹性空间,充分发挥风险预警的积极作用,将灾害遏止于风险预警阶段。

第三,注重风险信息的共享与有效传递,提高风险信息整合和研判能力。风险信息的共享与传递在风险管理中发挥至关重要的作用,尤其是在突发事件发生后的风险紧急应对中，高效有序传递风险信息可以减少损失。当城市面临级联灾害时，不仅要求风险信息在各级应灾机构间有效传递与共享，还需在社会层面，将风险信息告知公众。为风险信息正确有效传递，需要风险管理部门积极开展风险信息平台建设，打造灵活、多样、快速的风险信息平台。此外，为缓解风险信息失真问题，需要增强风险信息的整合和研判能力以及公众对风险信息的判断力。一方面，在提升媒体风险沟通工作的科学性、严谨性和专业性的同时，加强媒体平台的监督与管理，避免失真的风险信息引发社会恐慌，甚至造成次生灾害；另一方面，积极开展针对社会公众的风险防范教育，提高公众对风险信息的判断力，引导居民成为风险治理的参与主体。

第四，重构风险治理的结构机制，克服科层专业分工与风险灾害联动之间的矛盾。在风险交互性和复杂性不断增强的背景下，城市级联灾害带来的风险往往需要跨部门、跨层级、跨地域、跨领域的合作治理。然而，我国分级管理、分条负责的行政化风险防控体系，在应对多元化的系统风险时较为僵化，难以适应系统性风险治理的需求。首先，应构建适配系统性风险治理的权责结构，对地方风险防控部门进行必要授权，整合职能部门，提高风险应对的效果；其次，革新应灾实践的工作机制，改变过往以线性应灾处理复杂灾害网络的工作模式。属地管理的风险防控需适当作出灵活调整，面对城市级联灾害带来的跨域影响，开展城市内部区域以及城市外部府际合作，促成对级联灾害的联防联控；最后，级联灾害的风险应对不仅是地方政府等公共部门的单一主体责任，企业、社会成员等多元主体也是重要的参与者，积极动员社会组织和居民参与风险应对，凝聚社会力量以降低系统性风险。

第五，增强城市韧性建设，提高城市应灾能力。首先，转变风险治理思路，树立"发展—安全"同构的治理理念，构建常态与应急结合的灾害治理体系。在风险社会背景下，城市生命线任何一个系统都有可能会受到级联风险的冲击，管理者需要转换思路，在常态化应对各类风险的同时，要妥善处理风险应对和城市经济发展之间的关系。其次，针对城市生命线系统在遭受灾害冲击时可能产生的系统风险与级联灾害，制定系统优化与分阶段修缮基础设施的实施方案，促进城市各子系统自身的韧性发展，增强各子系统的协调配合。结合城市现状与发展规划，从城市服务功能和风险防控的角度，确定城市韧性功能需求，建立各子系统之间的内在关联。通过对城市生命线系统的功能关联分析，明晰子系统间的协同策略，促进系统整体韧性的提升，降低级联灾害带来的城市脆弱性。

综上所述,在总体国家安全观指引下,通过不断增强城市的风险评估、风险预警、风险沟通、风险应对的效果和能力,妥善应对城市级联灾害的挑战,牢牢守住城市公共安全底线,让城市成为承载平安中国的重要载体。

第三节　关口前移的风险治理策略

在级联效应下,一旦风险发生,其影响会迅速扩散并放大,导致连锁反应。因为,城市系统性风险的防治需要实现关口前移,提前识别并采取措施可以更有效地控制风险,避免或减少潜在的广泛损害。"海恩法则"指出,航空飞行安全的每一次严重事故背后,必然有更多的轻微事故、未遂先兆和事故隐患。安全生产领域的各类事故,大多是隐患问题不断积累的必然结果。

近年来,全国安全生产事故总量、较大事故和重特大事故实现"三个继续下降",安全生产治理成效显著。然而,我国安全生产问题存在事故基数大、矛盾隐患深的历史特点,防范和遏制生产事故仍然任重道远。国务院发布的《"十四五"国家应急体系规划》也指出,安全生产仍处于爬坡过坎期,各类安全风险隐患交织叠加,生产安全事故仍然易发多发。在新时代以人民为中心的发展思想和总体国家安全观背景下,安全已被提到前所未有的高度。国家安全生产治理工作一般不直接影响企业的安全实务,而是通过科层组织内部的权力配置与目标考核体系,激励地方政府完成安全生产治理目标。各类规制措施是地方政府履行安全监管职能的具体方式,而规制不严是各类生产事故屡屡发生的重要因素。安全生产领域的治理绩效整体持续改善与各类事故特别是重特大事故时有发生,这两类彼此相对的事实表明,现有的安全生产规制方式,在总体上取得了显著的成效,但也存在尚未疏通的"堵点"。

党的二十大报告提出以新安全格局保障新发展格局,安全和发展是一体之两翼、驱动之双轮,不应视为彼此冲突矛盾的关系。然而长期以来,经济发展任务对安全生产任务存在着明显的"绩效挤出"[①],导致高经济增长率与高

---

①　"挤出效应"是经济学概念,指政府采取扩张性财政政策造成市场利率上升,私人投资和支出因而相应地下降。借鉴于此,使用"绩效挤出"概念描述一组政府任务之间的绩效竞争关系,即对某项任务的短期绩效追求降低了其他任务绩效的现象。

事故发生率(以下简称"双高现象")并存。绩效挤出意指某项任务的绩效提升以牺牲和降低其他任务绩效为代价，"双高现象"背后的结构性因素即地方政府因职责冲突和绩效权衡形成的绩效挤出。一方面，地方政府是一个涵盖多维度、承担多任务的综合体，需要稳定的行政周期和均衡的绩效考核协调规划各项目标；另一方面，地方主官处在以经济发展为核心的锦标赛模式中，且任期时长具有弹性，上任伊始即需不断加码发展经济。这一结构下形成的"政绩挤压"体制①影响着地方政府在经济增长与安全生产等任务之间权衡取舍。同时，由于央地信息不对称、官员任职的人际网络等因素为政企合谋提供了社会空间，进一步降低了安全规制的执行效果，影响规制的有效性。在以上因素共同作用下，发展与安全任务的统筹关系极易演化为短期的此消彼长，从而催生和强化发展任务对安全任务的绩效挤出。然而绩效挤出作为一种宏观的结构性现象，如何具体影响安全规制这一微观的政策实践，既有研究尚未做出实证回应。

传统的规制思路强调在事故发生后，通过处罚手段进行惩罚震慑，而在总体国家安全观指引下，安全规制重心不断前移，全过程均衡受到重视。安全生产的全过程规制可以分为事前、事中和事后三个环节。其中，事前规制通过"未雨绸缪"效应，强调安全教育与培训等预防性手段，提高企业安全责任人的安全意识与安全能力，防范事故于未然；事中规制通过"防微杜渐"效应，强调利用排查治理提前发现安全隐患，将事故消除于萌芽状态；事后规制通过"亡羊补牢"效应，侧重对企业违法违规行为及其导致的后果依法进行惩处，通过惩罚震慑进行事后补救。善战者无赫赫之功，从"亡羊补牢"的事后救火，迈向"未雨绸缪"的事前防范。如何更好地发挥全过程规制的组合效应，成为新时期安全生产重要的理论与实践问题。我们从安全规制的全过程视角出发，基于多年期省级面板数据，利用超效率 SBM 模型测算安全生产绩效水平，实证检验和回答以下问题：(1)全过程规制前、中、后三个环节的规制措施能否生效，不同规制措施的效果是否存在差异？(2)绩效挤出是否以及如何影响安全规制生效？

---

① 耿曙,庞保庆,钟灵娜.中国地方领导任期与政府行为模式：官员任期的政治经济学[J].经济学(季刊),2016,15(3)：893-916.

一、绩效挤出与安全生产治理

(一) 安全生产的两类研究脉络

地区安全生产的绩效水平是该区域安全治理能力的综合反映。安全生产事故的成因复杂多样,从组织视角来看,企业与政府是安全生产中最为重要的行动主体。企业对安全生产隐患的自我排查,政府对企业的安全监管,两者构成了安全生产治理的工作主线。基于安全生产治理的这一结构性特征,现有研究围绕安全生产绩效的影响因素,形成了以"企业管理"和"政府治理"为主体的两类研究脉络。

以企业管理为主体的研究中,安全投入不足与员工不安全行为被认为是安全事故频发的重要原因。以政府治理为主体的研究中,能否对企业的不安全行为进行有效监管,是影响安全生产绩效的关键因素。尽管以垂直监管为主体的治理体系被认为是中国矿难治理的成功经验[1],但分级管理在监管体系中也被广为采用。以地方分权分散和转移风险[2],以政府内部控制体系推动"考核式监管"[3],此类分权监管模式是食品、环境、安全生产等各个领域的常态。如何解决委托代理结构下的逆向选择与道德风险,如何克服数目字考核下的目标替代与上下共谋,是关系到分权监管有效运作的核心问题。我国政府为应对以上问题所采取的各种制度措施,一方面,确实可以在很大程度上改善安全绩效,另一方面,改善效果又与官员激励及其绩效结构紧密相关。此外,企业的政治关联与生产事故之间也存在着紧密关联[4]。以上研究启发我们,需要重视制度结构、监督方式与行动者特质的共同作用。

---

[1]　聂辉华,李靖,方明月.中国煤矿安全治理:被忽视的成功经验[J].经济社会体制比较,2020(4):110-119.

[2]　曹正汉,周杰.社会风险与地方分权——中国食品安全监管实行地方分级管理的原因[J].社会学研究,2013(1):182-205,245.

[3]　黄冬娅,杨大力.考核式监管的运行与困境:基于主要污染物总量减排考核的分析[J].政治学研究,2016(4):101-112,128.

[4]　FISHMAN R, WANG Y X. The mortality cost of political connections[J]. The Review of Economic Studies,2015,82(4).

（二）安全规制与安全生产绩效

企业是生产经营活动的主体，也是安全生产责任的直接承担者；政府在安全生产中通过监管，发挥间接作用。政府改善安全生产绩效的努力最终都要通过一系列的规制措施加以实现。安全规制是政府对企业的一种外在约束，通过被规制企业的规制遵从发挥作用。传统的规制效果研究关注从规制行为到规制效果的直接因果联系，而当下的规制研究则强调更全面的规制理念。安全规制被认为是政府为保障劳动者在劳动过程中的安全和健康，在法律、技术、组织制度和教育等方面采取的各种措施①，其中培训、教育、保险等保障性措施的重要作用被进一步强调②。应急管理部组建之后，我国进入"大应急"时代，应急管理的全过程均衡议题受到重视③。在《中华人民共和国突发事件应对法》中，针对事故灾害的全过程管理作出了相关规定。2021 年修定的《中华人民共和国安全生产法》中的第 7—24 条，进一步从事前、事中、事后三个角度强调了各参与主体在安全生产全过程中的安全责任。

长期以来，围绕安全规制的有效性问题一直存在争论。在对美国职业安全与健康管理局（OSHA）采用的规制措施的有效性的研究中，部分研究发现 OSHA 在煤矿领域的规制行为具有显著效果，认为政府规制能够有效降低劳动者的伤亡率④，可以影响企业对相关行为进行改进⑤。也有学者对 OSHA 规制措施的有效性提出质疑，认为监管行为并不能有效改善工作场所的安全水平⑥，由此衍生出"规制无效论"的观点。基于中国情景的安全规制研究，同样发现"安全规制波动"的现象。相关数据显示，加强煤矿领域的安全监管能够有效

---

① 肖兴志，齐鹰飞，李红娟.中国煤矿安全规制效果实证研究[J].中国工业经济，2008(5)：67-76.

② 邓菁，王晗.煤矿安全规制的国际借鉴：制度演进与产业发展[J].财经问题研究，2013(10)：42-47.

③ 张海波.应急管理的全过程均衡：一个新议题[J].中国行政管理，2020(3)：123-130.

④ GRAY W B, SCHOLZ J T. Does regulatory enforcement work? A panel analysis of OSHA enforcement[J]. Law & Society Review, 1993, 27(1)：177-213.

⑤ WEIL D. If OSHA is so bad, why is compliance so goodt[J].The Rand Journal of Economics，1996, 27(3).

⑥ VISCUSI W K. The impact of occupation safety and health regulation[J]. The Bell Journal of Economics，1979，10(1)：117-140.

降低矿难死亡率,这种规制从长期看来是有效的,但是有效性在短期内会被劳动者的逆向行为所抵消。同时,安全规制的强度呈现时间序列上的高低波动,在全国"两会"和春节等重要时间段或当地发生重特大事故后,地方政府通常会加强规制力度[①],但随着上述影响的减弱,规制效果又会逐步下降[②]。基于地方政企互动脉络与规制波动现象的研究,反映了地方政企关系与政经周期对安全规制的影响。

(三) 绩效挤出与安全生产绩效

中央政府与地方政府之间是一种多任务委托代理关系,在这一模式下,各项任务因其激励强度和可观测程度的差异,形成了任务之间的竞争替代关系。总体国家安全观要求统筹好发展和安全两件大事,然而在很长一段时间内,经济增长是地方绩效考核的重心。改革开放以来,由地方政府主导辖区经济发展,如同企业总部一样直接推动经济,以此形成的"市场保护型联邦主义"[③]与"决策的地方法团主义"[④],成为中国经济增长奇迹的重要基础。这种"官场+市场"的竞争格局构造了地方政府与地方企业之间紧密的"政绩—业绩"纽带;地方政府与企业的紧密联结模糊了政企边界,以内部政治激励和外部市场约束构建良性互动,为政企合作提供了空间;也对环境保护、安全生产等缺乏地区竞争的"软指标"产生挤出效应[⑤],为政企合谋提供了可能,引发治理结构失衡。

绩效挤出何以产生?从任务属性角度看,经济增长与安全生产绩效的可测量程度存在差异,经济增长指标有着测度方法专业化程度高、信息渠道来源广等优势;而地方政府在安全方面拥有很强的属地信息优势,安全事故发生后存在瞒报可能,从而使得有关安全任务的负面信息具有更强的可隐匿性。从激励强度角度看,经济绩效与地方主官晋升之间的紧密关联,通过"强激励效

---

①　肖兴志,陈长石,齐鹰飞.安全规制波动对煤炭生产的非对称影响研究[J].经济研究,2011(9):96-107.

②　肖兴志,郭启光.体制改革、结构变化与煤矿安全规制效果——兼析规制周期的影响[J].财经问题研究,2014(9):32-38.

③　QIAN Y, WEINGAST B R. Federalism as a commitment to perserving market Incentives.[J].The Journal of Economic Perspectives, 1997, 11(4):83-92.

④　JEAN C. OI. The role of the local state in China's transitional economy[J]. The China Quarterly, 1995, 144(1).

⑤　周黎安."官场+市场"与中国经济增长故事[J].社会,2018,38(2):1-45.

应扩张"①塑造了经济发展与安全生产之间的竞争挤出关系,强化了政府注意力从发送安全政绩信号向发送经济政绩信号转移的行为倾向。在这一逻辑下,面对短期经济绩效追求和长期安全建设投入的权衡,以"逐顶竞争"和"逐底竞争"这类差异化方式应对不同的任务环境,已经成为地方治理中的常态化现象。在重特大事故责任连带和强化问责的"一票否决"压力下,以"上下共谋"、隐匿信息和瞒报事故的方式放松规制②,也成为地方政府一种极具诱惑的选择。

　　绩效挤出程度何以持续强化? 从关键行动者角度分析,随着任期变化,地方主官的目标函数、决策方式、激励水平等也会发生变化。有研究发现,官员任期与安全生产治理绩效之间存在"倒 U 型"关系。随着任期变化,官员在任职初期对安全领域有较多投入,到任期末则设定更为保守的目标③。也有研究发现这一关系是"U 型"的,官员在任职初期会因为追求经济绩效而牺牲安全绩效。随着任期的延续和考核的压力,随后又会将更多资源投入到安全领域④。围绕官员任期与任务绩效的相关研究结果的分歧,表面上是数据选取与计量方式的不同导致的,背后隐含的是对任期模式形塑的激励逻辑差异。"固定任期"逻辑假定官员可以有稳定的阶段预期,进而针对不同阶段做出理性的绩效投入,由此产生各类周期性非线性关系。然而我国地方领导任期的实际逻辑是"弹性任期",官员的任期具有相当的弹性,职务随时可能出现调整,类似"试用期"任职的地方官员,为增加晋升概率,会对上级重视的任务不断加码⑤,导致任期与经济发展投入间呈现正向线性关系。与此相应,经济任务的不断加码,可能导致对安全生产等任务的绩效挤出程度不断强化,从而使安全生产绩效与任期之间也可能出现负向线性关系。

---

　　① 赖诗攀.强激励效应扩张:科层组织注意力分配与中国城市市政支出的"上下"竞争(1999—2010)[J].公共行政评论,2020(1):43 - 62,196 - 197.

　　② 聂辉华,李金波.政企合谋与经济发展[J].经济学(季刊),2006,6(1):76 - 91

　　③ 姜雅婷,柴国荣.目标考核、官员晋升激励与安全生产治理效果——基于中国省级面板数据的实证检验[J].公共管理学报,2017,14(3):44 - 56,156.

　　④ 王郅强,王凡凡.官员更替如何影响安全生产治理效果:政绩偏好的中介效应[J].贵州社会科学,2020(3):50 - 58.

　　⑤ 耿曙,庞保庆,钟灵娜.中国地方领导任期与政府行为模式:官员任期的政治经济学[J].经济学(季刊),2016,15(3):893 - 916.

二、研究假设

现代经济社会的结构越来越复杂,人类社会自我制造风险的能力和破坏性空前强大,自然科学中传统的灾害理论受到挑战,"风险社会"对综合管理能力提出更高的要求。"总体国家安全观"理念提出后,治理结构从"兜底"向"牵引"转型,安全生产的政治属性进一步凸显①。随着安全生产中政府责任的强化和扩展,为克服传统安全规制的不足,实现未雨绸缪、防微杜渐,全过程均衡议题受到重视。童星与张海波认为,风险、灾害、危机是一个连续的过程,需要进行全过程的动态管理,并由此提出应急管理全过程机制的"三阶段",应急管理应向风险管理和危机管理两个方向拓展②。传统的安全生产工作在政府的任务序列中相对靠后,地方政府注意力投入不足,执法检查和事故处罚效果不甚理想。2021 年 6 月,全国人大常委会第三次修订《中华人民共和国安全生产法》,修订后,第 7—24 条对安全生产监督的事前、事中、事后三个阶段的主体责任与规制措施做出了更为全面和详细的规定,从事前防范、事中检查和事后处罚三个阶段,对安全生产全过程塑造了更为有力的安全规制。

据此,我们提出如下假设:

H1a:事前规制的力度越强,安全生产治理绩效越高。

H1b:事中规制的力度越强,安全生产治理绩效越高。

H1c:事后规制的力度越强,安全生产治理绩效越高。

安全任务的信息可匿性与经济任务强激励导致的注意力转移,形塑了发展与安全之间的绩效挤出关系,而"弹性任期"这一类似"试用期"模式,又不断强化绩效挤出的程度,随着主政官员任期的增长,经济发展任务的不断加码导致治理结构和任务天平进一步失衡。官员任期可能会从目标冲突、激励强度和约束程度三个方面,改变地方主官的行为激励。首先,组织对安全绩效的任务排序相较于经济绩效,长期处于"达标即可"的相对边缘地位,任职时间增长对安全任务的

---

① 张海波.总体国家安全观下的安全生产转型:从"兜底结构"到"牵引结构"[J].中国行政管理,2021(6):119‐127.

② 童星,张海波.基于中国问题的灾害管理分析框架[J].中国社会科学,2010(1):132‐146,223‐224.

挤压程度可能会越加严重；其次，基于官员自身对任期时长与晋升概率的经验性判断，随任期增长而逐渐降低的晋升前景，可能导致安全任务的激励强度呈现逐年递减的特征；最后，随着地方主官的任期增长，内部"提调"关系与外部"人情"网络，以及政企合谋程度的不断增高，都对上级决策和下级执行形成约束和掣肘，进而可能对安全生产的治理效果产生干扰。

据此，我们提出如下假设：

H2：地方主官的任职时间越长，绩效挤出程度越强，安全生产治理绩效越低。

绩效挤出对安全生产治理绩效的影响仍然是一种"制度—效果"的解释框架，只回答了地方政府在这一结构下作为行动者的行动空间与动机问题，难以刻画制度模式产生作用的微观机制。对绩效挤出如何影响和调节安全规制的微观过程进行分析，可以弥补"制度—效果"解释框架的不足。绩效挤出这一宏观结构性因素是否以及如何使规制失效？官员任期的增长在宏观层面可能是一个绩效挤出程度不断强化的过程，随着发展任务对安全任务的绩效挤出，上级决策层对安全任务重视程度和资源投入降低，在微观执行层面进一步呈现为一个随着"人情关系网"的加深，政企合谋程度增长和规制放松的过程。"惩罚不可信"与执行的运动式特征是影响规制效果的重要原因，从全过程安全规制的角度看，事前规制在进行准入审查的基础上，主要使用教育培训等手段，提高企业安全责任人的安全意识与安全生产能力，通过安全教育和价值引导实现"未雨绸缪"，不易受以上因素影响；而安全生产中的事中规制，常常以"百日攻坚行动""大排查大整治"等运动式治理的方式进行，通过隐患排查治理实现"防微杜渐"；事后规制多以事故发生或违法行为被查处后的各类处罚措施为主，通过惩罚威慑实现"亡羊补牢"。事中规制与事后规制对企业安全生产行为的作用链条更长，主要依赖规制威慑的确定性和严厉性起作用。这种治理方式下的执法监察与惩罚裁量，无法解决主体利益差异与内在目标冲突。因而，随着绩效挤出程度增强，企业寻求庇护、政府提供"便利"，通常可能以操纵和放松事中和事后规制的方式呈现。图 3-3-1 显示了绩效挤出的生成结构与作用机制。

基于以上分析，我们提出如下假设：

H3a：事前规制对安全生产治理绩效的作用，不受绩效挤出的影响。

H3b：绩效挤出程度越强，事中规制对安全生产治理绩效的改善越弱。

H3c：绩效挤出程度越强，事后规制对安全生产治理绩效的改善越弱。

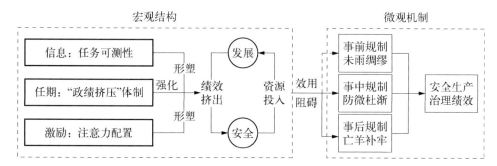

图 3 - 3 - 1 绩效挤出的生成结构与作用机制

三、研究设计

(一) 样本选择与数据来源

基于数据可得性和省级政府在财政分权与行政集权中的重要作用两方面考虑,采用省级面板数据。由于煤矿安全整治与控制煤矿百万吨死亡率,一直是地方政府安全生产治理的重点,因而在去除浙江、广东、海南、西藏、天津、上海六个不拥有国有煤炭企业的省/直辖市,使用 25 个主要产煤省份 2003—2017 年的面板数据进行变量测量。有关安全生产治理绩效水平的测量数据与安全规制的相关数据,来源于各年度的《中国安全生产年鉴》[①]《中国能源统计年鉴》、各级政府应急管理厅(局)官网、各地国民经济和社会发展统计公报。官员特征相关数据来源于人民网党政领导干部资料库、各省数据资源管理局。各控制变量数据来自《中国统计年鉴》与国家统计局官方网站。

(二) 变量选取

1. 被解释变量

此处被解释变量是安全生产治理绩效。现有研究大多通过煤矿百万吨死亡率、亿元 GDP 安全事故死亡率、工矿商贸事故安全死亡人数等指标测算安全生产治理绩效,这类测算方式只考虑了基于单一指标测算的安全生产事故结果,不能全

---

① 《中国安全生产年鉴》由煤炭工业出版社出版发行,截至 2022 年 12 月 21 日,基于对公开资料的检索,最新一版为《中国安全生产年鉴(2017)》。

面地从投入—产出的视角衡量绩效。使用超效率 SBM 模型测算省级层面的安全生产治理绩效水平，该模型把负面效应作为非期望产出衡量，将软硬投入冗余、非期望产出冗余和期望产出不足带来的松弛性问题纳入目标函数和约束，相比一般的 DEA 模型更加严谨。基于超效率 SBM 模型，综合考虑相关投入与产出，构建安全生产治理绩效指标评价体系，具体如表 3-3-1 所示，具体的安全生产治理绩效测算结果数值越大，则表示安全生产治理效率越高，绩效相对越好。

表 3-3-1　超效率 SBM 模型投入—产出指标选取

投入	硬投入	国有经济能源工业固定资产投资额（亿元）（包括煤炭采选业、焦炭、原油、汽油、煤油、柴油、燃料油、天然气等主要能源）
	软投入	各类生产经营单位被查处事故隐患数量
		生产经营单位各类人员安全生产受训人次
产出	期望产出	煤炭、焦炭、原油、汽油、煤油、柴油、燃料油、天然气等产业主要能源产量（百万吨）
	非期望产出	工矿商贸死亡人数
		煤矿百万吨死亡率

2. 解释变量

事前规制在按照相关法律法规进行准入审查以外，主要使用教育培训等手段，提高企业安全责任人的安全生产能力与安全意识，通过行为教育和价值引导发挥作用。选取各经营单位安全生产人员专业技术培训人次，表征事前规制力度这一变量。在事中和事后规制的相应措施中，事中规制通常以各种形式的安全执法检查为主，而事后规制则是通过对事故发生后或者执法检查后发现的违法行为进行查处。在威慑理论的视野中，事中执法检查和事后经济处罚这类规制威慑性，通过惩罚确定性与严厉性两组策略实现。当企业认为自身的违规行为的预期收益高于预期成本时，便可能冒违规之险；惩罚的确定性和严厉性能够通过改变违规行为的预期成本，进而震慑潜在的违规行为[①]。惩罚的确定性表

---

① BECKER G S. Crime and punishment：an economic approach[J]. Journal of Political Economy，1968，76(2).

现为违法犯罪行为被惩处的概率,由于其难以直接进行测量,现有研究多以监管部门的规模(包括机构成员人数等)进行表征[①]。在安全生产已有数据中,被查处的事故隐患数比监管部门人数更能直接反映规制惩罚的确定性,因此选用安全生产执法检查中查处的事故隐患数量,对应规制的确定性,作为衡量事中规制力度的指标。此外,参考相关研究,选用监管部门对企业进行的经济、事故等各方面的经济处罚金额对应规制的严厉性,作为衡量事后规制力度的指标。

3. 调节变量

在"弹性任期"模式下,绩效挤压程度随官员任期时长的增长而强化。我们以地方政府主政官员的任期时长,表征绩效挤出程度。与市县级主政官员相比,虽然省级领导与地方企业间存在更长的社会距离和关系链条,但全面且可靠的市县级层面安全生产数据较难获取,在下管一级的干部管理体制下,省级主政官员的人事特征可以在一定程度上影响和反映市级层面的人事特征。在省级层面中,相较于作为党委"一把手"的省委书记,省级政府在行政集权与财政分权中发挥更重要的作用,省长对政府财政支出具有更显著的影响。此外,政府系统是安全生产日常事务的管理方,主管安全生产的应急管理部门是政府的职能机构,安全生产委员会作为常设的议事协调机构也通过政府条线运作。省长作为一省行政部门的最高负责人,相较于省委书记对安全生产的影响逻辑更为直接,所以最终选用省级行政首长的任期时长作为调节变量。

4. 控制变量

考虑到各省的经济状况、产业结构、官员特征等的差异,加入各省人均GDP、产业结构、官员来源作为控制变量。按照研究惯例,控制了时间与地区效应。在控制变量的操作化中,产业结构使用各省第二产业占比表征;官员来源具体分为中央调任、本省升迁、外省调任三类。对于时间效应与地区效应的操作化,以中部地区为参照组分别设置了西部和东部两个区域虚拟变量;同时以2003年为参照组设置2004—2017年的时间虚拟变量。上述变量的描述性统计如表3-3-2所示。

---

① 陈硕,章元.治乱无须重典:转型期中国刑事政策效果分析[J].经济学(季刊),2014,13(4):1461-1484.

表 3 - 3 - 2　变量的描述性统计分析

变量名	测量	观测值	均值	标准差	最小值	最大值
安全生产治理绩效	详见表 3 - 3 - 1	350	1.063	0.392	0.176	1.926
绩效挤出	省级行政首长在任时长（年）	350	2.813	1.700	1	9
事前规制	安全生产教育培训规模（万人次）	350	20.709	30.693	0.143	199.705
事中规制	检查出的事故隐患数量（万处）	350	19.677	34.747	0.125	384.000
事后规制	对各类违法违规行为的罚款数额(万元)	205	4 351.987	6 388.58	28	53 000
人均 GDP	《中国统计年鉴》提供的数据(万元)	350	2.957	2.048	0.371	13.760
产业结构	《中国统计年鉴》中公布的第二产业所占比重/%	350	0.473	0.072	0.190	0.615

　　数据来源：《中国安全生产年鉴》《中国能源统计年鉴》、各级政府官网与各地国民经济和社会发展统计公报。

　　注：为统一量纲，排除极端值影响，自变量在模型中以规上工业企业数进行标准化，并取自然对数。

四、实证分析

　　为解决因变量的片段值问题，选用 Tobit 模型进行回归分析。超效率 SBM 模型计量结果为片段值，如使用常见的最小二乘法进行回归，可能会导致参数估计值有偏或者不一致的结果。Tobit 模型采用极大似然法进行估计，能够较好地规避上述问题。

（一）Tobit 回归结果

　　表 3 - 3 - 3 通过逐步回归的方式分析模型中不同变量的显著性差别。模型 2 的分析结果验证绩效挤出程度越高则安全生产治理绩效越低。模型 3 至模型 5 检验了事前、事中、事后三个环节的规制力度对安全生产治理绩效的影响。其中，事前规制与事后规制力度越强，安全生产治理绩效越好，安全规制的"未雨绸缪"效应与"亡羊补牢"效应有效，而事中规制与安全生产治理绩效之间的关系不

显著,安全规制的"防微杜渐"效应并不明显。因而,假设 H1a 与 H1c 得到验证,假设 H1b 不成立。模型 6 至模型 8 以绩效挤出与安全规制前、中、后三个环节的变量分别生成交互项,检验绩效挤出对安全规制的调节效应。事前与事中规制的交互项与安全生产治理绩效之间的关系不显著,事后规制的交互项与安全生产治理绩效呈显著负相关,绩效挤出对事后规制力度存在调节作用。假设 H3a 与 H3c 得到验证,假设 H3b 不成立。

表 3-3-3　安全规制、绩效挤出与安全生产治理绩效 Tobit 回归[①]

	因变量: 安全生产治理绩效(滞后一期)							
	模型 1	模型 2	模型 3	模型 4	模型 5	模型 6	模型 7	模型 8
绩效挤出		−0.076**	−0.073**	−0.074**	−0.034	−0.031	−0.030	−0.026
		(0.035)	(0.035)	(0.035)	(0.048)	(0.048)	(0.048)	(0.049)
事前规制			0.006***	0.006**	0.006**	0.008***	0.008***	0.008***
			(0.023)	(0.023)	(0.024)	(0.030)	(0.029)	(0.029)
事中规制				−0.011	−0.003	−0.002	−0.001	0.009
				(0.019)	(0.022)	(0.022)	(0.021)	(0.023)
事后规制					0.059**	0.061**	0.062**	0.033
					(0.031)	(0.031)	(0.031)	(0.027)
绩效挤出 * 事前规制						0.043	0.043	0.049
						(0.033)	(0.034)	(0.035)
绩效挤出 * 事中规制							−0.010	0.007
							(0.032)	(0.031)
绩效挤出 * 事后规制								−0.019**
								(0.009)
人均 GDP	0.436***	0.436***	0.429***	0.513***	0.510***	0.518***	0.522***	0.454
	(0.154)	(0.152)	(0.152)	(0.166)	(0.159)	(0.159)	(0.160)	(0.152)
产业结构	0.542***	0.538***	0.526***	0.426***	0.448***	0.444***	0.451***	0.567***
	(0.159)	(0.155)	(0.155)	(0.153)	(0.148)	(0.143)	(0.146)	(0.164)

① 为确保以上结论的稳健性,通过增加控制变量、替换控制变量、改变控制变量测量方式等进行稳健性检验,结果显著性没有明显变化。进一步加入官员任期平方变量,其与安全生产治理绩效之间的关系不显著,表明绩效挤出强度随官员任期时长的增长而呈线性增长。将调节变量测量替换为官员任期是否超过五年这一虚拟变量,以上结论依然成立,再次验证了绩效挤出效应与安全绩效的负向关系。

| | 因变量：安全生产治理绩效(滞后一期) | | | | | | | |
	模型 1	模型 2	模型 3	模型 4	模型 5	模型 6	模型 7	模型 8
官员来源	控制	控制	控制	控制	控制	控制	控制	控制
时间效应	控制	控制	控制	控制	控制	控制	控制	控制
地区效应	控制	控制	控制	控制	控制	控制	控制	控制
常数项	-2.574^{**}	-2.542^{**}	-2.488^{**}	-2.439^{*}	-3.105^{**}	-3.091^{***}	-3.149^{***}	-3.217^{***}
	(1.272)	(1.251)	(1.251)	(1.275)	(1.193)	(1.163)	(1.190)	(1.175)
N	350	350	350	350	205	205	205	205
Pseudo R^2	0.183	0.199	0.204	0.205	0.303	0.311	0.312	0.326

注：*** $p<0.01$，** $p<0.05$，* $p<0.1$；交互项做中心化处理，括号内为聚类标准误，结果保留小数点后三位。

(二) 回归结果分析

表 3-3-3 的实证结果向我们呈现了安全规制"未雨绸缪"与"亡羊补牢"效应的重要性。事前规制使用教育培训等手段，指导企业安全人员以尽可能安全的方式组织生产活动，通过安全教育和价值引导防范事故于未然，实现"未雨绸缪"，该环节能够介入企业管理而不影响企业利润，因而不易受绩效挤出的影响。而事后规制环节的"亡羊补牢"效应则通过处罚措施震慑企业，进而能够改善地区安全生产绩效。此外，事后规制有效而事中规制却无效，从威慑理论视角看，即规制的严厉性策略有效而确定性策略失效。其原因可能是事故隐患的检查未能有效改善安全生产治理绩效，被查出安全隐患的企业未必受到相应惩处，导致企业对隐患整改的重视程度不足；亦可能是规制的确定性更多受到重要政治会议、节日等重要时间阶段影响，在以重大事件为核心的时间序列上波动[①]。在上述重要时间阶段，企业违法违规行为被查处的概率显著提升，而在该时间段过后，则检查频率和力度回落，因而无法在以年份为时间单位的绩效测量中得到呈现。

实证结果同时发现，绩效挤出通过影响事后规制环节的有效性，进而影响安

---

① 肖兴志,郭启光.体制改革、结构变化与煤矿安全规制效果——兼析规制周期的影响[J].财经问题研究,2014(9)：32-38.

全生产治理绩效。这反映了安全绩效在决策层面没有得到足够重视的情况下，执行层面的规制严厉性被削弱，即对企业违法违规的"重错轻罚"。在主政官员任职初期，宏观决策层面绩效挤出程度较低，安全任务尚能得到一定程度的重视；微观执行层面原有的关系网被打破，而新的关系网络还未建立，政企合谋程度也较低，规制的严厉性能够发挥作用。而随着决策层绩效挤出程度增强，执行层关系网络随着官员任期增长而建立并更加紧密后，会有更多企业寻求地方政府放松规制，政府推行严格的规制政策会受到更多的掣肘，事后规制的惩罚力度降低，从而削弱了规制的威慑效果。

五、小结

风物长宜放眼量，在总体国家安全观指引下推进国家安全体系与能力的现代化，必须摆脱以牺牲安全换取短期经济发展的模式，防范经济发展对安全生产的绩效挤出，实现高质量发展与高水平安全的良性互动。以新安全格局保障新发展格局，需要进一步强化安全生产的全过程规制，然而围绕安全生产监管的传统视角，未能有效弥合制度结构与规制方式之间的宏观-微观鸿沟。我们基于多年期省级行政区的面板数据，从全过程规制视角出发，实证检验事前、事中、事后三个环节的规制力度对安全生产治理绩效的影响，考察安全规制"未雨绸缪""防微杜渐""亡羊补牢"三组效应是否起到应有效果，验证了安全生产治理"关口前移"的重要性。此外也进一步验证，绩效挤出会对安全生产的治理绩效产生不利影响。

安全生产的事前规制稳定性最高，而事后规制有效性受到绩效挤出因素的调节而产生波动。与事前、事后环节的规制相比，事中规制的"防微杜渐"效果不理想，体现不同规制效应发挥作用的机制各不相同。首先，政府对安全生产进行全过程规制，推动规制环节重心前移，从"亡羊补牢"迈向"未雨绸缪"势在必行；其次，全过程规制需针对不同环节，使用不同改进策略。由于安全生产监管的事前、事中、事后规制环节发挥作用的逻辑各不相同，只有在明确各自生效机制与作用边界的基础上，才能塑造更为有效的规制体系。

事前规制的"未雨绸缪"通过对企业安全人员的各种教育培训，提高企业安全生产的意识与能力。有效的安全教育培训能够从根本上降低因安全意识或技能不足导致的各类事故。这一规制路径构建起政企合作共同的利益基础，而不是通过惩罚威慑企业发挥作用，因而稳定性最高，最不易受到政府内部行政周期的影响。有效发挥事前规制的"未雨绸缪"效应，首先应进一步推动安全监管的重心前移，此外还需进一步提升安全教育培训的质量。事中规制的"防微杜渐"效应，通过日常安全执法的各项检查活动，以排查隐患、分级管控各类风险。执法检查能否及时发现安全隐患，各种隐患能否从严从实整改，具有不确定性。实证结果发现，查出的隐患数量对安全绩效的改善作用并不显著。因此，充分发挥事中规制的"防微杜渐"效应，需要时刻绷紧安全生产之弦，同时不断强化一线执法人员执法能力与合规程度。事后规制的"亡羊补牢"效应，通过惩罚震慑企业的违法违规行为，围绕政企之间越来越紧密的"人情网"和"关系网"会使规制的严厉性失效，越来越多的企业通过寻求规制放松来实现"重错轻罚"，事后规制就难以再发挥提升安全的作用。执法从严与违法必究之间存在着耦合关系，应更好地发挥事后规制的震慑能力，执法必严须以违法必究为基础。此外，多任务模式下同等重要的任务，需要对等的边际回报，"绩效挤出"需要更加均衡的考核激励加以克服，通过更独立的安全监管部门和更完善的考核方式，构建"亲清"政商关系，事后规制环节才能发挥更大作用。

第四章

环境政策与生态韧性

生态韧性是城市韧性的重要组成部分,在面对全球性的环境挑战时,城市作为人类活动的主要场所,其生态韧性显得尤为重要。生态韧性不仅关系着城市居民的生活质量,更是城市可持续发展的基石。它涵盖了城市生态系统在遭遇环境压力、冲击和变化时的抵御能力、适应能力以及恢复和转型的能力。本章基于环境保护政策与生态韧性之间的密切联系,探讨如何通过有效的环境治理策略,提升城市面对环境风险的韧性。我们全面审视了中国跨界环境保护政策的发展历程,勾勒出了环境政策的演变轨迹,分析了环境治理主体在预防与处理跨界环境问题时的政策变迁和实践挑战。从纵向干预的环保督察到横向合作的府际联动,不仅聚焦于政策工具的运用和政策效果的评估,还从府际合作视角深入探讨了环境治理如何影响城市的生态。通过跨界污染治理、环保督察的政策效果评估,以及府际合作与生态环境治理的实证研究,进一步揭示了环境治理对于提升城市生态韧性与适应性的重要价值。

第一节　中国跨界环境保护政策变迁

近年来,随着工业化和城市化的发展,环境问题愈加严峻,由于生态环境要素的整体性和流动性,环境污染易突破行政区界,从而形成跨行政区环境问题。如大气和水体都具有流动性,极易造成污染的自然流动,而我国地域辽阔,水资源丰富,行政区界复杂,流域、区域环境污染经常涉及多个行政区,从而导致跨界环境问题,其主要表现为跨行政边界、长期性和利益相关主体多层次性三个特点,因此需要相关主体进行合作治理。而受属地化管理体制的限制，且缺乏具体的制度保障，跨界环境污染经常导致府际纠纷，甚至产生污染转移等问题，从而使得合作治理效果不佳。基于此，国家在环境治理实践中逐步完善有关跨界环境保护的政策内容，并出台专门的政策法规，指导跨界环境治理实践。

环境治理主体在预防与处理跨界环境问题时需要以政策文本为行动依据，因此，为有效认识跨界环境问题，有必要对相关政策内容进行梳理，从而为治理行动提供参考。我们选取与跨界环境保护相关的关键词，对环境保护政策文本进行筛选，将与跨界环境保护相关的政策内容进行提取，形成跨界环境保护政策样本，并运用政策文献计量方法对其结构属性进行内容量化分析，从而整体把握跨界环境保护的政策特征。我们重点关注的是：现有跨界环境保护的政策内容是如何逐步形成和完善的？其发文主体、政策主题和使用的政策工具有哪些？政策变迁的内在逻辑又是怎样的？通过政策文献计量方法，可以勾勒出我国跨界环境保护政策文献的政策过程及其变迁历程，从而更好地认识当前我国跨界环境治理实践。

一、数据来源与研究设计

（一）数据来源

这里所指的跨界环境保护政策是以环境保护为目的，涉及两个及以上的行政区域，并以正式书面形式颁布的各种政策总称。政策文本均来自公开的数据资料，主要从中央人民政府网站和国家生态环境部网站搜集。为保证政策数据选取的准确性和代表性，按照以下原则对政策文本进行了整理和遴选：一是文本包含"跨行政区域环境保护"这一关键词，在中国政府网的法律法规全库中以此进行全文搜索，对含有该关键词的政策文本进行筛选，并以生态环境部网站和中国政府网政策文件库进行中央政策文本的核查和补充；二是直接与跨界环境保护主题相关，其中包括跨界污染、跨区域、跨省界、跨行政区、区域协作、联防联控等与跨界环保相关的关键词；三是能直接体现政府对跨界环境保护所持态度的政策，包括法律法规、规划、决定、意见、（暂行）办法、通知、公告等，但行业标准和技术规定未纳入，关于修订政策文献和设立自然保护区的通知也未纳入。政策文本搜集时间截至 2020 年底,共搜集到跨界环境保护政策文本 676 份,其中中央层面 123 份,地方层面 553 份。

(二)分析框架

政策文本是政策执行者的行动依据和制度支撑,跨界环境问题具有强外部性,易产生"搭便车""囚徒困境"等现象,因而更需要法律与政策的规范和引导。我们以 1982 至 2020 年出台的与跨界环境保护相关的政策文本作为分析样本,构建发文时间—发文主体—政策主题—政策工具四维分析框架,并基于政策文本内容及重要政策出台年份,划分政策主题分析阶段(低位徘徊期、稳定发展期、快速发展期、深化发展期)。在确定主题和阶段的基础上,对跨界环境保护政策文本进行结构化分析。

二、实证分析

(一)政策发文时间分析

图 4-1-1 呈现了 1982—2020 年中国跨界环境保护政策的年度变化情况。总体来看,我国跨界环境保护政策文本数量呈上升趋势,2010 年之前上升速度比较平缓,政策文本数量较少。2010 年政策文本数量大幅上升,并在 2016 年达到顶峰,这种变化趋势与我国对环境保护的逐步重视是一致的。

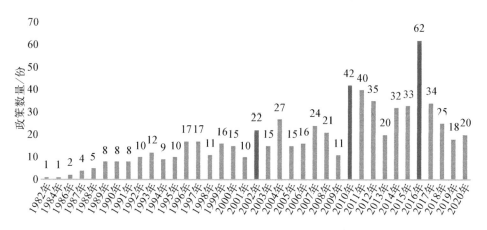

图 4-1-1　跨界环境保护政策文本数量(1982—2020 年)

改革开放后，我国为发展经济，对环境保护采用"先污染，后治理"的传统模式，公共政策对环境保护的关注有所不足，对于跨界环境污染问题更是重视不足。传统的发展模式伴随着环境污染和生态破坏，跨界环境问题也随着经济社会的发展越来越突出，现实困境使得公共决策部门不得不关注环保问题，但跨界环境保护仍没有成为关注重点，跨界环境保护政策数量呈现出缓慢增长的特点。之后随着我国总体经济水平的提升，面对跨界环境污染的加剧、府际合作治理的困境等问题，我国公共政策在环境保护方面的重心有所上升，有关部门在中央政策导向下，环保政策中有关跨界环境保护的内容不断充实完善，有关跨界环境保护专门规定的政策文本不断增加。例如，2008 年《关于预防与处置跨省界水污染纠纷的指导意见》明确提出，建立预防与处置跨省界水污染纠纷长效工作机制，通过定期联席会商、信息互通共享、联合执法监督、协同应急处置、协调处理纠纷等手段，积极有效地预防和处置跨省界水污染纠纷问题；2010 年《关于推进大气污染联防联控工作改善区域空气质量的指导意见》也明确指出，要在重点区域——京津冀、长三角和珠三角地区积极推进大气污染联防联控工作。随着国家对跨界环境问题的重视以及专门的跨界环保政策出台，各类政策实施细则及地方环境保护政策中有关跨界环保的内容也在不断增加与完善。以 2010 年为界，此后跨界环境保护政策文本数量达到新的高度。

（二）政策发文主体分析

对中央主体和地方主体发文数量分别进行统计分析，以呈现中央部门和地方各省份以及重要区域发文数量的对比情况。我们统计了中央层面各主体的发文数量占比情况，其中国务院（包括国务院办公厅）发文数量最多（52 件），其次分别为全国人民代表大会（包括全国人大常委会，25 件）、生态环境部[①]（21 件）、

---

① 2008 年 3 月，十一届全国人大一次会议通过关于国务院机构改革方案的决定，组建中华人民共和国环境保护部，不再保留国家环境保护总局；2018 年 3 月，第十三届全国人大一次会议批准了国务院机构改革方案，组建生态环境部，不再保留环境保护部。将国家环境保护总局、环境保护部与生态环境部的相关政策文本合并统计为一类，以下统称生态环境部。

农业部①(10 件)和国务院其他组成部门(包括水利部、发改委、住房和城乡建设部及财政部等部门,8 件),另外有 7 件政策文本为联合发文。总体而言,中央层面形成以国务院、全国人大和生态环境部为主的发文主体,但联合发文数量较少,说明各部门之间就跨界环境保护的联系与交流并不密切。

地方主体主要以省份为单位进行发文数量统计,省下辖的市、自治州等发文数量统一纳入所属省份,并按发文数量进行升序排列,形成地方主体发文数量分布图,如图 4-1-2 所示。从图中可以看出,浙江、河北、湖北、广东四个省发文数量较多,均超过 25 件。各省份发文数量与其自然地理特征、行政区划结构及产业结构密切相关。发文数量较多的省地域面积相对辽阔,而地理位置靠海、水资源丰富、第二产业发达等因素都会导致水污染和大气污染更为严重,从而该省会制定更多政策以预防、处置跨界污染问题。四个直辖市虽然是环境保护重点区域,但地域面积小,行政区划少,政策累计相对较少。总体而言,我国 31 个省、自治区、直辖市均有出台与跨界环境保护相关的政策文本。

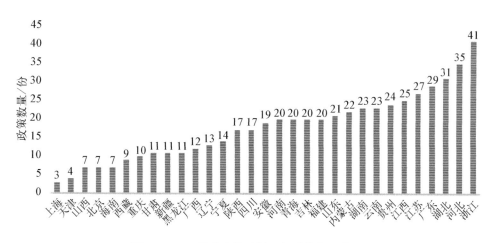

图 4-1-2　地方主体跨界环保政策发文情况

此外,随着我国区域合作的发展,形成了京津冀、长三角、珠三角、成渝四个

①　1982 年 5 月 4 日国务院机构改革将农业部、农垦部、国家水产总局合并设立农牧渔业部。1988 年 4 月,根据国务院机构改革方案,撤销农牧渔业部。2018 年 3 月,根据第十三届全国人民代表大会第一次会议批准的国务院机构改革方案,将农业部的职责整合,组建中华人民共和国农业农村部。将农牧渔业部、农业部、农村农业部的相关政策文本合并统计为一类,以下统称农业部。

经济圈，经济发展伴随着环境问题的产生，因而单独统计四个区域发文数量占比情况。四个区域总发文数量共计 192 份，约占地方总发文数量 34.72%，超过地方发文数量三分之一，其中长三角发文数量最多（90 件），其次为京津冀（46 件），珠三角和成渝区域发文数量接近，分别为 29 件和 27 件。长三角区域水资源丰富，接壤区域多，极易发生跨界水污染问题，该区域大部分政策文本也是关于水环境方面的跨界环境保护内容。京津冀则在 2008 年北京奥运会及区域一体化背景下，根据中央层面制定的区域联防联控大气污染政策着重完善跨界大气环境保护政策，而珠三角和成渝地区由于行政区划较少，其发文数量相对较少。

（三）政策主题分析

在整体把握跨界环境保护政策文本的基础上，首先确立每个文本的主题词，并通过相似词的合并，最终确定所有政策文本的主题词。通过对每个阶段主题词的频次统计，并结合该阶段高频词涉及的主要文本，对主题词进行深入阐释，以了解该阶段跨界环境保护的主要政策方向。

为呈现跨界环境保护政策的变迁历程，首先根据跨界环境保护政策文本的年度变化并结合重要政策文本出台时间进行政策阶段的划分。其中最值得关注的政策分别是 2002 年修订的《中华人民共和国水法》、2010 年发布的《国务院办公厅转发环境保护部等部门关于推进大气污染联防联控工作改善区域空气质量指导意见的通知》以及 2016 年修订的《中华人民共和国水法》、发布的《国务院关于印发"十三五"生态环境保护规划的通知》。这些重要中央政策的颁布出台，极大地推动了其他相关政策的补充完善，从而形成一定时期内跨界环境保护政策文本的政策聚焦点。因此，在参照相关研究的基础上[①]，以 2002 年、2010 年、2016 年为重要分界点将政策阶段划分为四个阶段，分别为低位徘徊期、稳定发展期、快速发展期和深化发展期。

政策阶段确定后，再根据 Donohue 提出的高频词、低频词界分公式：$T = (-1+\sqrt{1+8I_1})/2$ 计算高频词阈值，其中 T 为高频词阈值，I_1 为词频是 1 的关键词数量。跨界环境保护政策文本主题词统计结果显示，四个阶段频次为

---

① 孙涛，温雪梅.府际关系视角下的区域环境治理——基于京津冀地区大气治理政策文本的量化分析[J].城市发展研究，2017，24(12)：45-53.

1 的主题词数量分别为 15、20、25、20，采用小数四舍五入取整的方法，根据公式计算得出每个阶段的高频词临界值分别是 5、6、7、6，具体政策主题分析如下：

1. 低位徘徊期：1982—2001 年

该阶段高频主题词有 11 个，如表 4-1-1 所示。总体而言，该阶段主要以水环境保护为主，涉及部分地质环境保护内容，而与大气环境保护相关的政策规定则几乎没有，政策制定主体对环境保护的整体关注有所不足，相对应的跨界环境保护政策文本数量也较少且增长缓慢。

表 4-1-1　低位徘徊期高频主题词

主题词	频次	主题词	频次	主题词	频次
管理	40	方案制定执行	16	工程设施	6
污染防治	32	争议纠纷处理	15	污染事故	5
计划规划编制	18	环境影响报告书	8	费用	5
保护区	17	证件	7		

该阶段主题词较少，主要以污染防治、计划规划编制、保护区、方案制定执行及争议纠纷处理等主题为主。这是因为该阶段跨界环境保护政策数量较少，政策主题也就相对较少，且跨界环境保护内容多零散地分布在各相关环境保护政策当中。多数政策文件只是粗略地涉及与跨界环境保护相关的主题，其规定比较宽泛，政策主题联系不够密切。该阶段比较重要的两个政策文件分别是 1999年修订的《中华人民共和国海洋环境保护法》和 2000 年发布的《中华人民共和国水污染防治法实施细则》，主要涉及跨界水环境计划规划编制和水事纠纷协商处理等内容。

2. 稳定发展期：2002　2009 年

该阶段的高频主题词有 10 个，如表 4-1-2 所示。总体而言，该时期增加了断面水质监测和制度机制建立完善两个主题，并且出现了与跨界大气污染相关的主题词，跨界环境保护政策数量也呈稳定增加的趋势。说明这一时期，我国跨界环境问题更加复杂，政策制定主体对跨界大气环境保护的关注度有所提高，更加注重通过制度安排应对跨界环境问题。

表 4-1-2　稳定发展期高频主题词

主题词	频次	主题词	频次	主题词	频次
管理	21	污染防治	14	保护区	8
计划规划编制	20	争议纠纷处理	12	污染事故	7
方案制定执行	19	工程设施	11		
断面水质监测	15	制度机制建立完善	9		

该阶段主题词有所增加,政策主要聚焦于计划规划编制、方案制定执行、断面水质监测、污染防治、争议纠纷处理、工程设施制度机制建立完善等主题。通过对该阶段的政策内容解读,发现政策内容主要以跨界水环境保护为主,其他跨界环境保护内容涉及较少。该阶段比较重要的两个政策分别是 2002 年修订的《中华人民共和国水法》与 2008 年发布的《关于预防与处置跨省界水污染纠纷的指导意见》。

3. 快速发展期:2010—2015 年

该阶段有关跨界大气环境保护的政策规定明显增多,高频主题词有 11 个,如表 4-1-3 所示。制度机制建立完善成为仅次于管理的高频主题词,区域环境执法也首次成为高频主题词,表明该阶段跨界环境保护政策加大了对制度体制方面的规定,且对环境执法与监督有了更高的要求。

表 4-1-3　快速发展期高频主题词

主题词	频次	主题词	频次	主题词	频次
管理	36	方案制定执行	17	区域环境执法	7
制度机制建立完善	35	断面水质监测	12	项目环境影响评价	7
计划规划编制	25	污染事故	8	争议纠纷处理	7
污染防治	20	保护区	7		

跨界环保的体制机制建设成为该阶段的重要工作内容,该阶段在跨界环保的规划编制、区域环境执法、污染防治等多个方面均有明显的推进。此外,大气环境保护与水环境保护成为跨界环保工作的重点,出台一系列标志性政策和法律,例如,2010 年发布的《国务院办公厅转发环境保护部等部门关于推进大气污

染联防联控工作改善区域空气质量指导意见的通知》、2013 年发布的《国务院关于印发大气污染防治行动计划的通知》、2015 年修订的《中华人民共和国大气污染防治法》、2015 年发布的《国务院关于印发水污染防治行动计划的通知》,这四个政策中有三个政策都与跨界大气环境保护密切相关。

4. 深化发展期：2016 年至今

该阶段的高频主题词有 7 个,如表 4-1-4 所示,制度机制建立完善为频次最高的主题词,管理则相对靠后。该阶段有关大气环境方面的规定明显增多,环境保护政策体系已较为完善,关于跨界环境保护的政策规定也相对较多,且主要集中在水污染防治和大气污染防治两个方面,这也是当前我国跨界环境问题最为严峻的两个领域。

表 4-1-4　深化发展期高频主题词

主题词	频次	主题词	频次	主题词	频次
制度机制建立完善	20	争议纠纷处理	12	断面水质监测	7
计划规划编制	16	管理	11		
市容环卫责任区确定	16	保护区	7		

该阶段的主题词以制度机制建立完善、计划规划编制、市容环卫责任区确定、争议纠纷处理等为主。该阶段跨界环境保护政策继续向深发展,生态环境保护的国家战略、管理制度与政策法律法规都迈上了新的台阶。2017 年党的十九大提出"建设生态文明是实现中华民族永续发展的千年大计",将生态环境保护推上新的政治高度。2018 年十三届全国人大批准国务院机构改革方案,新的生态环境部成立,生态环境保护执法的管理制度进一步理顺。政策法律法规方面,一系列重要法律法规接连出台或颁布实施,2016 年修订的《中华人民共和国水法》强调了有关跨界水环境保护的机制建立、规划编制及纠纷协商等内容;2016 年发布的《国务院关于印发"十三五"生态环境保护规划的通知》对跨界大气污染和水污染防治都进行了规定;2018 年修订的《中华人民共和国大气污染防治法》提出由国家建立重点区域大气污染联防联控机制,统筹协调重点区域内大气污染防治工作;2020 年修订的《中华人民共和国固体废物污染环境防治法》也提议省、自治区、直辖市之间协商建立跨行政区域固体

废物污染环境的联防联控机制。

(四) 政策工具分析

为实现政策目标,各级政府运用多种政策工具推进跨界环境保护工作,在政策文本中均有体现。从环境治理政策工具分类来看,多数学者从"强制程度"角度进行了讨论,其中提及较多的政策工具类型包括命令控制型、市场型、公众参与型、自愿型等[①]。我们参照赵新峰和袁宗威关于区域大气污染治理中的政策工具的研究[②],将跨界环境保护的政策工具分为管制型、市场型和自愿型,并根据政策主题进行分类归纳,具体如表 4-1-5 所示。

表 4-1-5　政策工具分类

政策工具类型	政策工具子类型
管制型	环境管理、工作目标与考核、环境影响评价、计划规划编制、方案制订执行、制度机制建立、环境监测网络、证件申报许可、行政处罚等
市场型	排污权交易、生态补偿、水资源费征收、水权交易、排污收费、财政支持
自愿型	环境信访案件处理、宣传教育、科研合作

我国跨界环境保护主要以管制型政策工具为主,市场型政策工具和自愿型政策工具的重视程度和应用相对不足。具体而言,跨界环境保护的管制型政策工具主要体现为通过命令控制等方式推动跨界环境保护工作,较多运用环境管理、计划规划编制、方案制订执行、制度机制建立以及证件申报许可等手段。市场型政策工具则利用经济激励手段,通过改变污染排放者的经济成本或效益,间接达到改善区域环境质量的目的,主要以各类费用征收为主,其中主要体现为水资源费征收。自愿型政策工具主要是针对社会公众,包括受理环境信访案件,进行跨界大气污染治理的科研合作等手段。

---

① 王红梅,王振杰.环境治理政策工具比较和选择——以北京 $PM_{2.5}$ 治理为例[J].中国行政管理,2016(8)：126-131.

② 赵新峰,袁宗威.区域大气污染治理中的政策工具：我国的实践历程与优化选择[J].中国行政管理,2016(7)：107-114.

三、政策变迁分析

（一）主题变迁分析

政策主题是对政策内容的凝练，其变迁轨迹可反映政策聚焦点及其阶段性变化。基于上文四个阶段的政策主题分析，大致可将其变迁趋势概括为以下三个方面：

1. 政策主题始终以管理为主，并逐渐从污染防治、计划规划编制向制度机制建立完善转变

具体而言，管理涉及渔业管理、河道管理、保护区管理等跨界环保常规事务，这一直是跨界环保政策的重要内容。而就跨界环境污染而言，我国前期跨界环保政策多关注与污染防治相关的计划规划编制，随着跨界环境问题的日益严峻，后期跨界环保政策更侧重通过建立强制性较高的制度机制来预防和处理跨界环境问题。

2. 政策领域从以跨界水环境保护为主，到逐渐增加跨界大气环境保护内容，形成以跨界水环境和大气环境保护为主的跨界环境保护政策体系

我国疆域辽阔，水资源丰富，河流众多且流经多个行政区域，水体污染较易扩散，从而造成跨界水污染。因此，跨界水污染一直是重要的政策内容。与水污染相比，大气污染更难划分边界，大气污染物会随空气流动发生迁移和扩散。随着工业化、城市化的发展，我国逐渐出现跨区域性、复合型大气污染，大气环境问题愈发严峻。因此，我国跨界环境保护政策大幅度增加了与跨界大气污染防治相关的政策内容，并形成了如京津冀、长三角等大气污染联防联控重点区域。

3. 政策布局逐渐从"分散"转向"组合"，但跨界环保政策体系仍未完全建立

我国跨界环境保护的政策主题逐渐丰富，政策关联也渐趋紧密。低位徘徊阶段政策数量较少，且散见于相关政策文本中，跨界环境保护主题相对单一。快速发展阶段政策数量大幅增加，专门规定跨界环境保护的政策文本出现，进入不同类型政策组合发展的新时期，政策主题大为丰富，主体间合作也更为密切。但当前我国跨界环境保护政策体系仍未完全建立，主要表现为整体性和系统性不强，政策效力不足，难以切实有效指导跨界环境治理实践。

（二）政策变迁逻辑分析

由跨界环境保护政策文本量化分析结果可以发现，政策演进呈现出多阶段性的变迁特征，其政策变迁逻辑值得探索。我们主要从政策理念、政策结构和政策过程三个角度，分别进行跨界环境保护政策变迁逻辑的分析。

1. 政策理念逐渐从强调管理的"问题导向型"转变为，强调治理的"合作导向型"

我国跨界环境保护政策从低位徘徊期到快速发展期，"管理"都是频次最高的主题词，政策制定的逻辑和治理主体的管理方式主要呈现为"问题导向型"，即针对特定问题制定政策和进行环境治理。进入政策的快速发展阶段之后，争议纠纷处理、协同管理制度等主题词的词频数量明显增加，各级政府更多意识到跨区域合作治理的重要性，并在政策制定中逐渐形成强调治理的"合作导向型"政策理念。这种转变与我国现实环境问题和发展阶段的变化密切相关。我国早期环境问题相对较为单一，治理主体主要采取属地化环境治理模式，即对行政辖区内的环境问题进行治理。随着工业化、城市化和区域经济一体化的发展，水污染和大气污染愈加严峻，并逐渐形成区域复合型环境问题，属地化治理模式已经不能适应环境治理需求，治理主体开始在实践中探索合作治理模式；政策制定主体也逐步转变政策理念，结合京津冀等区域的合作治理实践，在政策内容中增加和强调区域合作治理跨界环境问题的内容，并开展区域联合防治战略行动。

2. 政策结构特征逐渐由"碎片化"向"整体性"转变

公共政策结构包括政策主体、政策客体、政策环境和政策工具等要素。随着环境污染的愈加严峻，大气污染、水污染的跨区域性特征越来越突出。在合作治理模式的要求下，政策结构逐步由碎片化向整体性转变。具体就政策主体而言，虽然我国各省份均有与跨界环境保护相关的政策规定，但前期政策焦点比较分散，且规定内容比较宽泛；后期随着区域工业化、城市化等的发展，逐渐形成京津冀、长三角、珠三角、成渝等重点环境治理区域，政策内容也随之完善，并强调要对重点环境治理区域进行联防联控，体现出明显的导向性、集中性和整体性特征。就政策客体而言，政策初期主要聚焦于跨界水环境保护，且政策主题相对单一；后期随着环境问题日趋复杂，尤其是京津冀、长三角等地区大气污染愈加严重,政策体系开始纳入跨界大气环境保护相关内容。就政策工具而言,我国前期在属地化治理模式下主要运用管制型政策工具,后期随着环境问题日趋复杂和严峻,加之跨界环境合作治理实践的开展,逐渐增加市场型政策工具和自愿型政策工具,政策工具运用的综合性有所增强。

3. 政策过程即决策关注点逐渐聚焦于"后决策阶段"

改革开放初期,我国环境问题较为单一,跨界环境保护的政策主题以管理为主,但随着环境问题逐渐复杂和严峻,加之跨区域环境问题的治理需要多方主体进行合作,其中可能伴随着因成本收益分摊不均衡、激励惩罚执行不平等而引发的"搭便车"和"囚徒困境"等问题,同时还存在着组织协调难度大、协作成本高、问责困境等限制。因此,有必要增加与完善跨界环境保护的预防和监督执行等机制、体制内容,从而从源头上更好地预防和控制污染问题。在政策变迁过程中,政策特征体现为早期跨界环境保护更侧重"事中控制"和"事后控制",即针对已发生的环境问题,制定和执行相关政策方案。目前的跨界环保政策则逐渐增加"制度机制建立完善""污染防治""争议纠纷处理"等主题,体现出明显的前瞻性和预防性特点,跨界环保侧重点逐渐转变为"事前控制",政策过程向"后决策阶段"迁移。

四、小结

1. 跨界环保政策数量总体呈上升趋势,但政策内容不够具体规范,缺乏整体性

我国跨界环境保护政策经历了低位徘徊期、平稳发展期、快速发展期、深化发展期四个阶段,政策数量大幅度增加,政策内容也在不断完善,中央和地方还出台了跨界环境保护的专门政策。但多数跨界环境保护政策规定仍散见于各相关环境保护政策当中,政策内容缺乏整体性和系统性,其规定以概括性和导向性内容为主。多数政策提到在地方政府之间建立合作机制,但对政府间权利义务、权力行使、违法的责任认定与处罚等方面都缺乏具体可操作的规定。如《中华人民共和国环境保护法》规定,"跨行政区域的环境污染和生态破坏的防治,由上级人民政府协调解决,或者由有关地方人民政府协商解决",但对具体的协商方式、期限、权利义务等缺乏具体的规定,地方政策中

也无明确的规定。此外，现有政策也缺乏对跨界环境污染的责任认定规定，这些都导致跨界环境保护政策在实际操作中执行性较差，难以发挥切实的治理效果。

2. 中央发文主体以国务院、全国人大、环保部为主，地方则形成了以京津冀、长三角、珠三角、成渝为主的发文重点区域

总体而言，中央层面的跨界环境保护政策发文主体涉及部门相对较少，地方各省份均有涉及跨界环境保护的政策规定，但各省份之间由于环境问题的差异性导致发文数量和内容差异较大，主要形成了京津冀、长三角、珠三角和成渝等重要环境保护区域。这四个区域跨界环境保护政策数量总和超过地方发文数量的三分之一，在内容上也各有侧重，其中京津冀、成渝区域的发文更多与跨界大气环境保护有关，而长三角、珠三角的发文则更多与跨界水环境保护有关。而就发文主体总体情况而言，中央层面和地方层面联合发文数量均较少，从而会在一定程度上导致各地政策规定、执法力度等存在差异，在环境合作治理中难以有效协调。

3. 跨界环境保护政策体系主题丰富但分布不平衡，存在一定政策盲点

我国跨界环境保护政策主题随着环境问题愈加复杂以及政策规定的不断完善而更加丰富。政策的低位徘徊期主要以管理、污染防治等主题为主，稳定发展期则在管理的基础上大量增加计划规划编制的政策内容，快速发展期和深化发展期则主要以制度机制建立完善和计划规划编制等主题为主，政策内容更加重视制度安排，政策关注点向"后决策阶段"转移。此外，前两个阶段政策主题主要以跨界水环境保护为主，后期则逐渐增加跨界大气环境保护的内容。总体而言，我国跨界环境保护主要以跨界水污染防治和大气污染防治为主。此外，也涉及部分地质环境、自然保护区等的相关规定。但各个时期主题分布并不均衡，存在一定政策盲点，政策多集中在制度安排和规划编制等方面，对于环境执法和执法监督关注较少，导致区域合作治理时容易产生府际纠纷且执法效果有待提升。

4. 跨界环境保护主要以管制型政策工具为主，市场型和自愿型政策工具应用相对不足

在环境治理过程中，充分运用市场机制以及强化公众参与治理监督等方式，有助于建构起有益的跨界环境保护治理框架。而我国跨界环境保护政策主要以

管理、计划规划编制、制度机制建立完善等主题为主，这些都属于管制型政策工具，即使用命令控制的方式来防治跨界环境问题。目前我国跨界环境保护政策对市场型和自愿型政策工具涉及较少，只宽泛地提到排污收费、公众参与等，实施细则与行动方案较为缺乏。

我国环境治理问题，随着经济社会的发展而日益突出，由于我国原有的属地化环境管理体制、区域环境的特殊性和地方政府间利益差异等因素，使得跨界环境问题在近年来受到特别关注。有效的跨界环境治理离不开政策文本的制度支撑，对我国跨界环境保护政策文本进行系统梳理与分析，了解跨界环保的政策重点与盲点，对当前跨界环境治理实践具有重要的现实意义。在对我国跨界环境保护政策文本进行深入分析的基础上，我们可以清晰地看到政策内容的演进与治理实践面临的挑战。尽管政策数量呈现上升趋势，政策体系的主题日益丰富，但现有政策在具体执行层面仍显不足，特别是在跨界环境问题的责任认定、协同治理机制的构建以及市场型和自愿型政策工具的应用方面。政策的完善不仅要注重制度安排和规划编制，更应强化环境执法和监督，确保政策的可操作性和执行力，这对于提升城市特别是生态层面的韧性至关重要。

基于环境保护政策与城市韧性的关系，特别是跨界环境保护政策对生态韧性的促进作用，我们需深刻认识到，良好的环境治理是提升城市生态韧性的基础。通过制定更为全面细致的跨界环境保护政策，明确治理主体的权利义务，建立信息通报、区域生态补偿、应急协作联动以及监督执行等机制，可以有效提高城市对环境风险的适应能力和恢复力。同时，合理运用管制型、市场型和自愿型政策工具，能够激发社会各界参与环境保护的积极性，增强城市生态系统的自我调节和抵御外来冲击的能力。只有不断完善政策体系，强化政策执行，才能在跨界环境保护中实现多元协同治理，为城市生态韧性的构建提供坚实的政策支撑和行动指导。

第二节　纵向干预：环保督察与空气污染治理

改革开放以来，中国综合实力大幅提升，但经济粗放式经营带来了严重的环境问题。空气污染治理不仅关乎居民健康及其生活质量，也是提升城市生态韧性的关键。有效的空气污染防治措施能够增强城市对环境变化的适应能力，减少污染对生态系统的负面影响，从而为城市的可持续发展提供支持。据美国耶鲁大学环境法律与政策中心（YCELP）2020年发布的环境绩效指数，中国空气质量综合得分位居全球180个参评国家中的第120名[①]。严峻的环境污染问题引起党中央和国务院的高度重视，《国务院关于印发"十三五"生态环境保护规划的通知》强调要加大环境保护力度，完善环境执法监督机制，健全法治建设；要求落实生态环保主体责任，推动落实环境保护党政同责、一岗双责，创新现有环境治理制度，积极推进环境治理体系和治理能力现代化。在此背景下，研究现行环境治理政策的作用机制及效果具有重要的现实意义。

现阶段，中国在倡导"党政同责"的生态文明建设中，中央生态环境保护督察制度（以下简称"中央环保督察"）是较具代表性的一项重要制度安排。该制度由生态环境部各督察局人员为主体，组成环保督察组，围绕"四个重点"[②]，通过自上而下的政治动员方式对地方开展环境督察工作，是对中国常规环境治理的一种重要补充。截止到2021年9月30日，第二轮中央环保督察组已全部实现督察进驻。中央环保督察覆盖范围广，被督察城市内部情况复杂多样，在资源禀赋、产业结构、政治生态等方面差异巨大，形成了不同的治理绩效。我们试图将被督察城市的经济社会特征，纳入环保督察的政策效果评估，以呈现中央环保督察政策效果的地方性差异，并力图发掘其背后的主要影响因素。

空气污染是环境治理的重要内容，同时由于其具有直观可感的特点，也是环境治理中最受公众关注的事项。因此，我们重点考察中央环保督察对空气质量的影响，即从空气污染治理的角度评价中央环保督察的政策效果。通过采集全国356个环保督察进驻城市2015年12月至2018年8月的空气质量数据，运用精确断点回归方法检验中央环保督察政策效果，并进一步探究地方特征对中央

---

① https://epi.envirocenter.yale.edu/2020-epi-report/air-quality.

② 中央环保督察的内容主要涉及"四个重点"：重点盯住中央高度关注、群众反映强烈、社会影响恶劣的突出环境问题及其处理情况；重点检查环境质量呈现恶化趋势的区域流域及整治情况；重点督察地方党委和政府及其有关部门环保不作为、乱作为的情况；重点了解地方落实环境保护党政同责、一岗双责、严格责任追究等情况。

环保督察政策效果的调节作用,以及中央环保督察政策效果在不同城市经济水平、不同官员特征等差异下呈现的异质性。与已有研究相比,这项研究的边际贡献在于:将地方政府的经济社会特质带入环保督察的效果评估分析,呈现出在中央政策统一部署之下,地方政府政策执行效果的多样性,并尝试进行异质性分析;进一步拓展政企合谋视角在环境治理场域中的运用,为环境治理提供一种独特的分析路径。

一、政策背景、文献综述与理论假设

(一) 政策背景

中央环保督察是党中央、国务院推进生态文明建设和环境保护的一项重要制度安排。2015 年 7 月,中央全面深化改革领导小组第十四次会议审议通过《环境保护督察方案(试行)》,标志着中央开始部署环保督察工作。随后《党政领导干部生态环境损害责任追究办法(试行)》首次对追究党政领导干部生态环境损害责任做出制度性安排,强调环保工作的“党政同责”“一岗双责”。与以往“大气十条”“污染权交易”以及“环保约谈”等环境治理措施相比,中央环保督察政策责任追究机制更加严格,具有高强制性和高权威性,是中国生态环境规制体系由“督企”“督政”到“党政同责”的创新性尝试。

在政策实践中,中央环保督察由督察进驻、下沉地市督察和梳理分析督察结果三个阶段组成。首先由中央选派出督察组组长,现任国家环保机构副部级领导担任副组长,率领督察组成员进驻各省份开展为期一个月的环境督察工作。进驻期间,督察人员通过听取群众信访举报、调阅资料以及现场抽查等方式,对地方环保工作和突出环境问题治理情况开展督察。此外,还重点督察地方党委和政府及其有关环保部门不作为、乱作为的情况。进驻结束后,督察组在规定时限内完成督察结果报告,并将之反馈至省级党委政府。省级党委政府在 30 个工作日内将整改方案报送国务院进行审核,并向社会公开整改方案和落实情况。中央环保督察是目前中国政府主导的规模最大的环境治理行动。截至 2017 年 9 月,第一轮中央环保督察全部进驻结束,具体实施情况如表 4 - 2 - 1 所示。

表 4 - 2 - 1　第一轮中央环保督察情况表

批　次	起始时间	涉及省/市	受理举报数（来信、来电）	责令整改数/家	罚款金额/亿元	约谈/人	问责/人
试点	2016 年 1—2 月	河北	2 856	200	0.3	65	366
第一批	2016 年 7—8 月	内蒙古、黑龙江、江苏、江西、河南、广西、云南、宁夏	15 761	8 160	1.98	2 241	3 788
第二批	2016 年 11—12 月	北京、上海、湖北、广东、重庆、陕西、甘肃	26 330	10 512	2.43	4 066	2 682
第三批	2017 年 4—5 月	天津、山西、辽宁、安徽、福建、湖南、贵州	35 523	20 359	3.36	6 079	4 018
第四批	2017 年 8—9 月	吉林、浙江、山东、海南、四川、西藏、青海、新疆	43 015	32 602	4.66	4 210	5 763

资料来源：根据生态环境部公布的中央环保督察情况整理而成。

（二）文献综述与理论假设

中央环保督察责任由中央向地方逐级传递。党中央和国务院对环保督察任务做出纲领性部署，成立环保督察工作领导小组，负责组织协调推动中央环保督察工作。根据中央环保督察工作安排，经党中央、国务院批准，组建中央环保督察组，承担具体生态环境保护督察任务。由督察组进驻各省或者下沉至地市级党委和政府及其有关部门开展督察并追究责任。[①] 整个督察过程体现为压力型治理[②]，地方政府由于受到财政压力和严格的环保问责，在环境治理中容易选择应付式行动[③]。这种"应付式行动"或对政策折扣式执行，是"运动式治理"的一种表征。运动式治

[①] 资料来源于中共中央办公厅、国务院办公厅印发的《中央生态环境保护督察工作规定》。

[②] 苑春荟,燕阳.中央环保督察：压力型环境治理模式的自我调适——一项基于内容分析法的案例研究[J].治理研究,2020(1)：57 - 68.

[③] 崔晶."运动式应对"：基层环境治理中政策执行的策略选择——基于华北地区 Y 小镇的案例研究[J].公共管理学报,2020,17(4)：32 - 42,166.

理是与常规治理相辅相成、共存共生的治理机制,具有稳定的制度化组织基础,是国家治理制度逻辑的重要组成部分①。在环境治理实践中,当地方党政环保机构动机或能力不足时,往往出现环境政策失效、环境问题遗留、环保无作为等现象。中央环保督察正是为应对常规环境治理机制失效而产生,被视为中央解决地方环境"痼疾"的利器,也成为各地民众眼中"寻医问诊"的最佳时机。

然而,中央环保督察效果如何? 能否成为中国环境治理的长效机制? 由于运动式治理具有打破常规机制、由政治权威挂帅推进等鲜明特点,已经在中国各领域广泛运行,但对其有效性的探讨仍存在不同观点。有学者认为,运动式治理在短期内能将资源投向治理目标,治理力度大、见效快,但容易产生"兴奋剂效应",难以取得根本治理效果②。也有研究指出,通过完善地方环境治理的合法性授权与绩效问责制度,运动式治理在地方环境治理实践中可以发挥更加积极的作用,且能与常规治理手段形成有益互补③。中央环保督察由国家最高权威牵头能够达到立竿见影的效果,但政府注意力毕竟是一种稀缺资源,由中央环保督察而形成的地方政府环境治理注意力及资源挹注,其持久性尚有待观察。第二轮中央环保督察在全国有序开展,有学者提出中央环保督察常态化的构想④,但在其形成常态化机制前,上述运动式治理的局限仍较难避免。据此,提出如下假设:

H1:中央环保督察对被督察地的空气质量的改善,短期效果明显。

H2:中央环保督察对被督察地的空气质量的改善,长期效果趋弱。

地方政府在经济发展中发挥着举足轻重的作用,在面对环境治理困境时,亦需与当地企业积极协调,维持密切的政商关系,以提高环境治理绩效。目前,学术界对"政商关系"形成两类研究脉络。一类是将政商关系视为企业运行发展的制度环境与政治环境,侧重于对制度环境与政治环境的评估和优化,以及研究企业在政治环境中的策略行为;另一类研究脉络是将政商关系视为企业的一种社会资本,即企业与政府部门或政府官员形成的关系连带。一些研究还探讨了"扭曲"的政商关

① 周雪光.运动型治理机制:中国国家治理的制度逻辑再思考[J].开放时代,2012(9):105 - 125.

② 赵旭光."运动式"环境治理的困境及法治转型[J].山东社会科学,2017(8):169 - 174.

③ 阎波,武龙,陈斌,等.大气污染何以治理? ——基于政策执行网络分析的跨案例比较研究[J].中国人口、资源与环境,2020,30(7):82 - 92.

④ 郭施宏.中央环保督察的制度逻辑与延续——基于督察制度的比较研究[J].中国特色社会主义研究,2019(5):83 - 91.

系，即地方政府（官员）或企业没有遵循自身的应有原则，而产生的官员寻租、企业行贿、"政商旋转门"等现象。在实践层面，地方政府与企业的互动呈现多重而复杂的特征，特别是近年来地方政治生态复杂化，政商关系变质成为直接原因，政府官员以权谋私，实现权力"变现"；企业借权谋利，实现利益最大化。这种合谋行为不仅阻碍我国经济健康发展，还影响了生态环境治理。当经济稳定增长超过社会稳定的成本时，地方政府可能默许合谋的存在①，为赢得更大的环境套利空间，政府放松管制标准允许企业超标排污，进而带来严重的环境污染。此外，地方领导人在任期间受地缘影响，与当地企业形成的关系网络容易固化合谋行为②，政企合谋行为即是政商关系变质的一种体现，使得环境污染治理效果与预期目标产生偏离。

　　基于上述文献梳理与分析，进一步探讨政商关系对中央环保督察政策效果的调节作用。当地方政府面临环境治理高压时，倾向于应付式行动，以实现环境治理的快速见效。中央环保督察进驻时，地方政府往往采取"果断"措施，力促高污染企业减产限产，空气质量得以短期改善。但督察组离开后，由于经济发展的压力以及原有的利益关系，地方政府则会对需要整改或限产的企业"网开一面"③。政商关系紧密的城市，地方政府对污染企业干预力度也会较大，但在督察组离开后，会对原有的干预措施进行灵活调整，督察效果的持续性也因之降低；而政商关系不太紧密的城市，地方政府在督察期间实施的干预措施，其持续性则相对更长。据此，提出如下假设：

　　H3：政商关系越亲密的城市，中央环保督察效果越不明显。

二、研究设计与数据

（一）模型设定

　　断点回归是一种基于局部自然实验的政策评估方法，在环境政策评估中也得到了广泛使用。借鉴已有研究，我们使用精确断点回归模型（Sharp Discontinuity Regression）检验中央环保督察对城市空气污染的治理效果，以及

①　聂辉华,张雨潇.分权、集权与政企合谋[J].世界经济,2015(6)：3－21.
②　陈刚,李树.官员交流、任期与反腐败[J].世界经济,2012(2)：120－142.
③　梁平汉,高楠.人事变更、法制环境和地方环境污染[J].管理世界,2014(6)：65－78.

地方经济社会特征对中央环保督察政策效果的异质性影响,力图发掘空气污染治理过程中的复杂性。

根据精确断点回归的原理,在参考相关研究的基础上[①],设置如下回归方程:

$$Y_{ct} = \beta_0 + \beta_1 EI_{ct} + \beta_2 f(x) + \beta_3 f(x) * EI_{ct} + \lambda X_{ct} + \delta_c + \mu_t + \varepsilon_{ct}$$

$$(4 - 2 - 1)$$

其中 Y 为空气质量指数及各单项污染物指数,下标 c 和 t 分别表示被督察城市和中央环保督察组进驻的时间;EI_{ct} 代表中央环保督察政策的虚拟变量,即城市 c 在督察日期 t 之后一直为 1,督察日期 t 之前为 0;$f(x)$ 是以 x 为自变量的多项式函数,x 是配置变量,用来表示距离中央环保督察当天的天数,督察当天为 0,督察之后大于 0,督察之前小于 0;$f(x) * EI_{ct}$ 为交互项,考虑中央环保督察政策前后的时间趋势是可变的;X 为一系列气象控制变量,包括最高气温、最低气温、风力大小、是否下雨以及是否下雪的哑变量;δ 为时间固定效应哑变量,同时包含是否节假日以及季节等控制变量;μ 为地区固定效应,包括样本中每个城市的哑变量。

(二) 变量与数据

空气质量指数(AQI)及单向污染物(PM2.5、PM10、SO_2、NO_2、O_3)浓度是公认的空气质量指标,我们通过"空气质量在线监测分析平台"(https://www.aqistudy.cn/)获取相关数据。此外,空气质量是综合因素影响的结果,每日最高气温、最低气温、是否下雪、是否下雨、风力大小等气象条件以及法定节假日及调休日,作为控制变量纳入模型,其数据分别来源于天气后报(http://www.tianqihoubao.com/)和365日历网(http://www.365rili.com/)。最后,考虑到第一轮中央环保督察起止于2015年底至2018年,以及尽可能地减小人为数据选择对实证结果产生的误差,故选取2015年12月全2018年8月,356个环保督察进驻城市的日度天气数据进行分析。其中,中央环保督察进驻各省的时间来自生态环境部公布的相关信息[②]。

---

① 石庆玲,陈诗一,郭峰.环保部约谈与环境治理:以空气污染为例[J].统计研究,2017,34(10):88-97。

② 由于中央环保督察进驻各个城市的具体时间难以获取,借鉴相关研究一般性做法,将督察组进驻省份的日期与进驻该省地级市日期视为一致。

各变量的描述统计分析如表 4-2-2 所示。

表 4-2-2 主要变量描述性分析

变量名称	变量说明	样本量	均值	标准差	最小值	最大值
AQI	空气污染指数	267 255	73.989	45.846	2	500
PM2.5	单项空气污染	267 255	44.026	38.822	0	1 782
PM10	单项空气污染	267 255	78.697	83.596	0	14 982
SO_2	单项空气污染	267 255	19.296	23.124	0	1 470
NO_2	单项空气污染	267 255	28.665	16.773	0	471
CO	单项空气污染	267 255	0.990	0.555	0	28.01
O_3	单项空气污染	267 255	59.830	29.601	0	292
htemp	最高气温	231 574	19.697	11.012	−41	47
ltemp	最低气温	231 746	10.283	11.710	−42	35
wind	风力大小	231 619	3.438	0.725	1	12
rain	是否下雨	267 255	0.307	0.461	0	1
snow	是否下雪	267 255	0.023	0.149	0	1
holiday	是否放假	267 255	0.313	0.464	0	1

从描述性统计中可以看到，2015 年 12 月至 2018 年 8 月全国 356 个环保督察进驻城市平均 AQI 约为 74，在空气质量等级中属于"良"，但均值掩盖了空气质量在不同城市、不同时间的巨大差异，需要进一步加以细致的分析。

（三）方法适用性检验

基于具体研究内容，并结合断点回归的基本原理，可以预期，在没有中央环保督察组进驻的情况下，当地空气污染指数应呈平滑的变化趋势，但在外生的环保督察政策冲击下，当地的空气污染可能会出现"跳跃"的变化趋势。为检验断点回归方法的适用性，分别进行参考变量密度连续性检验与平滑性检验。

密度分布连续性用来检验处理变量是否有操纵，如果观测对象事先知道操作规则，并通过自身努力，则可自行进入处理组和控制组，导致断点附近的是有操纵的处理变量而非随机选择，引起断点失效。就中央环保督察政策而言，中央环保督察的时间是按照顶层有关部署，按批次开展环保督察工作，呈现为自上而下的政府行为与信息传递，因此各省份对督察进驻时间很难实现自主选择。从数据分析上看,由图4-2-1可知,在断点两侧密度函数估计值的置信区间有很大部分重叠,且在中央环保督察组进驻日期前后密度曲线是连续的,说明中央对各城市环保督察进驻的日期是外生的。

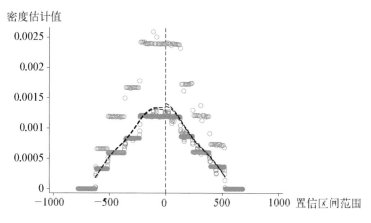

图4-2-1　参考密度连续性检验

平滑性检验是判断协变量在断点处是否也存在跳跃,如果跳跃则不能简单地把城市空气质量的变化,归为中央环保督察的政策效应。我们以最高气温、最低气温、风力大小、下雨和下雪、是否放假为被解释变量,进行回归分析,判断各协变量在断点处是否连续。由表4-2-3可知,除最高气温外,其他协变量在断点处均不显著,说明中央环保督察的政策效果,基本不受上述协变量的影响。因而,我们选用断点回归方法进行分析,在方法上是适用的。

表4-2-3　平滑性检验

协变量	AQI
最高气温	1.195* (0.637)
最低气温	0.597(0.696)
风力大小	−0.025(0.048)
是否下雨	−0.016(0.038)
是否下雪	0.001(0.007)
是否放假	0.029(0.032)
N	231 562

注:括号内数值为稳健标准误;*、** 和 *** 分别表示在10%、5%和1%的水平上显著。下表同。

三、实证分析

(一) 中央环保督察是否有效？

我们采用精确断点回归方法检验中央环保督察是否有效。其一,根据既有研究的操作建议,在进行参数估计时,配置变量要尝试八九次,然后挑选赤池信息准则(AIC)取值最小的模型。其二,参考曹静[①]的政策效应检验范式,计算出 8 阶多项式拟合时间趋势时,AIC 最小。表 4-2-4 中呈现的是 8 阶多项式拟合时间趋势时的断点回归估计结果,包括未加入环保督察政策哑变量与时间多项式的交叉项的常时间趋势与未加入交互项的变时间趋势。

表 4-2-4 中央环保督察对 AQI 的影响

	常时间趋势			变时间趋势		
	AQI	AQI	AQI	AQI	AQI	AQI
环保督察	-6.317^{***}	-2.975^{***}	-2.246^{***}	-5.840^{***}	-2.874^{***}	-2.516^{***}
	(-0.192)	(-0.183)	(-0.196)	(-0.199)	(-0.185)	(-0.185)
控制变量	否	是	是	否	是	是
时间和地区固定效应	否	否	是	否	否	是
N	231 562	231 562	231 562	231 562	231 562	231 562
R^2	0.021	0.133	0.107	0.021	0.133	0.137
多项式阶次	8	8	8	8	8	8

由表 4-2-4 可见,无论是常时间趋势还是变时间趋势,中央环保督察的系数都显著为负。就此,我们可以得出结论:中央环保督察可以在短期内显著改善被督察地的空气质量。同时,画出四次多项式与结果变量 AQI 的拟合曲线,由图 4-2-2 所示,可以发现在督察组进驻前后,空气质量指数出现了明显的断点,印证了上述结论。

① 曹静,王鑫,钟笑寒.限行政策是否改善了北京市的空气质量?〔J〕.经济学(季刊),2014,13(3): 1091-1126.

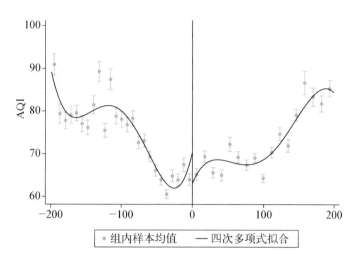

图 4 - 2 - 2　督察组进驻前后 AQI 拟合曲线①

　　为确保统计结果的稳健性,我们选取部分样本做带宽稳健性检验,根据 CV 算法(Cross Validation Procedure)得出最优带宽约为 33,分别根据带宽的 0.5 倍、1.5 倍、2 倍做稳健性检验,回归结果见下表。由表 4 - 2 - 5 可见,对于不同的带宽,环保督察估计系数都显著为负,呈现了上述结果的稳健性。

表 4 - 2 - 5　带宽敏感性估计

	0.5 倍带宽	1.5 倍带宽	2 倍带宽
环保督察	−1.704 **	−2.554 ***	−2.510 ***
	(1.784)	(1.434)	(1.385)
N	10 225	30 611	40 372
R^2	0.015	0.020	0.022

　　AQI 是衡量空气质量的一项总指标,为了更细致地观察中央环保督察对各单项污染物的影响效果,我们分别将 PM2.5、PM10、SO_2、NO_2、CO 及 O_3 这些单项污染指数作为因变量进行断点回归分析,同时控制气象条件、季节假日、时间固定效应以及地区固定效应,回归结果见表 4 - 2 - 6。

---

　　①　根据现有研究一般性做法,我们做的是四次多项式与 AQI 的拟合曲线,并把多项式范围聚焦于断点左右 200 范围内,这样可以更加清楚观测断点两侧数值的变化。

表 4-2-6　单项污染物浓度回归结果

	PM2.5	PM10	SO$_2$	NO$_2$	CO	O$_3$
环保督察	-2.526^{***}	-4.197^{***}	-3.776^{***}	-0.369^{***}	$-0.043\,4^{***}$	1.242^{***}
	(-0.147)	(-0.272)	(-0.088)	(-0.069)	(-0.002)	(-0.111)
控制变量	是	是	是	是	是	是
时间和地区固定效应	是	是	是	是	是	是
N	231 562	231 562	231 562	231 562	231 562	231 562
R^2	0.154	0.092	0.176	0.15	0.149	0.345
多项式阶次	8	8	8	8	8	8

结果显示，中央环保督察对于各单项污染物皆有显著的治理效果，其中对 PM2.5 和 PM10 的影响最为显著。这可能是由于 PM2.5 和 PM10 作为二次污染物，更容易在短期内得到控制；同时作为考核的敏感指标和民众普遍关心的空气质量指标，这两项污染物更可能受到地方政府的临时性重视，从而在短时间内得到改善。

(二) 中央环保督察效果是否持久？

中央环保督察作为中国生态文明建设的重要政策部署，正逐渐纳入常态化运行轨道，以期构建环境治理的长效机制，那么中央环保督察是否能持续改善被督察区域的空气质量？即中央环保督察的长期效果如何？我们以 30 天为一个窗口，分别设置督察组进驻后"第一个 30 天"（也就是督察组进驻被督察省份的 30 天）、"第二个 30 天"（督察组离开后第一个月），一直到"第十二个 30 天"这 12 个哑变量，放入原模型中进行回归分析，分别用"after1""after2"……"after12"表示。以督察组进驻前 90 天的空气质量指数以及各单项污染物指数作为比较基准，以此观察督察组进驻及离开后，被督察地的空气质量变化。首先以 AQI 作为因变量，根据哑变量的系数观察督察组进驻及离开后空气质量指数的变化。

表 4-2-7 分别列出常时间趋势和变时间趋势下，督察组离开后，长时期内空气质量变化情况。由表 4-2-7 可见，中央环保督察组进驻后的第一个 30 天（即进驻被督察省份的当月），被督察地的 AQI 指数明显降低，在督察组离开后

（即"after2"），空气质量开始呈现不稳定的变化趋势，特别是在督察组离开后的第五个月（"after6"）出现空气污染反弹。因而，中央环保督察对空气质量的改善短期效果明显，但长期效果趋弱，呈现不稳定的变化，即假设 H1 和 H2 部分成立。针对表 4-2-7 的数据结果，需要说明的是，在督察组离开的较长一段时间内，空气质量改善并没有呈现规律性变化。从现实的角度来讲，空气质量往往受到综合因素的影响。一方面由于影响气象变化的因素复杂多样，很难通过一个回归模型精确刻画空气质量的变化规律；另一方面，中央环保督察组离开的长时期内，城市受到的督察压力逐渐减弱，城市空气质量与中央环保督察政策的关联性亦随之趋弱。故中央环保督察对空气质量的影响，较难在长时段内呈现出确定、规律的线性关系。

表 4-2-7 督察组进驻离开后的 AQI 变化

督察组离开时间	AQI 常时间趋势	AQI 变时间趋势	督察组离开时间	AQI 常时间趋势	AQI 变时间趋势
after1	-2.678^{***} (-0.378)	-3.056^{***} (-0.379)	after7	4.136^{***} (-0.569)	3.917^{***} (-0.569)
after2	0.117 (-0.452)	-0.167 (-0.454)	after8	-4.449^{***} (-0.448)	-4.764^{***} (-0.449)
after3	-2.378^{***} (-0.378)	-2.772^{***} (-0.379)	after9	-2.329^{***} (-0.402)	-2.354^{***} (-0.402)
after4	-2.677^{***} (-0.371)	-3.187^{***} (-0.374)	after10	-1.590^{***} (-0.609)	-1.680^{***} (-0.609)
after5	-1.012^{**} (-0.465)	-1.572^{***} (-0.467)	after11	-6.094^{***} (-0.378)	-6.160^{***} (-0.379)
after6	3.641^{***} (-0.703)	3.193^{***} (-0.704)	after12	5.324^{***} (-0.426)	5.400^{***} (-0.425)
控制变量	是	是		是	是
时间和地区固定效应	是	是		是	是
N	231 562	231 562	N	231 562	231 562
R^2	0.135	0.130	R^2	0.135	0.130

除了关注 AQI 总指数在督察组进驻、离开后的变化，表 4-2-8 呈现了各

单项污染指数在中央环保督察组进驻、离开后的变化。

表 4-2-8　督察组进驻、离开后各单项污染指数的变化

	PM2.5	PM10	SO$_2$	NO$_2$	CO	O$_3$
after1	−3.503***	−5.162***	−2.031***	−1.766***	−0.024***	2.010***
	(−0.283)	(−0.56)	(−0.122)	(−0.139)	(−0.004)	(−0.284)
after2	−1.867***	−1.396*	−1.365***	0.041	−0.006	5.583***
	(−0.354)	(−0.764)	(−0.139)	(−0.158)	(−0.005)	(−0.294)
after3	−1.969***	−3.439***	−2.791***	−1.224***	−0.047***	2.709***
	(−0.305)	(−0.510)	(−0.146)	(−0.165)	(−0.005)	(−0.264)
after4	−0.740**	−2.639***	−2.844***	1.124***	0.006	−3.763***
	(−0.319)	(−0.512)	(−0.149)	(−0.173 4)	(−0.005)	(−0.226)
after5	−1.018***	−0.385	−0.529**	0.744***	0.014**	−1.226***
	(−0.371)	(−0.638)	(−0.207)	(−0.194)	(−0.006)	(−0.279)
after6	2.324***	1.344	−1.217***	0.440*	0.088***	0.234
	(−0.592)	(−0.933)	(−0.225)	(−0.226)	(−0.009)	(−0.268)
after7	3.648***	3.527***	−2.660***	0.783***	−0.016**	3.037***
	(−0.481)	(−0.769)	(−0.229)	(−0.209)	(−0.007)	(−0.277)
after8	−2.759***	−6.103***	−1.009***	1.514***	−0.079***	−0.32
	(−0.374)	(−0.583)	(−0.239)	(−0.202)	(−0.006)	(−0.285)
after9	0.735**	−6.725***	−1.802***	0.345*	0.009**	−2.054***
	(−0.334)	(−0.570)	(−0.161)	(−0.189)	(−0.005)	(−0.341)
after10	−4.723***	1.939	−1.366***	−2.207***	−0.056***	1.884***
	(−0.366)	(−1.213)	(−0.152)	(−0.192)	(−0.004)	(−0.332)
after11	−7.577***	−11.33***	−1.546***	−3.170***	−0.069***	7.177***
	(−0.264)	(−0.580)	(−0.147)	(−0.176)	(−0.004)	(−0.385)
after12	3.455***	6.594***	−1.356***	2.981***	−0.003	2.289***
	(−0.326)	(−0.499)	(−0.129)	(−0.198)	(−0.005)	(−0.471)
N	231 562	231 562	231 562	231 562	231 562	231 562
R^2	0.151	0.091	0.170	0.150	0.148	0.344

　　由表 4-2-8 可以发现，中央环保督察组进驻后，除 O$_3$ 之外各项污染指数都有显著下降趋势，但督察组离开数月后，逐渐开始反弹。其中 PM2.5 和 PM10 污染指数相较于其他污染指数下降幅度更大，但在督察组离开后（如"after7""after12"）反弹也更为明显。这可能是由于各省份将 PM2.5 和 PM10 作为空气污染治理的重要考核指标，且督察反馈意见主要集中于这两项污染

指数问题。此外，各污染指数受到的影响不同，与污染物形成原因紧密相关。SO_2、NO_2 和 CO 主要来源于工业生产[①]，中央环保督察组进驻后，地方政府对工业生产往往采取限工限产的运动式治理方式，使得生产性污染物的浓度降低。但督察组离开后，反弹较为明显。由于 O_3 主要是由汽车排放的氮氧化物等污染物经阳光照射后二次生成，环保督察对其影响不大。总体而言，督察组与被督察地呈现出的"猫鼠游戏"，使得污染治理效果短期有效、长期趋弱。

（三）政商关系对中央环保督察效果的调节

习近平总书记在全国政协十二届四次会议民建、工商联界委员联组会上提出，新型政商关系要做到"亲""清"，即政府和企业既要亲近，又要清白。但既有研究对于"政企合谋"行为没有形成公认而直接的测量指标，这里尝试使用中国人民大学国家发展与战略研究院发布的中国城市政商关系排行中的指数。报告中分别对"亲近"和"清白"两类政商关系进行了指标构建。在"清白指数"方面，有两个一级指标：政府廉洁和政府透明，反映政府在履行其职能时，呈现出的廉洁性与信息公开程度，体现了政府在廉洁透明方面的一般性特征。"亲近指数"相较于"清白指数"而言，更能够体现政府与企业之间的互动与关联性，容易受地方领导人与企业的关系网络的影响。此外，我们所关注的"政企合谋"现象与"亲近指数"直接相关，特别是亲近指标中的一级指标"政府对企业的关心"。因而将政商关系中的"亲近指数"纳入研究。"亲近指数"各指标维度及权重如表 4-2-9 所示。

表 4-2-9　政商关系"亲近"指标

一级		二级	三级
A　政府对企业的关心（10%）	A1	市领导视察（5%）	领导人（市长、市委书记）到企业视察次数
	A2	市领导座谈（5%）	领导人（市长、市委书记）与企业家座谈次数

---

① SO_2 来源于燃煤发电厂、工厂燃煤锅炉等；CO 除了来自汽车尾气外，大部分还来源于工业炉窑、内燃机、家庭炉具等各种不完全燃烧物；NO_2 主要来源于机动车尾气排放及炉窑高温燃烧排放等。

续　表

一级	二级		三级
B　政府对企业的服务(40%)	B1	基础设施(10%)	道路面积/辖区面积 高铁经过的班次
	B2	金融服务(10%)	年末存贷款余额/GDP 金融业从业人数/总人口 银行网点数量/总人口
	B3	市场中介(10%)	律师事务所数量/总人口 会计师事务所数量/总人口
	B4	电子政务效率(10%)	政府网站在线服务事项和效率 移动政府服务效率(微信公众号和官方微博)
C　企业的税费负担(10%)	C1	企业的税收负担(10%)	规模以上工业企业主营业务税金及附加/工业总产值 本年应缴增值税/工业总产值

资料来源：《中国城市政商关系排行榜(2017)》，中国人民大学国家发展与战略研究院发布。

为呈现政商关系对中央环保督察效果的调节效应，依照常规的计量方法[①]，通过计算调节变量的中位数，将调节变量划分为"小于中位数"和"大于等于中位数"两组，分别进行回归分析。我们将政商关系"亲近"指标作为样本划分依据，将其划分为亲近指数小于中位数和大于等于中位数的两部分，并比较这两部分样本中，中央环保督察对 AQI 的影响系数。由于《中国城市政商关系排行榜(2017)》仅包含 285 个城市的数据，我们从原样本中剔除了缺失"亲近指数"的城市。分组断点回归结果见表 4－2－10。

表 4－2－10　政商关系与中央环保督察效果

	AQI <中位数	AQI ≥中位数
环保督察	−7.287*** (1.689)	−1.690 (1.903)
N	108 701	99 002
R^2	0.585	0.648

① 周黎安,陈烨.中国农村税费改革的政策效果：基于双重差分模型的估计[J].经济研究,2005(8)：44－53.

根据表4-2-10可知，在亲近指数小于中位数的分组（政商关系相对不亲近），中央环保督察对AQI的影响系数都显著为负；而在亲近指数大于等于中位数的分组（政商关系相对亲近），中央环保督察对AQI的影响并不显著。也就是说，在政商关系亲近的城市，中央环保督察对其空气质量改善效果更弱；在政商关系相对不亲近的城市，环保督察的政策效果更强，政商关系对中央环保督察效果具有显著调节作用。

在前述研究的基础上，我们仍然以30天为一个窗口，设置督察组进驻后"第一个30天""第二个30天""第三个30天"一直到"第十二个30天"这12个哑变量，分别用"after1""after2"……"after12"表示，将其放入原方程中，在两部分样本中进行回归分析，回归结果见表4-2-11。

表 4-2-11　政商亲近指数、环保督察与 AQI 变化

督察组离开时间	AQI <中位数	AQI ≥中位数	督察组离开时间	AQI <中位数	AQI ≥中位数
after1	−3.909*** (0.841)	−2.694*** (0.714)	after7	−2.912 (3.197)	1.597 (2.587)
after2	−1.722 (1.236)	−0.614 (0.890)	after8	−6.567* (3.518)	−4.566 (3.053)
after3	−4.45*** (1.676)	−2.169** (1.059)	after9	−2.95 (3.969)	5.203 (3.739)
after4	−9.27*** (2.042)	−5.504*** (1.274)	after10	1.996 (4.327)	11.342 (4.401)
after5	−6.379*** (2.420)	−1.202 (1.601)	after11	0.461 (5.161)	12.028** (5.473)
after6	0.962 (2.882)	4.915** (2.231)	after12	2.633 (5.804)	17.007*** (6.365)
N	108 701	99 002	N	108 701	99 002
R^2	0.414	0.426	R^2	0.414	0.426

通过表4-2-11可发现，在中央环保督察组进驻后，政商关系亲近和相对不亲近城市的空气质量都得到显著改善，且督察组离开5个月内，政策效果仍然明显，但5个月后空气污染状况开始反弹。然而，两类城市政策效果各异：中央环保督察在政商关系相对不亲近的城市，效果更为明显；督察组离开5个月后，

政商关系更亲近的城市空气污染出现较显著的反弹，而政商关系相对不亲近的城市没有出现明显反弹。

结合以上分析，可以发现，无论是短期还是长期，中央环保督察在政商关系更亲近的城市的效果都更弱，在政商关系相对不亲近的城市的效果则更明显，即假设 H3 成立。基于政企合谋视角，其解释逻辑为：在政商关系亲近的城市，地方政府更有可能与污染企业合谋。当中央环保督察组进驻时，地方政府可能与相关污染企业积极应对环保督察；督察组离开后，相关污染企业的生产又逐渐恢复如初，使得环保督察效果难以长时间持续。相反，在政商关系相对不亲近的城市，中央环保督察对环境治理主体的问责相对有效，使之采取持续性措施降低污染物排放，从而长效改善空气质量。

四、稳健性检验

采用双重差分模型对研究的基础结论进行稳健性检验，主要包括中央环保督察政策效果的稳健性，以及政商关系对中央环保督察效果调节作用的稳健性。双重差分模型（DID）是基于自然实验对政策效果进行评估的一种基本方法，可以用来比较政策实施前后，控制组与实验组之间差值的变化，并以此得到干预政策的净效用估计。由于篇幅所限，对督察组进驻、离开后各单项污染指数变化趋势，以及政商关系对中央环保督察的长期效果调节的稳健性检验未呈现。基于双重差分模型设置如下的回归方程：

$$Y_{ct} = \beta_0 + \beta EI_{ct} + \lambda X_{ct} + \delta_c + \mu_t + \varepsilon c_t$$

其中，Y 为因变量，即 AQI 指数；c 和 t 分别表示城市和时间；EI 为中央环保督察差分项，在环保督察进驻前为"0"，进驻后（包括督察组离开后）为"1"；X 为一系列天气控制变量，包括最高气温、最低气温、风力大小、是否下雨以及是否下雪的哑变量；δ 为时间固定效应哑变量，同时包含是否节假日以及季节等控制变量；μ 为地区固定效应，包括样本中每个城市的哑变量。设置"中央环保督察"这一哑变量，当城市所在省份经历中央环保督察，变量取值为"1"，否则为"0"。这样可直接形成被督察地与未被督察地，以及被督察前和被督察后的双重差异。观察这一交叉项在双重差分模型中的系数，可以得到对中央环保督察效果的估计。回归结果如表 4 - 2 - 12 所示。

表 4 - 2 - 12　中央环保督察对 AQI 指数的影响(基于双重差分)

	(1) AQI	(2) AQI	(3) AQI	(4) AQI
环保督察	−5.793***	−5.095***	−4.428***	−1.588***
	(0.178)	(0.241)	(0.165)	(0.257)
地区效应	不含	不含	含	含
时间效应	不含	含	不含	含
N	231 562	231 562	231 562	231 562
R^2	0.098	0.237	0.322	0.455

上表四种模型分别控制地区效应和时间效应,结果发现,中央环保督察对 AQI 的影响都显著为负,即中央环保督察对空气质量有显著改善效果,与前文断点回归结果一致。以 30 天为一个窗口,设置中央环保督察进驻期间以及离开时间的虚拟变量,检验中央环保督察对空气质量的长期改善效果,回归结果见表4 - 2 - 13。

表 4 - 2 - 13　中央环保督察对 AQI 指数的长期影响(基于双重差分)

	(1) AQI	(2) AQI	(3) AQI	(4) AQI
after1	−4.000***	−3.246***	−2.194***	−2.160***
	(0.407)	(0.407)	(0.365)	(0.354)
after2	−2.532***	−1.785***	−0.613	−0.394
	(0.473)	(0.482)	(0.407)	(0.406)
after3	−5.662***	−3.446***	−4.365***	−2.555***
	(0.388)	(0.413)	(0.332)	(0.353)
after4	−8.646***	−3.821***	−8.036***	−3.047***
	(0.379)	(0.408)	(0.322)	(0.334)
after5	−2.829***	−3.988***	−2.486***	−2.043***
	(0.471)	(0.507)	(0.396)	(0.412)
after6	6.022***	−1.989***	6.734***	0.798
	(0.720)	(0.723)	(0.641)	(0.620)
after7	1.175**	−3.118***	1.253**	−0.17
	(0.567)	(0.607)	(0.497)	(0.525)

续　表

	(1) AQI	(2) AQI	(3) AQI	(4) AQI
after8	−5.18***	−4.365***	−5.541***	−1.815***
	(0.465)	(0.493)	(0.402)	(0.417)
after9	−6.265***	−3.524***	−4.613***	0.024
	(0.414)	(0.471)	(0.373)	(0.407)
after10	−1.422**	−1.428**	0.479	2.567***
	(0.633)	(0.626)	(0.599)	(0.586)
after11	−7.654***	−4.518***	−4.685***	−0.26
	(0.407)	(0.467)	(0.371)	(0.428)
after12	−3.891***	−3.496***	−0.457	0.653
	(0.430)	(0.511)	(0.373)	(0.446)
天气变量	含	含	含	含
地区效应	不含	不含	含	含
时间效应	不含	含	不含	含
N	231 562	231 562	231 562	231 562
R^2	0.098	0.237	0.323	0.455

　　由表 4 - 2 - 13 可知，中央环保督察组进驻当月，被督察地区 AQI 指数明显降低，这种趋势持续到督察组离开的第四个月（"after5"），在督察组离开后第五个月（即"after6"）空气污染开始反弹，之后则呈现不稳定的变化趋势。总体上，该变化趋势与假设 H1 和 H2 基本一致。

　　此外，基于亲近指数的中位数，将样本划分为两组，在此基础上进行了双重差分回归，结果见表 4 - 2 - 14。

表 4 - 2 - 14　政商关系与中央环保督察效果的双重差分估计

亲近指数	AQI	
	＜中位数	≥中位数
环保督察	−2.025***	−1.364***
	(0.367)	(0.383)
天气变量	含	含
时间效应	含	含

续　表

亲近指数	AQI	
	<中位数	≥中位数
地区效应	含	含
N	108 701	99 002
R^2	0.467	0.479

由表 4-2-14 可知,在亲近指数小于中位数的分组(政商关系相对不亲近),中央环保督察对 AQI 的影响大于政商关系相对亲近的分组,由此可见,中央环保督察在政商关系亲近的城市对空气质量的改善效果较弱,而在政商关系相对不亲近的城市,展现出了较好的环保督查效果,说明假设 H3 具有较强的稳健性。

五、异质性分析

城市是环境政策执行与落实的基本单元,是空气污染防治的着力点,但城市之间发展差异显著,空气污染治理应根据城市的具体特点因地制宜。CEADs 团队[①]搜集中国 180 余个城市二氧化碳排放清单,运用聚类分析法将不同工业化进程的城市分为:轻工业型、重工业型、高科技型、服务型、能源生产型 5 种类型。该研究提出,处于不同工业化阶段的城市应当制定不同的低碳发展路径[②]。基于上述 5 种城市分类,我们进一步探究中央环保督察在不同工业化进程城市中的政策效果的异质性,回归结果呈现在表 4-2-15 中。结果显示,在不同类型城市,中央环保督察对当地空气质量改善效果,存在明显差异性。具体而言,在重工业型和轻工业型城市,中央环保督察对其空气质量改善效果明显,而对于高科技型、能源生产型以及服务型城市并不显著。以轻工业和重工业为支柱的城市处于工业化中期

---

① CEADs 团队由来自多国研究机构的学者组成,在中国国家自然基金委员会、科技部、中国科学院、英国研究理事会牛顿基金会等多家研究机构的共同支持下,共同编纂中国及发展中国家、地区的多尺度碳核算清单及社会经济与贸易数据库,供学术研究使用。

② SHAN Y L, GUAN D B, HUBACEK K, et al. City-level climate change mitigation in China[J]. Science Advances, 2018, 4(6).

阶段，即第二产业向第三产业过渡阶段，以高耗能、高排放为特征的产业占比较大，相应城市的地方政府面对严格的督察问责，可能在短时间内对辖区内的重点企业进行排放干预，从而呈现出显著的环保督察效果。

表 4-2-15　城市类型与中央环保督察效果

	AQI				
	重工业型	轻工业型	高科技型	能源生产型	服务型
环保督察	−11.478***	−7.808***	−1.040	−5.794	−12.985
	(2.508)	(2.108)	(4.032)	(3.884)	(12.467)
N	36 048	48 815	17 272	23 281	6 008
R^2	0.379	0.401	0.324	0.354	0.301

为从多角度刻画城市差异对中央环保督察政策效果的异质影响，将地区GDP、第二产业生产总值纳入分析。具体而言，使用前文变量分组的方法，将变量分为"小于中位数"和"大于等于中位数"两组，分别进行回归分析，结果如表 4-2-16 所示。由表可知，不同地区的人均 GDP 以及产业结构差异，对中央环保督察政策效果存在异质性影响。人均 GDP 较高的城市，中央环保督察组进驻后空气质量改善更显著。人均 GDP 是城市发展水平的反映，发展水平的差异带来环境治理效果的不均衡，从而影响中央环保督察政策效应。第二产业主要是由采矿业、制造业以及电力、热力、燃气、建筑业等构成，能源消耗和排放都较高，环境治理难度亦较大。可以发现，中央环保督察组进驻期间，第二产业占比较大的城市空气质量改善效果弱于第二产业占比相对较小的城市。

表 4-2-16　人均 GDP、产业结构与 AQI

AQI	变　量	
	人均 GDP	第二产业
<中位数	−4.534***	−9.358***
	(0.773)	(1.748)
≥中位数	−8.008***	−7.514***
	(1.744)	(1.486)

续　表

AQI	变　量	
	人均GDP	第二产业
N	231 562	231 562
R^2	0.203	0.142

此外,进一步分析地方官员任期对中央环保督察效果的异质影响。现有研究常采用"官员任期"作为政企合谋的代理测量指标[①],其逻辑是官员任期越长,政企合谋行为可能性越大。我们借鉴已有研究,将研究样本城市涉及的市委书记和市长的任期时长,区分为"小于中位数"和"大于等于中位数"两组,以呈现任期时长带来的差异,回归结果见表4-2-17。结果显示,官员任期对中央环保督察效果影响存在异质性,官员在任时间越长,中央环保督察政策效果越不显著。值得说明的是,关于"官员任期"的异质性分析也可以视为,政商关系对中央环保督察效果调节作用的稳健性检验,这也表明关于政商关系调节作用的分析在结论上是较为稳健的。

表 4-2-17　官员任期与 AQI

变量分组	AQI	
	书记在任时长	市长在任时长
<中位数	−12.653*** (2.771)	−6.712*** (2.351)
≥中位数	−1.783 (1.821)	−3.867*** (1.088)
N	231 562	231 562
R^2	0.353	0.386

六、小结

中央环保督察是中国新时代生态文明建设的重要抓手,对环境治理与生态韧

---

① 张振波.政企合谋、动员式治理与环境质量的阶段性改善——基于中央环保约谈的实证分析[J].公共管理评论,2021(3):33-52.

性建设具有十分重要的意义。我们使用断点回归方法检验了中央环保督查效果在地方呈现的异质性，并用双重差分模型对文章的基本结论进行了稳健性检验。实证结果发现，中央环保督察对地方空气质量的改善见效较快，但政策效果随着督察组的离开逐渐减弱，甚至可能出现明显的空气污染反弹。进一步地，我们分析了政商关系对环保督察效果的调节作用。具体表现为中央环保督察政策在政商关系亲近的城市效果更弱，在政商关系相对不亲近的城市效果更强。中央环保督察本质为运动式环境治理，环保压力自上而下传递。在督察组的进驻时段内，地方有关党政干部的行政压力最大，会采取多种方式积极应对，因而环境治理在短期内效果非常明显，但长期效果却随着督察组的离开（即督察压力减小）逐步趋弱。同时，基于政企合谋视角，政商关系亲近的城市，地方政府与相关企业容易形成合谋。中央环保督察组进驻时，地方政府可能对企业超标排放行为"应付式"治理，导致督察效果弱于政商关系相对不亲近的城市。此外，我们还从城市类型、经济水平、官员任期等方面，对中央环保督察的政策效果进行了异质性分析。

基于实证分析结果，我们认为，要从根本上推动中国环境治理的善治，需避免运动式治理带来的"短期效应"和政企在"牺牲环境发展经济"上的合谋。首先，针对运动式治理的弊端，探索中央环保督察制度的常态化和法制化。2021年作为"十四五"开局之年，党中央依然把中央环保督察作为生态文明建设、推动高质量发展的重要抓手。更为密集的"督察"可以使不同的"短期效应"变得连续，并在形成常态化制度后，发挥长期作用，而法制化则是这一进程的制度保证。其次，针对政企合谋对环境治理的负面影响，需构建"亲、清"的新型政商关系。建立严格的法制和监督体系，将环境指标更大程度地纳入地方政绩考核中，破除政企在"牺牲环境发展经济"上的合谋，营造良好的政治生态环境。最后，更为重要的是应积极推进循环型城市建设，推动城市产业升级和发展方式的转变，实现资源高效利用与循环利用，改变"先污染、后治理"的传统模式，以实现经济发展与环境治理的双赢。

第三节　横纵相嵌：府际合作与生态环境治理

我国经济发展已进入更注重质量的新阶段，"绿水青山就是金山银山"的关键,在于形成环境治理与地方经济发展互相促进的良性机制。环境污染的地理边界往往会突破治理的行政边界,区域环境的不可分割性和治理绩效的共享性,客观上要求突破"碎片化"治理格局,实现合作治理。"合作治理"(Cooperative Governance)的研究缘起于 20 世纪 80 年代①,强调地方政府基于成本收益考量,自愿通过相关协议形成制度约束,降低交易成本,促进利益交换与资源配置。在"合作治理"的制度框架下,城市群得以快速成型发展。长三角、京津冀与珠三角城市群作为我国发展起步较早且极具竞争力的典型城市群,在我国经济社会发展中具有重要战略地位。已有学者基于不同的城市群样本,检验了府际合作在区域环境治理中发挥的重要作用,勾勒出二者的基本关系。

随着我国城市化进程的加快,由单个或多个核心城市通过空间集聚作用而形成的城市群,已成为区域治理与发展的主要载体。十九大报告中明确提出,要以城市群为主体构建大中小城市和小城镇协调发展的城镇格局,深化实施区域协调发展战略②。京津冀、长三角与珠三角城市群,作为竞争力和成熟度较高的城市群,对于推动我国城镇化进程、实现区域公共事务的善治,发挥着引领作用。在政府治理层面,城市群可视为地方政府间制度化合作关系的体现③。Feiock在新制度主义、交易成本等理论脉络上,提出"制度性集体行动"(Institutional Collective Action)理论,用以解释地方政府的合作关系④。然而在我国的科层体制下,地方政府间的合作行为除了西方理论脉络中关注的横向组织形式,更重要的是自上而下的制度约束,即上级政府的纵向干预。在地方环境治理研究中,区域合作通常被认为是由横向与纵向政府间关系所构成的交互机制⑤。一方面,地方政府间通过签署府际协议、建立官员交流机制等横向组织行为,对跨域环境

---

①　OSTROM V, ROBERT B, ELINOR O. Local Government in the United States[M]. San Francisco: ICS Press, 1988.

②　中国政府网《十九大报告》[EB/OL].[2017 - 10 - 18].http://www.gov.cn/zhuanti/2017 - 10/18/content_5232647.htm.

③　锁利铭,杨峰,刘俊.跨界政策网络与区域治理:我国地方政府合作实践分析[J].中国行政管理,2013(1):39 - 43.

④　FEIOCK R C. The institutional collective action framework[J]. Policy Studies Journal, 2013, 41(3).

⑤　邢华.我国区域合作的纵向嵌入式治理机制研究:基于交易成本的视角[J].中国行政管理,2015(10):80 - 84.

问题进行目标治理①；另一方面，当自愿合作动机不足时，上级政府的纵向介入为府际合作提供了一个交流沟通、寻找共同利益的起点②。我国区域环境合作治理情势的变化，很大程度上是这两种政府行为综合作用的结果。横纵相嵌的合作逻辑，正是解释城市群环境治理绩效差异的有效视角。

然而横向合作往往受到区域利益碎片化的影响，在负外部性较强的公共问题上，容易导致合作动力不足的困境。当区域内部交易成本过高或差异化水平过大时，各方利益难以有效协调，导致公共事务的治理效果不佳，此时纵向的政府干预，并与横向机制实现有效配合则显得尤为重要。在治理实践中，城市群协同联动形成府际合作治理网络，也已成为各地应对跨界环境污染问题的重要手段。横向合作与纵向干预的机制，在理论上可以成为解释城市群环境治理绩效差异的重要切入点。由此，通过选取长三角、京津冀与珠三角三大城市群样本进行比较分析，我们进一步提出以下有待实证检验的问题：横向合作与纵向干预如何影响不同城市群的环境治理绩效？

一、研究假设

（一）府际合作与制度性集体行动

对于府际合作，西方研究的理论脉络大致经历了，由传统区域主义提出的大都市政府体制结构改革模式，到新区域主义倡导的多主体合作网络模式的转变③。从公共经济学角度看，地方政府通常被假定为"理性政府"，主张多中心的行政架构和市场参与模式，实现治理成本和收益的平衡。Feiock 提出的制度性集体行动理论则从交易成本的角度，分析如何达成多元主体的合作治理，并划分出自组织机制与强制性机制。自组织机制是同级政府合作关系的体现，而强制性机制则强调联邦政府如何影响下级政府的合作关系。21 世纪之初，国内学者开始引入府际合作

---

① 锁利铭.跨省域城市群环境协作治理的行为与结构——基于"京津冀"与"长三角"的比较研究[J].学海,2017(4)：60－67.

② 周凌一.纵向干预何以推动地方协作治理？——以长三角区域环境协作治理为例[J].公共行政评论,2020(4)：90－107,207－208.

③ 文宏,林彬.国家战略嵌入地方发展：对竞争型府际合作的解释[J].公共行政评论,2020(2)：7－22,193.

的相关概念来分析我国区域发展的现状和路径。在区域环境治理研究中,易洪涛、锁利铭等学者也将制度性集体行动理论作为一种解释框架,使用社会网络分析方法,考察中国城市群在区域环境治理方面的特征、结构与绩效等①。然而诸多研究也发现,西方理论在中国的具体情境上,存在解释力不足和实践性低的局限。

　　中国地方政府的合作行为,根植于"条块结合"的央地关系,区域环境合作治理呈现出由横向与纵向政府关系交互形成的复杂形态。在我国行政体制下,地方政府一方面需要利用财政预算对基础设施、公共服务等事项进行投资建设,落实上级政府的发展目标与要求;另一方面,尽管分税制改革将部分财权收归中央,但发展型地方政府的角色并未改变,地方政府在央地关系中依然保有较大的事权自主性,会出于利益考量而尽可能地优化财政、土地等资源配置。加之地方主官的晋升激励等多重因素,都可能影响府际合作的治理绩效。在制度性集体行动理论的基础之上,我们可以对中国府际合作的情境做出进一步的理解:横向的府际合作往往受到区域利益碎片化的影响,在负外部性较强的公共问题上,易产生合作动力不足的集体行动困境。当区域内部交易成本过高或差异化水平过大时,各方利益难以有效协调及分配,从而影响区域治理绩效。压力型体制之下,上级政府一方面通过"自上而下"的行政命令进行纵向层级干预,促成明确的治理绩效目标。同时,通过签订协议、专项财政配置等正式安排,对横向合作进行补充,以实现治理目标。因而,提出如图4-3-1所示的理论模型。

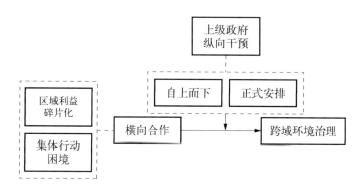

图4-3-1　理论分析框架

　　①　YI H T, SUO L M, SHEN R W, et al. Regional governance and institutional collective action for environmental sustainability[J]. Public Administration Review, 2018, 78(2).

（二）区域环境治理中横向合作与纵向干预

1. 区域环境治理中横向合作的局限

20 世纪 90 年代以来，伴随着分税制改革的实施，央地间的权力边界和资源配置结构发生改变，地方政府间的横向关系也面临转型和变革。面对单一政府难以解决的跨界环境污染等区域性问题，城市群成为开展区域合作的重要载体，力图达成制度性集体行动，实现区域环境的有效治理。

我国行政层级下的条块关系事实上使得府际合作呈现出"横向合作"与"纵向干预"两种制度逻辑，有学者将其描述为"结构性府际合作"①。在对横向合作的治理机制选择及影响因素的讨论中，主要存在三种观点：第一种认为府际合作阻碍了区域环境治理的成效，根源在于横向合作产生的"集体行动困境"及制度规则尚不完善②。第二种认为府际合作的横向关系对环境具有显著改善作用。相关研究基于长三角城市群样本发现，地方政府的横向合作更加着眼于集体性收益的增加及合作风险的降低，通过府际协议有效实现了利益协调，对生态环境产生了积极影响③。第三种认为横向合作对环境治理的影响存在不确定性，以京津冀城市群为研究样本，发现府际合作未必能够对环境治理产生实效。中央的任务压力与地方的合作成本分别作为正向和反向驱动因素，二者的差值决定了地方政府的合作意愿。这种府际关系绩效的不稳定性，依据二者强弱匹配的关系，生成了不同类型的"避害型"府际合作④。

我国现有的环境治理体系，具有一定的"自上而下""运动式治理"特征。从中央到地方所传递的行政命令，成为地方政府治理动机的重要来源。以"环保约谈""中央环保督察"为代表的"运动式治理"政策，一旦与地方民生、经济等重要领域的利益产生冲突，也常会出现"临时治理"的现象。没有自上而下的行政干

---

① 邢华.我国区域合作治理困境与纵向嵌入式治理机制选择[J].政治学研究,2014(5)：37 - 50.

② 王洛忠,丁颖.京津冀雾霾合作治理困境及其解决途径[J].中共中央党校学报，2016,20(3)：74 - 79.

③ 马捷,锁利铭.城市间环境治理合作：行动、网络及其演变——基于长三角 30 个城市的府际协议数据分析[J].中国行政管理,2019(9)：41 - 49.

④ 李辉,黄雅卓,徐美宵,等."避害型"府际合作何以可能？——基于京津冀大气污染联防联控的扎根理论研究[J].公共管理学报,2020,17(4)：53 - 61,109,168.

预和协调,地方政府在环境治理方面常常难以形成积极的合作动机。因此,我们预估在区域环境治理当中,横向府际合作对环境治理的改善作用较为有限,提出如下假设:

H1:横向府际合作难以明显改善区域环境治理绩效。

2. 区域环境治理中纵向干预的积极影响

学界已从理论和实践层面对横向的府际合作进行了多方面的分析,着重探讨了横向合作中地方政府的行为动机、运行模式和机制等。对于横向合作陷入制度性集体行动困境,则归因于行政模式与跨域公共问题的逻辑错配。"条块"的行政体制造成区域利益碎片化,以及横向政府间关系的不确定性,也会影响地方政府对环境治理的支出偏好和环境规制选择策略。为解决环境污染等跨域公共问题,各地方政府会在上级政府纵向干预的推动下,逐步形成区域公共治理机制[①]。上级政府扮演的角色既不是区域合作的"主宰者",也不是区域合作的"旁观者",而是府际合作的积极推动者。

在府际合作中,上级政府的纵向干预可能通过立法、协议等正式安排,要求下级政府予以参与配合,也可能通过"打招呼"、商谈等非正式运作,向下级政府施以影响。这里所指的"纵向干预"的意涵为:为达成一致的目标和绩效要求,同一省份中的省级政府所领导的、与下辖各地市级政府达成的府际合作,包括一系列政府行为,例如共同确定的规则、财政或人事安排,治理绩效目标和具体的执行计划。基于"过程—目标"这一逻辑链条,上级政府在完善横向合作机制的基础上,通过纵向干预,实现府际合作的治理目标。现有关于纵向干预对区域环境治理绩效影响的研究,发现核心城市的加入,能够实现与横向合作机制的有机配合,使区域合作能够发挥更好的作用[②]。以长三角城市群为例,通过依托上海市的经济资源禀赋,带动长三角地区在经济发展、环境治理等多方面的治理成效。我们可以形成这样一种理解,城市群中的核心城市往往是直辖市或省会城市,而对于其他城市而言,与核心城市的府际合作意味着更多与上级政府交流和获得信息的机会,但同时也将受到自上而下的行政压力与目标考核。因而,预估

---

① 周凌一.正式抑或非正式? 区域环境协同治理的行为选择——以 2008—2020 年长三角地区市级政府为例[J].公共管理与政策评论,2022(4):120-136.

② 锁利铭,阚艳秋,涂易梅.从"府际合作"走向"制度性集体行动":协作性区域治理的研究述评[J].公共管理与政策评论,2018(3):83-96.

上级政府的纵向干预,会对区域环境治理绩效产生积极的影响。据此,提出以下假设:

H2：纵向干预可以显著改善区域环境治理绩效。

二、研究设计

（一）数据来源

长三角、京津冀与珠三角城市群是我国最具竞争力的区域,过去十余年间在府际合作方面积累了较多的实践经验。2010 年后,国家陆续出台《长江三角洲地区区域规划》《京津冀都市圈区域规划》等重要区域规划文件,标志性政策的出台,体现出国家层面对城市群的发展做出了明确布局与规划。此后,三大城市群在经济、社会、生态等方面开展合作的协议文本逐年增加,逐步开启全方位的深入合作。

三大城市群的发展经验,为实证研究提供了较好的案例支撑。我们以长三角、京津冀和珠三角城市群为研究对象,根据数据的完整程度和可获得性,收集了 2010—2019 年长三角、京津冀和珠三角城市群的环境治理、府际合作协议和社会经济数据,并构建数据集。长三角城市群包括上海、南京、杭州等 26 个城市,京津冀城市群包括北京、天津、石家庄等 13 个城市,珠三角城市群为广州、佛山、肇庆等 9 个城市①。数据主要来源于《中国城市统计年鉴》《中国环境年鉴》等官方公开数据,府际合作的数据来自三大城市群中的各地级市有关环境治理方面的府际合作协议,共 603 份。

（二）变量选择

1. 被解释变量

我们使用环境治理效率作为被解释变量,用以表征环境治理绩效。环境治理涵盖水、土壤、大气、生产等领域,若仅关注环境治理中的某一项指标,容易忽

---

① 现阶段大珠三角城市群还包括深圳、澳门、香港所建设的粤港澳大湾区,但以上三地与原珠三角九市在环境治理方面的合作协议极少,多为经济领域的合作,因此不将其纳入分析范围。

视对环境治理绩效的多元化评价。这里用基于数据包络分析 DEA 模型(Data Envelopment Analysis)改进的 SBM 模型(Slack Based Model),考虑环境治理在多个方面的投入与产出,使用 SBM 模型对环境治理绩效进行评价,由评价单元和评价指标(投入、产出指标)构成。该模型的计算基础为相对效率,取值范围为[0,1]。需要注意的是,当相对效率等于 1 时,并非表示实现了 100% 的"投入-产出"效率,而是在一组给定的数据样本中已经达到相对最优的状态。使用该模型的适用性在于,不同投入指标的计量单位并不会影响计算结果的可信度,即规模报酬是可变的。SBM 模型的基本表达式为

$$\min_{\lambda, s^-, s^+} \rho = \frac{1 - \frac{1}{m} \sum_{i=1}^{m} s_i^- / x_{io}}{1 + \frac{1}{s} \sum_{r=1}^{s} s_r^+ / y_{ro}} \qquad (4-3-1)$$

式(4-3-1)中,m 为投入,s 为产出,这里需要关注的是每一个分析单元 Unit(x_o, y_o) 的效率 ρ[①]。模型中分子反映了各项投入的平均效率水平,分母反映了产出的平均效率水平,每个 Unit 的效率值 ρ,为各项投入的平均效率水平和各项产出的平均效率水平的乘积,投入和产出的效率水平都会对效率结果产生影响。我们对三大城市群的环境治理效率进行测算,具体而言,投入指标共两个:环境生态保护相关事业单位的人员数量和环境治理投资额,两项指标能够体现地方政府在环境治理领域的人力资源和财政投入;产出指标区分为期望产出和非期望产出。我们选取了两个期望产出指标,分别为建成区绿地面积与固废综合利用率,选取两个非期望产出指标,分别是工业废水排放量与二氧化硫排放量,以较为全面地衡量环境治理的效果。

2. 解释变量

府际合作、横向合作与纵向干预。府际协议是刻画地方合作机制的文本载体,基于府际协议形成的合作网络可以呈现府际合作的动态过程,其中合作网络的网络密度是一项重要指标。网络密度的增加,说明城市间合作关系的不断加强,以及彼此对合作网络的依赖程度也因之增强。我们区分出府际合作、横向合作与纵向干预三个关键解释变量。首先,从整体上检验府际合作对区域环境治

---

① Unit 为分析单元,在本项研究中,每一个城市即为一个分析单元,所得的当年环境治理效率值即每一个城市基于前一年的投入所产生的环境治理效率。

理绩效的影响,此变量同时包括横向合作与纵向干预。接下来,我们将同等级地方政府之间的合作定义为"横向合作",包括地市级之间、"省级-省级"和"省级-直辖市"之间的合作,其中绝大多数的横向合作为地市级层面。当合作对象中存在更高一级的地方政府时,将其定义为"纵向干预",包括同一省份中省会城市、副省级城市与其他城市的合作关系,以及省级层面与下辖地级市之间开展的合作。参考既有研究的计量方法,计算横向/纵向合作密度时,仅保留同级城市之间的合作数据,如此所得密度可以更好地反映横向与纵向合作密度的各自时间变化趋势,并且保持各自独立,但所得的密度并不适用于数值大小的比较。

我们对所有协议文件进行人工编码与分析,形成二模网络,即同一份协议中出现的参与合作的城市,两两之间编码为"1",若两个城市不存在合作的情况,则编码为"0"。通过 UCINET 软件,二模网络中的各城市将转化为不同的节点,进而使用计算得出的整体网密度(Overall Density)来分别衡量两种府际合作的强度。网络密度越高,则表明合作网络的影响越大。网络密度的具体计算式(4-3-2)为一组公式,其中 HZ 为府际合作,HX 为横向合作,ZX 为纵向干预,n 为城市数量,i 表示城市,t 表示年份,d 和 c 分别为计算软件中的相关系数和构建的矩阵。

$$\begin{cases} HZ_{i1t1} = \dfrac{\sum_{t1-1}^{n} d_{i1}(c_{i1})}{n(n-1)} \\[3mm] HX_{i2t2} = \dfrac{\sum_{t2-1}^{n} d_{i2}(c_{i2})}{n(n-1)} \\[3mm] ZX_{i3t3} = \dfrac{\sum_{t3-1}^{n} d_{3}(c_{i3})}{n(n-1)} \end{cases} \quad (4-3-2)$$

3. 控制变量

基于现有文献的研究成果,地方环境治理效率可能还会受到当地经济发展水平、工业化水平、人口密度、外商投资等因素的影响,也是对环境治理产生重要影响的内部因素[1]。为尽可能降低内生性问题,选取以下变量进行控制:经济发展水平,用各城市人均 GDP 指标来表征,考察经济发展水平与环境治理效率的相关性;外商投资,利用各城市当年实际使用的外资金额表征。目前在外商投资与环境污

---

[1]　田凤平,秦瑾龙,杨科.中国三大城市群经济发展的区域差异及收敛性研究[J].系统工程理论与实践,2021,41(7):1709-1721.

染之间的研究中,普遍认为地方政府间存在的竞争关系,降低了外商引资的门槛,而这也对环境治理产生了负面作用[①];工业化程度,使用第二产业生产总值占 GDP 比重来表征,通常其占比越大,表明经济发展对高能耗高污染产业的依赖越严重;人口密度,使用常住人口数量/城市行政区划面积表征,人口密度越高的地区,其周边企业、公共服务设施的等聚集程度越高,大气污染排放更为严重,不利于污染治理。

(三) 模型设定与描述性统计

1. 基准回归模型

由于环境治理效率值位于0—1之间,属于截断数据,根据学界常见的做法,使用 Tobit 模型进行回归,以得到一致性估计,检验府际合作对环境治理效率的影响。建立如下回归模型:

$$Y = \alpha_1 HZ + \beta_1 \delta + \varepsilon \qquad (4-3-3)$$

其中,被解释变量 Y 为环境治理效率,解释变量 HZ 为府际合作的网络密度,δ 为一组控制变量,ε 为随机扰动项。接下来,检验横向合作与纵向干预对环境治理效率的影响。因此,在公式(4-3-4)的基础上加以扩展:

$$Y = \alpha_1 HX + \alpha_2 ZX + \beta_1 \delta + \varepsilon \qquad (4-3-4)$$

在式(4-3-4)中,解释变量 HX 为横向合作,解释变量 ZX 为纵向干预,δ 为一组控制变量,ε 为随机扰动项。

2. 稳健性检验

我们使用两种方法来检验回归结果的稳健性。第一,将三城市群样本依次进行 Hausman 检验,在此基础上判断使用固定效应模型或随机效应模型进行检验,基本公式为

$$Y_{i1t1} = \alpha_1 + \beta_1 HZ_{i1t1} + \lambda_1 \delta_{i1t1} + \varepsilon_{i1t1} \qquad (4-3-5)$$

$$Y_{i2t2} = \alpha_2 + \beta_2 HX_{i2t2} + \beta_3 ZX_{i2t2} + \lambda_2 \delta_{i2t2} + \varepsilon_{i2t2} \qquad (4-3-6)$$

公式(4-3-5)、(4-3-6)中,Y 为环境治理效率,解释变量 HZ 为府际合作,解释变量 HX 和 ZX 分别为横向合作和纵向干预,δ 为一组控制变量,ε 为

---

① 张友国.碳排放视角下的区域间贸易模式:污染避难所与要素禀赋[J].中国工业经济,2015(8):5-19.

随机扰动项。

第二，为尽可能缩小异常值对 Tobit 回归结果造成的偏误，还采用分位数回归进行稳健性检验，进一步验证回归结果的稳定性。在此建立如下模型：

$$Q_o(Y \mid X) = HZ' \cdot \partial(o) \qquad (4-3-7)$$

在公式(4-3-7)中，Y 为环境治理效率，X 为府际合作或横向合作或纵向干预，$\partial(o)$ 表示环境治理效率在 o 分位数上的回归系数，$Q_o(Y \mid X)$ 表示在给定解释变量 X 的情况下被解释变量 Y 在第 o 分位数上的值。

3. 描述性统计

表 4-3-1 为变量的描述性统计。为尽量消除异方差所带来的影响，这些变量除了比率数据外，都进行了必要的取对数处理。

表 4-3-1 变量描述性统计结果

	变量名称	平均值	标准差	最小值	最大值
被解释变量	环境治理效率	0.443	0.299	0.066	1.000
解释变量	府际合作	0.151	0.025	0.113	0.197
	横向合作	0.034	0.004	0.042	0.045
	纵向干预	0.060	0.003	0.049	0.062
控制变量	经济发展水平	11.036	0.553	9.361	12.201
	外商投资	13.546	1.222	10.723	16.327
	工业化程度	51.242	7.581	29.83	74.73
	人口密度	6.377	0.512	4.769	7.736

资料来源：《中国城市统计年鉴》《中国环境年鉴》、各地政府网站。

三、实证分析

（一）基准回归分析

表 4-3-2 的模型 1 至模型 3 呈现了长三角、京津冀与珠三角城市群的基

准回归结果。在检验横向合作与纵向干预对区域环境治理的影响之前,先以三大城市群为研究对象,使用 Tobit 回归检验了整体性的府际合作对于区域环境治理的影响。

表 4-3-2　府际合作对环境治理绩效影响的回归结果

变量	长三角城市群	京津冀城市群	珠三角城市群
	模型 1	模型 2	模型 3
府际合作	2.012**	0.964	0.213
	(0.695)	(1.053)	(0.401)
经济发展水平	0.021	0.188*	−0.279**
	(0.042)	(0.113)	(0.118)
外商投资	−0.177***	−0.173**	−0.078*
	(0.020)	(0.052)	(0.053)
工业化程度	−0.001	−0.022***	0.001
	(0.002)	(0.004)	(0.005)
人口密度	−0.040	0.036	0.628***
	(0.043)	(0.077)	(0.134)
常数项	2.657	1.658*	0.429
	(0.404)	(0.936)	(1.218)
N	260	130	90
Pseudo R^2	0.440	0.155	0.205

注:***、**、*分别表示 1%、5%、10%的显著性水平;括号中数值为稳健标准误。

根据表 4-3-2,可以发现长三角城市群的样本中,府际合作对环境治理效率存在显著积极影响。在京津冀与珠三角城市群的样本中,府际合作对环境治理效率则没有显著影响。基于以上回归结果,可以发现在跨域环境治理方面,长三角城市群的府际合作已初见成效。而京津冀与珠三角城市群,尚未摆脱集体行动困境的掣肘，府际合作没有对区域环境治理产生显著影响。这结果符合长三角地区的现实情形，长三角区域的合作与融合，推进最早、基础最好，2005年长三角两省一市主要领导座谈会在杭州召开，区域合作首次纳入了长三角高级别决策层的视野。2008年长三角地区主要领导座谈会"扩容"，安徽省领导应邀出席会议。此后，长三角城市群的地方政府在各领域开展合作的强度和密度逐年增加。为进一步检视府际合作中横向合作和纵向干预对环境治理的影响，将其作为解释变量，纳入回归模型，做进一步实证分析。

（二）横向合作与纵向干预的影响机制分析

从结构上将府际合作区分为横向合作和纵向干预，将其纳入 Tobit 回归模型，模型4至模型6，展示了长三角、京津冀与珠三角城市群的回归结果（见表4-3-3）。

表4-3-3　横向合作与纵向干预对环境治理绩效影响的回归结果

变量	长三角城市群	京津冀城市群	珠三角城市群
	模型4	模型5	模型6
横向合作	5.217	−2.168	−0.200
	(5.000)	(6.622)	(1.361)
纵向干预	8.717**	4.504	1.261
	(4.518)	(7.886)	(6.762)
经济发展水平	0.037	0.254**	−0.288**
	(0.048)	(0.123)	(0.125)
外商投资	−0.179***	−0.187**	−0.077*
	(0.020)	(0.053)	(0.049)
工业化程度	−0.001	−0.022***	−0.001
	(0.002)	(0.004)	(0.005)
人口密度	−0.042	0.039	0.633***
	(0.044)	(0.076)	(0.136)

续　表

变量	长三角城市群	京津冀城市群	珠三角城市群
	模型 4	模型 5	模型 6
常数项	−1.306	1.278	0.389
	(2.025)	(0.986)	(0.136)
N	260	130	90
Pseudo R^2	0.432	0.163	0.203

注：***、**、* 分别表示 1%、5%、10%的显著性水平；括号中数值为稳健标准误。

根据表 4-3-3 的回归结果，三大城市群的样本显示，横向合作对环境治理效率均不存在显著影响，假设 1 得到验证。对于长三角城市群，纵向干预这一变量对环境治理效率具有显著积极影响，而京津冀和珠三角城市群的样本则不存在显著关系。长三角城市群的样本验证了假设 2，实证结果可以支撑纵向干预能够优化府际合作安排，有助于实现治理目标的理论观点。这一结果符合理论预期，也较为符合对我国府际合作实践的经验观察，即上级政府的纵向干预，可以通过正式化的制度安排和向下传导的行政压力，助力治理目标的实现。在控制变量中，可以发现外商投资在三城市群的样本中均对环境治理效率存在显著负向影响，表明各地方政府可能为实现经济增长、吸引投资，降低企业准入标准，从而一定程度上映证了"污染避难所"的观点。

（三）稳健性检验

为验证回归结果的稳健性，我们调整了计量模型，将三城市群样本依次进行 Hausman 检验，在此基础上判断使用固定效应模型或是随机效应模型，以此来验证 Tobit 模型的回归结果的稳健性。

根据 Hausman 检验的结果，长三角城市群样本模型的 P 值为 0.089 8，小于 0.1 的上限，应选择固定效应模型。京津冀城市群样本模型的 P 值为 0.658 6，珠三角城市群样本模型的 P 值为 0.988 6，两城市群样本的 P 值均大于 0.1 的上限，应选择随机效应模型。因此，对三大城市群分别进行了回归，其结果一并报告于表4-3-4中。对照前文的分析，可以发现各主要解释变量系数显著性及符号均保持一致，表明统计结果具有一定的稳健性。

表4-3-4 稳健性检验——固定效应与随机效应模型

变量	长三角城市群		京津冀城市群		珠三角城市群	
	固定效应	固定效应	随机效应	随机效应	随机效应	随机效应
府际合作	1.636***		0.234		0.193	
	(0.471)		(0.382)		(0.308)	
横向合作		2.257		−0.179		−0.444
		(3.799)		(2.590)		(0.377)
纵向干预		9.584**		0.818		1.241
		(3.235)		(2.856)		(1.837)
控制变量	控制	控制	控制	控制	控制	控制
常数项	1.370**	−3.718**	2.673**	2.539**	−1.233	−1.310
	(0.666)	(1.679)	(0.971)	(1.071)	(1.177)	(1.203)
N	260	260	130	130	90	90
R^2	0.266	0.610	0.111	0.108	0.230	0.239

注：***、**、*分别表示1%、5%、10%的显著性水平；括号中数值为稳健标准误。

为了更进一步验证回归结果的稳健性，避免样本极值对回归结果的影响，采用分位数回归方法，在三城市群数据样本的被解释变量位于0.25、0.50和0.75分位点时，考察解释变量对被解释变量的影响。其目的是能够缩小因个别异常值所导致的模型偏误，用以验证Tobit模型的回归结果的稳健性。简洁起见，在表4-3-5中仅呈现三城市群样本中横向合作与纵向干预两个关键的解释变量在0.50分位点时的回归结果。可以看出，三城市群样本的回归结果与前文基于Tobit回归所得结果基本保持一致。

表 4 - 3 - 5 稳健性检验——分位数回归模型(0.50 分位点)

变量	长三角城市群		京津冀城市群		珠三角城市群	
府际合作	0.222*		0.114		0.153	
	(0.172)		(0.167)		(0.208)	
横向合作		0.138		0.533		−0.540
		(0.156)		(0.581)		(0.781)
纵向干预		0.227**		0.627		1.149
		(0.104)		(0.679)		(1.751)
控制变量	控制	控制	控制	控制	控制	控制
N	260	260	130	130	90	90
R^2	0.404	0.260	0.331	0.188	0.105	0.180

注:***、**、*分别表示 1%、5%、10%的显著性水平;括号中数值为稳健标准误。

(四) 进一步的分析:环保支出的中介效应

由前文的分析发现,仅长三角城市群的府际合作对环境治理绩效产生了积极的影响。需进一步发掘,府际合作究竟为何在不同城市群产生了治理绩效的差异。纵向干预意味着正式化的制度安排,如共同确定的规则、财政或人事安排,治理绩效目标等。在公共事务治理方面,地方政府履行相关职能的合法性来源于中央政府"自上而下"的授权,然而在实际的财政支出中则需要地方政府"自给自足"。对环境治理而言,财政支出的治理逻辑体现为对治理成本与收益的考量。府际合作可以降低环境污染负外部性问题的治理成本,成为解决跨城环境问题的有效途径,但也正是由于环境问题的负外部性,则可能存在"集体行动困境"。地方政府在辖区内的环境治理财政投入,并不能够有效解决跨域环境污染问题。基于"理性政府"的自利动机,可能试图通过"搭便车"行为来完成环境治理的绩效考核目标。因而,可以预期环保支出是一个对环境治理效果产生影响的关键因素。环保支出可能发挥中介作用,影响府际合作在环境治理中的绩效表现,形成城市群之间治理绩效的差异。

基于以上讨论,引入环保支出($HBZC$)这一中介变量,该变量通过各地级市生态环境局年度部门决算/公报获取。主要的考虑是,在各地生态环境局的年度公报中,会公布其参与的环境治理项目和相关的资金安排,能够较好地体现府际合作中的正式制度安排(财政安排)。参考目前学界广为采用的进行中介效应分析的基本步骤(见图 4-3-2),我们构建中介效应检验模型并加以分析,具体模型如下:

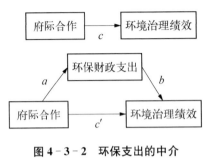

图 4-3-2　环保支出的中介效应分析

$$Y = cHZ + e_1 \tag{4-3-8}$$

$$HBZC = aHZ + e_2 \tag{4-3-9}$$

$$Y = c'HZ + bHBZC + e_3 \tag{4-3-10}$$

其中,Y、HZ 为被解释变量环境治理绩效和解释变量府际合作,$HBZC$ 为中介变量环保支出,$e_{1\sim3}$ 为残差。系数 c 为主效应。根据表 4-3-2 的回归结果,长三角城市群中,府际合作对环境治理绩效产生了显著影响,也即 c(长三角)显著;京津冀和珠三角城市群中,府际合作对环境治理绩效不存在显著影响,也即 c(京津冀、珠三角)不显著。在传统的中介效应检验中,其定义是以系数 c 显著为前提,也即府际合作显著影响环境治理绩效为前提。但基于中介效应模型研究的新进展,即便主效应的系数不显著,中介效应依然可能存在,应当根据事实逻辑来进行结果解释。一些文献将这种"主效应的系数不显著,中介效应依然可能存在"的情形,称之为"遮掩效应"(suppressing effects)[①]。在本项研究中,对于京津冀与珠三角城市群,环保支出可能在府际合作与环境治理绩效之间发挥中介效应,更进一步的问题是:在京津冀与珠三角城市群中,府际合作为何难以对环境治理绩效发挥显著作用? 回答这一问题,可为解释城市群环境治理绩效的异质性提供启示。

---

① 温忠麟,叶宝娟.中介效应分析:方法和模型发展[J].心理科学进展,2014,22(5):731-745.

我们按照中介效应分析的步骤依次进行检验。首先,需要检验府际合作对环境治理绩效的主效应。上文已经在表4-3-2中报告了京津冀和珠三角城市群的主效应[公式(4-3-8)]的回归结果,并且发现在京津冀和珠三角城市群中,府际合作对环境治理绩效的影响均不显著,且系数 c 均为正。其次,在此基础上,对公式(4-3-9)中的系数 a 的显著性进行检验,通过随机效应模型[①]进行回归,检验府际合作与环保支出相关性。最后,对公式(4-3-10)中的系数 b 和 c' 进行检验。

为了直观简洁地呈现环保支出在京津冀和珠三角城市群中的中介效应,将上述两个步骤的结果一并在表4-3-6中进行报告。根据表4-3-6,在模型7和模型9中,府际合作为解释变量,环保支出为被解释变量。结果显示,在京津冀城市群中,府际合作对环保支出存在显著负向影响,即系数 a(-0.905^{***})显著;珠三角城市群中,府际合作对环保支出也存在显著负向影响,即系数 a(-0.188^{***})显著。在模型8和模型10中,被解释变量为环境治理绩效,解释变量为府际合作,中介变量为环保支出。根据结果,在加入中介变量环保支出后,可以发现其系数 b 和 c' 的变化。在京津冀城市群中,府际合作对环境治理绩效不存在显著影响,即系数 c'(0.202)不显著,环保支出对环境治理绩效存在显著影响,即系数 b(0.122^{**})显著;在珠三角城市群中,府际合作对环境治理绩效不存在显著影响,即系数 c'(0.110)不显著,环保支出对环境治理绩效存在显著积极影响,即系数 b(0.068^{*})显著。此外,在京津冀和珠三角城市群中,其模型系数 a 和 b 均显著,系数 c' 不显著且与表4-3-2中的系数 c 的符号相同均为正,此时应该按中介效应来解释结果而非"遮掩效应"。

表4-3-6　环保支出的中介效应检验结果

变量	京津冀城市群		珠三角城市群	
	模型7 环保支出	模型8 环境治理绩效	模型9 环保支出	模型10 环境治理绩效
府际合作	-0.905^{***}	0.202	-0.188^{***}	0.110
	(0.189)	(0.456)	(0.052)	(0.197)

①　通过 Hausman 检验,京津冀和珠三角城市群样本的 P 值分别为 0.413 9 和 0.849 7,均大于 0.1,无法拒绝原假设,应使用随机效应模型。

续　表

变量	京津冀城市群		珠三角城市群	
	模型 7 环保支出	模型 8 环境治理绩效	模型 9 环保支出	模型 10 环境治理绩效
环保支出	—	0.122**	—	0.068*
		(0.060)		(0.030)
控制变量	控制	控制	控制	控制
常数项	−0.105***	2.723***	0.041*	5.366***
	(0.021)	(0.720)	(0.031)	(1.211)
N	130	130	90	90
R^2	0.356	0.343	0.306	0.248

注：***、**、*分别表示 1%、5%、10%的显著性水平；括号中数值为稳健标准误。

基于统计结果可以发现，环保支出对于府际合作影响环境治理绩效具有中介效应。这符合理论预期，在实证分析上也呈现了为何在京津冀与珠三角城市群中，府际合作难以显著改善环境治理绩效。对于京津冀城市群和珠三角城市群，府际合作对环保支出的负向影响，实际上验证了集体行动困境中的"搭便车"行为。由于环境问题的负外部性，区域环境治理需要多个地方政府致力于共同的治理绩效目标。但即便某一地区加大在环境治理中的财政投入，因为污染物的空间溢出性，本辖区的环境治理绩效也难以保证会得到显著提升。因而，地方政府往往期待能以更少的成本参与府际合作，借以"低成本"完成绩效目标，达到环境质量要求。尽管环保支出在府际合作与环境治理绩效之间起到正向的中介作用，但并不能弥补集体行动困境所带来的负面影响。环保支出对于本辖区环境质量的改善，不足以满足跨域环境治理的绩效目标。在京津冀和珠三角城市群中，这一结论解释了府际合作为何难以对环境治理绩效发挥显著作用。可以说，环保支出在府际合作与环境治理绩效之间的中介作用，在一定程度上形塑了城市群环境治理绩效的异质性。

四、小结

总体而言，在三大城市群中，横向合作对于环境治理绩效的改善并不显著。

具体而言,在长三角城市群中,纵向干预对环境治理绩效存在显著的积极影响,上级政府通过纵向干预形成的正式安排,成为区域环境治理绩效提升的关键。对于京津冀和珠三角城市群,府际合作对于区域环境治理并没有产生显著影响。在进一步的分析中,可以发现环保支出在府际合作和环境治理绩效之间存在中介效应,这为城市群治理绩效的差异化提供了解释。在理论层面,制度性集体行动框架中所演绎的"集体行动困境",在中国情境中依然具有解释力,而压力型体制下的纵向干预则为其提供了新的实践视角。

府际合作中的纵向干预是一个非常重要,但尚未引起足够重视的研究领域,制度性集体行动理论有待更好地诠释"中国问题"。基于该理论框架的一系列研究工作,更侧重于地方政府的横向关系,即通过地方政府之间签署府际协议、备忘录等横向组织形式解决跨域环境问题。但如果缺少中央政府或上级政府的约束与激励,地方政府间的横向合作则很难达到预期目标。在府际合作中,上级政府的纵向干预是弥补横向合作不足、改善区域环境治理绩效的有效手段。上级政府作为区域环境治理府际合作的"推动者",基于正式权威的合法性压力,能够带动下级政府建立环境治理的一致性目标,提供沟通交流的平台并制定利益交换规则,进而改善跨域环境问题的治理绩效。经济新常态下,地方政府的竞争标尺已转向"逐顶竞争",在谋求经济发展的同时,更加注重生态环境质量。对于城市群而言,上级政府可以通过战略规划与制度激励,深度嵌入到跨域环境治理的合作网络中,使其能够灵活调配资源、制定规则,而这也将会成为改善区域环境治理的关键要素。

在深入分析三大城市群的环境治理实践后,可以认识到纵向干预在横向府际合作中的补充作用,以及其在提升区域环境治理绩效方面的潜力。然而,城市生态韧性的概念提醒我们,环境治理的最终目标不仅仅是短期绩效的提升,而是构建一个能够长期适应和抵御环境压力的城市系统。生态韧性强调的是一个城市在面对环境变化时的自我恢复与转型能力,这要求我们在环境政策的制定和执行过程中,不仅要关注政策的即时效果,更要着眼于其对城市生态系统长期健康和可持续发展的影响。

下一章将进一步分析城市群的环境政策如何促进城市韧性的构建,以及如何通过提升城市对环境风险的适应性和恢复力,实现城市生态系统的长期稳定和繁荣。我们将探讨如何将生态韧性的理念融入城市群的环境政策与治理策略中,以实现环境治理与城市可持续发展的有机结合。通过这种综合视角,我们期待为城市群的环境政策与生态韧性建设提供更为全面和深入的理解。

第五章

城市群政策与区域韧性发展

在全球化和区域一体化的浪潮中,城市群作为新型城镇化的主体形态,在我国区域协调发展和城市化进程中扮演着越来越重要的角色。城市群的发展不仅关系到经济的繁荣和区域的均衡,更与城市韧性的构建和可持续发展紧密相连。本章以城市群政策为研究核心,探讨其对城市韧性的影响。本章深入分析城市群政策的内在机制及其对城市经济、社会、生态等多维度韧性的作用,旨在揭示城市群如何通过政策引导和区域合作,增强城市面对复杂环境压力和挑战的适应性和恢复力。同时,本章也将从地方政府官员激励的视角,探讨城市群在环境治理对区域韧性发展的影响,为构建具有高度韧性的城市群提供政策建议和理论支撑,以期实现区域经济、社会、环境的和谐发展与城市的可持续发展目标。

第一节 城市群政策与城市韧性提升

随着我国区域协调发展战略的深入实施,城市群正成为我国未来城市化进程的主要推动力。近年来我国发布了一系列政策支持城市高质量可持续发展,根据国家统计局 2023 年公布的《中华人民共和国 2022 年国民经济和社会发展统计公报》,1978 年至 2022 年我国城镇化率从 17.92% 提升至 65.22%。2006 年 3 月,《中华人民共和国国民经济和社会发展第十一个五年规划纲要》发布,首次提出"把城市群作为推进城镇化的主体形态";2013 年 12 月,党中央首次召开中央城镇化工作会议,第一次将城镇化战略提高到国家发展层面的战略高度;2021 年 3 月,《国民经济和社会发展第十四个五年规划和 2035 年远景目标纲要》发布,提出以促进城市群发展为抓手,全面形成"两横三纵"城镇化战略格局;2022

年 10 月,党的二十大报告指出:"以城市群、都市圈为依托构建大中小城市协调发展格局,推进以县城为重要载体的城镇化建设。"根据十四五规划中的城市群战略,目前我国共布局了京津冀、长三角、珠三角等 19 个国家级城市群,努力形成多中心、多层级、多节点的网络型城市群结构。

城市群政策的持续推进受到各领域学者的广泛关注。现有的研究已深入探讨城市群对经济韧性[①]和生态韧性[②]两种韧性机制的影响,但综合来看现有的研究仍存在一定拓展空间。首先,研究对象或指标的选取较为单一,绝大部分研究聚焦城市群对于单一韧性指标的影响,且往往只涉及一个或几个城市群的影响,如仅以京津冀、长三角或珠三角等城市群为研究对象。其次,尽管存在较多定量研究对城市韧性进行了综合评估,探究其影响因素,但有关我国城市群政策对城市韧性的影响机制的研究尚显不足。因此,我们基于城市群政策设计准自然实验,采用综合赋权法衡量城市韧性指标,使用双重差分法对研究进一步实证分析,探讨全国范围内的城市群政策对城市韧性的影响。这一研究对该领域主要有三项边际贡献:第一,在考虑城市间的异质性和区域差异的情况下,对我国 11 个城市群进行综合韧性研究,使得对城市群政策实施的评估结果更加具有科学性和准确性;第二,基于城市韧性的 5 个主要指标,使用综合赋权法对我国地级市及以上城市的城市韧性进行综合评价,方法规范、评价科学;第三,针对城市群政策的实施情况进行准自然实验设计,运用双重差分法探讨我国城市群政策与城市韧性间的因果关系及影响机制。

一、文献回顾与研究假设

(一)城市群政策与城市韧性评估

随着我国城市化进程不断深化,由单个或多个核心城市通过空间集聚机制紧密联系形成城市集群,已成为我国区域发展的重要模式。我国确立一系列城

---

①　FENG Y，LEE C C，PENG D. Does regional integration improve economic resilience? Evidence from urban agglomerations in China[J]. Sustainable Cities and Society，2023，88：104273.

②　魏玖长,闫卓然,周磊.中国五大城市群城市韧性水平时空演变研究[J].中国应急管理,2023(8)：56－61.

市群政策并进行国家级城市群布局,其建设布局旨在缓解区域发展不协调,缩小区域发展差距,实现城市高质量发展。城市群的形成、发展是城镇化达到一定阶段的必然产物[1],同时也是区域协调发展的重要载体。这要求城市不再仅限于单一的发展模式,而是需要通过合理的协调方式实现城市与城市之间的整体性发展。

与单个城市的经济体量、人口及资源承载能力和产业发展水平相比,城市群的形成所带来的区域经济增长、资源拓展和产业集聚是单一城市模式所无法比拟的[2]。单个城市的发展受到空间规模、地理环境和产业结构等多方面因素的制约,而城市群通过要素的集聚形成了更大的组织形式,从而突破了组织规模和地理环境等客观限制,成为城市群发展的主要动力。城市群的形成本质上是一种空间聚集,其源于以微小企业为核心主体的产业集聚,进而驱动了区域内经济格局的演变与发展[3]。随着城市群结构的不断完善,其内生机制促使城市间的各要素聚集、协调或是扩散[4],带动区域经济发展,进一步扩大城市经济规模,产业聚集和城市之间的分工协作是城市群产业发展的必然结果[5],城市经济韧性在此过程中也得以提升。从外生机制来看,城市群政策的实施同样提升城市间的经济开放及贸易合作,以此激发区域活力及创新力,进一步深化区域协调发展[6]。此外,国内外学者对于城市群的相关研究除了聚焦于经济发展方面以外,还聚焦于环境生态方面。城市群政策的实施有利于提高城市能源使用效率[7],

---

① 陈水生.世界城市群是如何形成的——规划变迁与动力支持的视角[J].复旦城市治理评论,2017(1)：5-33,208.

② 锁利铭,许露萍.基于地方政府联席会的中国城市群协作治理[J].复旦城市治理评论,2017(1)：34-49.

③ MARTIN P, OTTAVIANO G I P. Growth and agglomeration[J]. International Economic Review, 2001, 42(4)：947-968.

④ 李智超,于翔.以智为治：我国城市管理的政策变迁与范式转换[J].公共治理研究,2022,34(3)：22-31.

⑤ 丁任重,许渤胤,张航.城市群能带动区域经济增长吗?——基于7个国家级城市群的实证分析[J].经济地理,2021,41(5)：37-45.

⑥ WANG Y A, YIN S W, FANG X L, et al. Interaction of economic agglomeration, energy conservation and emission reduction：Evidence from three major urban agglomerations in China[J]. Energy, 2022, 241(15)：1-19.

⑦ 李智超,刘博嘉.官员激励、府际合作与城市群环境治理绩效——基于三大城市群的实证分析[J].上海行政学院学报,2023(3)：69-84.

以此促进区域内绿色创新可持续发展①。

为探究城市群政策与城市韧性间的潜在联系,我们采用了量化方法,对城市群政策实施下城市韧性的综合指标进行评估。所选取的韧性指标需符合韧性理论的内涵,具有代表性、科学性和可比较性等原则,当前广泛采用的评估指标主要包括经济韧性、社会韧性、物理(基础建设)韧性、生态韧性、制度韧性,形成单个或多个组合。目前涉及城市群政策与城市韧性之间潜在因果关系的相关研究,采用的研究方法主要有耦合协调法和双重差分法两类。双重差分法作为因果推断的有力工具,更能够明确城市群政策对城市韧性影响的净效应,并进一步探究其间相关影响机制的作用程度,该方法更能凸显城市间明显的异质性和动态持续性②。

城市韧性先后经历工程韧性、生态韧性、演进韧性的概念转变,不断修正和丰富其理论内涵及外延。城市韧性的概念及内涵在演化过程中不断强调城市系统的多元丰富性、复杂适应性及灵活转变性,城市韧性发展需要综合考虑多重要素,其适应性基础架构由物理及环境要素组成,社会资本及技术手段支持城市韧性协调合作建设从而推动区域可持续发展③。城市作为高度复杂的耦合系统,由城市承载的经济社会活动、环境生态体系、基础设施网络及制度法规架构相互交织形成整体④。而城市韧性评价指标体系的搭建和变量测量的操作化存在一定难度,城市韧性作为区域协调发展的重要途径,需要经济、环境、技术、社会、市场等多重要素有机组合、协调优化。城市韧性与城市系统平衡社会和生态功能的能力密切相关,而越复杂的城市系统面临的灾害风险和挑战也越大⑤,因此城市群作为城市系统的载体,其承灾能力及应对风险能力同样备受各领域学者关

①　LI L, MA S, ZHENG Y. Do regional integration policies matter? Evidence from a quasi-natural experiment on heterogeneous green innovation [J]. Energy Economics, 2022(116).

②　陈林,伍海军.国内双重差分法的研究现状与潜在问题[J].数量经济技术经济研究, 2015(7): 133-148.

③　李彤玥.韧性城市研究新进展[J].国际城市规划,2017,32(5): 15-25.

④　MCPHEARSON T, HAASE D, KABISCH N, et al. Advancing understanding of the complex nature of urban systems[J]. Ecological Indicators, 2016(11): 566-573.

⑤　SHI Y J, ZHAI G F, XU L H, et al. Assessment methods of urban system resilience: From the perspective of complex adaptive system theory[J]. Cities, 2021, 112, 1-13.

注。在集聚模式下不同城市之间的综合承灾能力仍有显著差异[①]，然而，随着区域一体化格局的形成，城市间社会经济差距不断缩小，城市韧性在抵抗自然风险方面的空间差异和发展不平衡性也将逐渐减弱。随着城市韧性水平的不断提高，城市间在治理能力上的差距将进一步缩小，从而促进区域内城市社会经济发展的紧密联系。

（二）研究假设

改革开放以来，我国城镇化不断推进，但由于区域资源、发展基础等因素的影响，不同城市的城市韧性发展存在明显差异，这直接导致城市发展能力的不平衡。城市群政策作为推动区域经济持续增长的关键力量与城市韧性之间存在紧密联系[②]。我们采用经济韧性、社会韧性、物理韧性、生态韧性和制度韧性这五个指标，通过综合赋权法确定权重，系统评估不同城市群政策下的城市韧性综合差异。第一，城市群政策的实施对于塑造区域一体化格局具有重要的推动作用，有助于提升城市的经济韧性，但同时经济韧性会因区域发展状况、地理位置、空间分布等因素在不同城市群之间呈现显著差异。第二，城市社会发展的最终目标是以人为本。城市群政策的实施导致各种要素聚集，其中一个显著现象是城市人口规模的增加。这带来的社会福利体系不断完善，使得社会发展更具韧性，从而提高城市社会韧性水平。第三，城市化进程推动经济结构升级，依托于现代化的城市基础设施建设，从物理层面上看，城市基础设施具备的强度及复原能力支撑城市系统基本运转需求，城市群政策在一定程度上推进区域一体化建设，统筹规划区域基础建设，扩大物理集聚，以加强地区间互联互通，因而加强城市物理韧性机制建设是提升城市韧性的重要途径之一。第四，城市群政策在实施过程中对城市生态环境造成不同层面的影响，随着城市群的构建，可以对城市生态环境进行整体性规划，以提高生态资源效率，推动绿色循环经济，生态环境系统的协调整合在一定程度上提升生态多样性、支持资源供应、促进区域可持续发展，因此城市系统在生态维度上的差异会影响城市韧性。第五，城市群政策的实施需要制度的保障支持，现代化城市的发展

---

① 王钧,宫清华,宇岩,等.粤港澳大湾区城市群自然灾害综合承灾能力评价[J].地理研究,2020,39(9)：2189-2199.

② LI J, LIU Q, SANG Y. Several Issues about Urbanization and Urban Safety[J]. Procedia Engineering, 2012(43)：615-621.

离不开组织制度层面的改革创新,制度因素在促进区域的转型发展及提高城市韧性方面发挥着重要作用。通过以上论述,提出以下假设:

H1:城市群政策实施可以显著提升城市韧性。

城市群政策的可持续发展受到多种内部因素和外部因素的影响,城市群的形成、发展是内生机制和外生机制相互作用的结果,体现了城市之间协调发展的复杂过程。一方面,内生机制是城市群形成和发展的内在动力,该机制源于城市群内部各因素之间的相互协调,其中市场机制作为城市经济内生增长的动力,推动城市经济在城市群政策实施下产生集聚效应,核心城市作为市场中心集聚各项产业要素。在此过程中,产业内部的经济要素相互作用并发生结构性变化,造成产业间出现多样性及高度关联性,形成规模效应并推动产业结构升级,而要素集聚下的产业多样化促进产业结构升级,有助于提高城市抵抗外部冲击的能力,并使城市在应对外部风险时具有适应性结构调整的治理空间,使得城市更具韧性,有助于城市可持续稳健发展。因此,根据城市群政策形成的内生机制提出以下假设:

H2:城市群政策实施可以通过产业结构升级提升城市韧性。

另一方面,外生机制的形成可以直接或间接推动城市群的进一步演化发展。在城市群政策实施的背景下,各城市间的合作开放是促进城市群发展的重要外生机制之一。城市群政策的持续推进,促使形成区域整体性治理格局,形成了政府、市场和社会跨越城市边界进行多元合作的治理模式,从而突破了传统的单一城市尺度下的区域管理模式,进而对于一个城市的综合韧性产生影响[1]。城市群政策实施所形成的整体性区域经济发展格局离不开贸易开放这一外部动力,推动着区域经济增长。作为国际贸易的关键枢纽之一,城市群通过对外的贸易开放及与国际市场的联系,在国际经济中发挥着重要作用[2]。区域的贸易开放程度很大程度上影响着城市韧性水平,其带来的经济效应夯实城市的韧性发展基础。因此,根据城市群政策形成的外生机制,进一步探讨城市群与城市综合韧性之间的潜在联系,提出以下假设:

---

[1] 曹海军,霍伟桦.基于协作视角的城市群治理及其对中国的启示[J].中国行政管理,2014(8):67-71.

[2] 徐永健,许学强,阎小培.中国典型都市连绵区形成机制初探——以珠江三角洲和长江三角洲为例[J].人文地理,2000(2):19-23.

H3：城市群政策实施可以通过贸易开放提升城市韧性。

二、研究设计

（一）数据来源

截至 2020 年，我国国家级城市群总计 11 个：京津冀、长三角、粤港澳大湾区、成渝、长江中游、中原、哈长（哈尔滨-长春）、北部湾、关中平原、呼包鄂榆（呼和浩特-包头-鄂尔多斯-榆林）、兰西（兰州-西宁）。我们收集了 2010—2020 年中国 287 个地级市及以上城市的相关数据，其中，156 个城市隶属于上述 11 个城市群。用于平衡面板数据，总计 3 157 个观测样本。解释变量来源于各地级市政府官网所公开的政策信息，并从《中国城市统计年鉴》《中国区域经济统计年鉴》和《中国环境统计年鉴》收集被解释变量和控制变量。

（二）城市韧性测度

城市韧性是由经济、社会、环境生态、制度、基础建设等子系统相互组合的多元复杂结构，作为一种衡量城市系统面对压力、威胁和变化时的能力概念，目前我国还没有公认的城市韧性评价综合指标，在围绕城市韧性进行相关定量研究的基础上，我们构建了一套城市韧性的综合评价指标并采用综合赋权法对城市韧性的各项指标进行综合赋值。其中包含经济韧性、社会韧性、物理韧性、生态韧性、制度韧性共 5 个一级指标，每个一级指标包括 4 个二级指标，如表 5-1-1 所示。

表 5-1-1　城市韧性综合评价指标体系

一级指标	二级指标	指标解释
经济韧性 （0.219 5）	经济基础	人均 GDP
	产业结构	第三产业产值占第二产业产值的比重
	发展活力	城镇居民人均可支配收入
	消费潜力	人均社会消费品零售总额

续 表

一级指标	二级指标	指标解释
社会韧性 (0.183 7)	人力资本	每万人普通高等学校在校学生数
	文化底蕴	每万人公共图书馆藏书量
	医疗设备	每万人医院床位数
	医疗队伍	每万人执业医师人数
物理韧性 (0.261 9)	交通设施	人均道路面积
	水网设施	建成区平均供水、排水管道密度
	网络普及	每万人拥有互联网用户数
	资源供给	人均供水综合生产能力
生态韧性 (0.120 4)	绿化水平	建成区绿化覆盖率
	保育水平	人均绿地面积
	污染治理	废物平均处理利用率①
	空气质量	$PM_{2.5}$ 平均浓度
制度韧性 (0.214 5)	财政自给	财政收入占财政支出的比重
	社会保障	失业保险参与率
	科教重视	人均教育与科技财政支出
	市政维护	人均市政公用设施建设投资

采用主观赋权法与客观赋权法相结合的综合赋权法来确定各城市韧性指标的权重,并在此基础上测度最终的城市韧性指数,该方法在面对多属性问题的测量上更加客观有效。首先,根据指标的正负方向,使用不同的算法对其进行归一化处理,以统一各指标的计量单位,把指标的绝对值转化为相对值,解决异质指标的同质化问题。其次,主观赋权使用层次分析法(AHP),客观赋权使用熵权法(EWM),分别测算出主观权重与客观权重。再次,进行等权重加权平均得出综合权重,以兼顾专家经验知识的理性判断与数据信息分布的价值判断,以确保赋权效果。最后,将各指标的归一化数值分别与对应的综合权重相乘并进行累加求和,并放大 100 倍以优化展示效果。城市韧性指数的测度模型(1)如公式(5-1-1)所示:

$$RES_{it} = 100 \sum_{j=1}^{m} W_j x_{itj} \qquad (5-1-1)$$

---

① 即生活垃圾无害化处理率与污水处理厂集中处理率的均值。

其中，RES_{it} 为样本城市 i 第 t 期的城市韧性指数；W_j 为指标 j $(j=1, 2, \cdots, m)$ 的综合权重；x_{itj} 为归一化处理后的指标值。

（三）模型设定

为明确城市群政策实施对城市韧性的影响机制，我们将城市群政策的实施视为准自然实验，借鉴现有对于双重差分法（Difference in Differences，后文简称 DID）的相关研究，基准 DID 回归模型定义如公式（5-1-2）：

$$Resilience_{i, t} = \beta_0 + \beta_1 treat_{i, t} * policy_{i, t} + \lambda * control_{i, t}$$
$$+ \gamma_i + \delta_t + \varepsilon_{i, t} \qquad (5-1-2)$$

根据城市是否实施城市群政策将其划分为处理组和控制组。式中 β_0 为常数变量，β_1 表示为反映城市群政策对城市韧性影响的关键 DID 变量，i 和 t 分别代表城市和年份，被解释变量 $Resilience_{i, t}$ 表示城市韧性值。$treat_{i, t}$ 表示城市的虚拟变量，其中处理组的城市的值为 1，控制组的城市的值为 0；$policy_{i, t}$ 表示当年的虚拟变量，如果该城市当年实施了城市群政策其值为 1，否则为 0；$treat_{i, t} * policy_{i, t}$ 表示城市与年份变量的交互项；$control_{i, t}$ 为设置的控制变量；城市固定效应 γ_i 和年份固定效应 δ_t 解释了城市和年份对于城市韧性的影响情况，其中 $\varepsilon_{i, t}$ 为随机误差项。

根据假设 H2 和假设 H3，城市群政策的实施可以通过产业结构升级和贸易开放来提高城市韧性。在前文论述的相关研究的基础上，采用逐步回归分析法评估产业结构升级和贸易开放的中介效应。第一步，构建公式（5-1-3）［同公式（5-1-2）］，以此验证城市群政策的实施对城市韧性的总效应情况：

$$Resilience_{i, t} = \beta_0 + \beta_1 treat_{i, t} * policy_{i, t} + \lambda * control_{i, t}$$
$$+ \gamma_i + \delta_t + \varepsilon_{i, t} \qquad (5-1-3)$$

式中 β_1 为解释变量的系数。

第二步，根据公式（5-1-4）进行建模，以此验证假设的城市群政策中介变量的影响情况：

$$Medvariable_{i, t} = \theta_0 + \theta_1 treat_{i, t} * policy_{i, t} + \lambda * control_{i, t}$$
$$+ \gamma_i + \delta_t + \varepsilon_{i, t} \qquad (5-1-4)$$

式中 $Medvariable_{i,t}$ 表示产业结构升级和贸易开放情况的中介变量，θ_1 为中介变量系数。

第三步，根据公式（5-1-5）将城市韧性、城市群政策和中介变量共同纳入回归模型中，以检验中介变量产生的影响情况：

$$Resilience_{i,t} = \varphi_0 + \varphi_1 treat_{i,t} * policy_{i,t} + \varphi_2 Medvariable_{i,t}$$
$$+ \lambda * control_{i,t} + \gamma_i + \delta_t + \varepsilon_{i,t} \qquad (5-1-5)$$

式中 φ_2 为中介变量系数。因此推断，如果 β_1、θ_1 和 φ_2 都显著，那么假设的中介效应就会发生。

（四）变量选择

（1）被解释变量：城市韧性。通过构建的城市韧性综合评价指标所测度的数值进行衡量。

（2）解释变量：城市群政策。通过城市群政策的实施与否进行衡量，根据前文公式（5-1-2）中设定的虚拟变量交互项"$treat * policy$"（其中，$policy$ 指代城市群政策），如果样本城市属于城市群政策实施城市，那么"$treat$"虚拟变量赋值为1，否则为0。我们的研究范围为 2010—2020 年实施的城市群政策，因此"$policy$"虚拟变量在样本城市实施城市群政策之前赋值为0，在样本城市实施城市群政策后赋值为1，最终收集样本共包含 287 个城市，其中 156 个城市在城市群政策实施范围内。

（3）中介变量：产业结构升级和贸易开放。假设 H2 和假设 H3 认为城市群政策可以通过产业结构升级和贸易开放对城市韧性产生正向显著影响。衡量国家或省份贸易开放程度的指标有很多，如进出口总额占 GDP 的比重、外商直接投资占 GDP 的比重等，但是收集我国地级市及以上城市的该类数据相对困难，因此，选择采用地区实际利用外资占 GDP 的比重来衡量城市的贸易开放程度。在产业结构方面，第三产业具有现代化和高附加值特点，第三产业在产业结构中所占比例的变化反映产业结构的演变情况，对我国高质量及可持续发展建设起到重要的影响作用，故采用第三产业产值占第二产业产值的比重来衡量城市的产业结构升级情况。

（4）控制变量：根据既有研究，为了尽可能提高测量的估计精度，并降低遗漏变量的偏误，需要纳入可能对城市韧性产生影响的相关因素。拟纳入相关控制变量分别为经济活力、金融发展、创新能力、对外开放、人口密度、城镇化水平和地理状况。具体来看，① 利用地区 GDP 增长率（%）来衡量城市经济活力；② 用金融机构存款占 GDP 的比重（%）来衡量城市金融发展水平；③ 用城市专利授权数量（个）来衡量地区的创新能力；④ 统计人均使用外资金额（元，取对数）来衡量城市对外开放水平；⑤ 计算每平方公里常住人口数量（人，取对数）来衡量城市的人口密度；⑥ 利用居住在城市地区人口数量占城市总人口数量的比重（%）来衡量城镇化水平；⑦ 以城市的地形起伏度来衡量城市的地理状况。表 5-1-2 列出了控制变量的描述统计分析结果。

表 5-1-2　相关变量描述性统计

变量	观测值	均值	中位数	标准差	最小值	最大值
城市韧性	3 157	35.445 3	32.144 0	17.715 4	3.432 8	94.963 4
城市群政策	3 157	0.249 0	0.000 0	0.432 5	0.000 0	1.000 0
经济活力	3 157	8.686 8	8.310 0	4.722 1	−20.630 0	109.000 0
金融发展	3 157	245.872 5	212.207 8	127.672 3	58.787 9	2 130.145 5
创新能力	3 157	7.190 9	7.088 4	1.678 3	1.791 8	12.312 3
对外开放	3 157	5.729 2	5.929 2	1.701 9	−1.976 2	9.462 2
人口密度	3 157	5.759 0	5.802 3	0.976 5	1.901 7	8.941 7
城镇化水平	3 157	54.589 3	52.750 0	15.260 1	18.060 0	100.000 0
地理状况	3 157	0.701 7	0.369 8	0.813 1	0.001 3	5.790 8

三、实证分析

（一）平行趋势假设检验

平行趋势假设是 DID 正确识别因果效应的关键前提，即处理组个体与控制组个体在政策实施前不存在差异，并具有相同的时间变动趋势。为检验公式（5-1-2）是否满足提出的研究假设，参考相关研究基于事件研究法（ESA）[①]，构建平行趋势检

---

① 黄炜，张子尧，刘安然.从双重差分法到事件研究法[J].产业经济评论，2022（2）：17-36.

验模型如公式(5-1-6)：

$$Y_{it} = \theta_0 + \sum_{j=-8}^{j=-1} \theta_j \, treat_{it} * policy_{itj} + \sum_{j=0}^{j=5} \theta_j \, treat_{it} *$$

$$policy_{itj} + \lambda * control_{it} + \gamma_i + \delta_t + \varepsilon_{it} \qquad (5-1-6)$$

其中，样本期内城市群政策实施的时间基本设定为 2010—2020 年，我们将政策实施的时间虚拟变量分解为政策实施前 8 年、政策实施当年与政策实施后 5 年共计 14 个相对时期。为避免多重共线性，将政策实施前 8 年作为估计结果比较的基期。若 i 城市在 2010—2020 年进入了某城市群，j 表示距离进入该城市群的年数，若 t 年是其进入该城市群之前或之后的第 j 年，此时 $policy_{itj}$ 取值为 1，否则取值为 0。那么，政策实施前的 θ_j 就意味着样本的处理组个体与控制组个体之间存在固有差异，若这种差异在各个时期内都没有发生结构性变化，则在一定程度上可认为研究设定的平行趋势假设的成立。根据公式(5-1-6)的估计结果，绘制 $treat_{it} * policy_{itj}$ 系数的时间趋势图如图 5-1-1 所示。

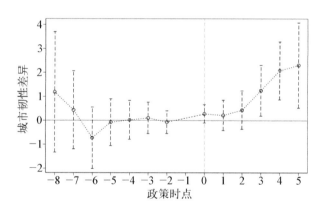

图 5-1-1 平行趋势检验结果

图 5-1-1 展现了系数的估计值与 95% 置信区间，横轴表示了政策实施的之前或之后的年份 j。在城市群政策实施前，系数波动幅度较小，趋势平稳，其 95% 的置信区间都包含 0，表明在 5% 的显著性水平上，不能拒绝处理组和控制组存在模式的假设。然而，在城市群政策实施之后，存在部分年份的系数在 95% 置信区间不包含 0，系数在 5% 的显著性水平上为正且存在短期的增长趋势，该结果意味着城市群政策对城市韧性存在积极效应的可能性，后续还需要更加严谨的稳健性检验。

（二）基准 DID 检验

采取逐步回归法的思路，根据前文建立的公式（5-1-3）至（5-1-5）的逐步回归模型对数据进行回归分析，表5-1-3呈现基准 DID 模型的回归结果。第（1）列仅包含解释变量；从第（2）列开始加入控制变量、城市固定效应和年份固定效应，其中第（2）列纳入经济活力、金融发展、创新能力等6个控制变量；第（3）列与第（4）列分别在回归模型中纳入城市固定效应和年份固定效应；最后在第（5）列中将所有因素都纳入回归模型中进行分析。可以发现：当控制了干扰因素后，第（2）列中城市群政策呈现的系数在 1% 的水平上显著为正；同样，当单独纳入了城市固定效应，第（3）列中城市群政策的系统仍然在 1% 的水平上显著。为进一步探究影响因素，在模型（4）的基础上再次加入了城市固定效应，城市群政策的系数在 10% 的水平上显著为正。整体分析5个模型，随着干扰因素的逐步纳入，城市群政策的系数总体上出现逐渐缩小的趋势，表明估计结果在一定程度上具有稳健性。

表 5-1-3　基准 DID 模型回归结果

变量	城市韧性				
	（1）	（2）	（3）	（4）	（5）
城市群政策	11.53***	1.925***	4.890***	−0.557	0.763*
	(1.169)	(0.704)	(0.433)	(0.928)	(0.420)
经济活力		−0.221***	−0.322***	−0.000 357	0.046 8
		(0.051 6)	(0.078 5)	(0.079 9)	(0.029 8)
金融发展		0.019 0***	0.005 99**	0.018 4***	−0.007 27**
		(0.003 62)	(0.002 41)	(0.003 73)	(0.002 93)
创新能力		3.022***	2.444***	2.674***	0.016 2
		(0.413)	(0.375)	(0.424)	(0.175)
对外开放		1.450***	0.041 0	1.710***	0.329***
		(0.248)	(0.142)	(0.267)	(0.097 1)
人口密度		−1.321*	7.021	−0.965	−9.491**
		(0.742)	(6.040)	(0.747)	(4.658)
城镇化水平		0.627***	0.420***	0.611***	0.080 3**
		(0.044 2)	(0.045 8)	(0.044 4)	(0.037 4)
常数项	32.58***	−25.38***	−47.07	−26.52***	84.67***
	(0.919)	(3.877)	(34.91)	(3.962)	(27.24)

续　表

变量	城市韧性				
	(1)	(2)	(3)	(4)	(5)
城市固定效应	否	否	是	否	是
年份固定效应	否	否	否	是	是
N	3 157	3 157	3 157	3 157	3 157
R^2	0.079	0.776	0.948	0.785	0.972

注：***、**、*分别表示在1%、5%、10%的水平上显著，括号内为聚类在城市层面的稳健标准误。限于篇幅，未展示地理状况与年份的交互项。下文各表中控制变量与双向固定效应皆已控制。

第(5)列是我们所采纳的最终模型，解释变量城市群政策的系数为0.763，达到10%的显著性水平。可以判断在有效控制了影响城市韧性的干扰因素后，相比于控制组，处理组的城市韧性在一定程度上有所提升，假设H1成立，如表5-1-2所示，城市韧性的均值为35.45，可以进一步推断城市群政策的实施对城市韧性的年平均效应为2.15%。尽管在先前的模型中，在有效控制相关干扰因素后，年份固定效应的纳入使得城市群的系数出现不显著的情况，但最终模型呈现的系数结果在一定程度上为显著正向，为城市群政策影响城市韧性的假设提供了有力支持。

四、稳健性检验

(一) 安慰剂检验

我们采用了安慰剂检验以确保基准DID回归的估计结果的稳健性。根据城市群政策的实施情况，随机抽取了156个城市作为处理组，而后随机选择一个年份作为该处理组的处理时间，进行DID回归分析，实现处理城市和处理时间的双重随机性，最后对产生的虚构核心解释变量——城市群政策进行DID结果估计，该过程共计重复了500次，具体安慰剂检验结果如图5-1-2显示。

在图5-1-2中描绘了虚构变量系数的概率密度及对应的P值，其中竖线代表基准DID回归估计结果系数(0.763)，横线代表10%的显著性水平。安慰剂检验结果显示虚构效应高度集中于0附近，同时绝大部分估计值的P值也都大于0.1，表明虚构变量对城市韧性的估计结果并不具有统计显著性，证明了随

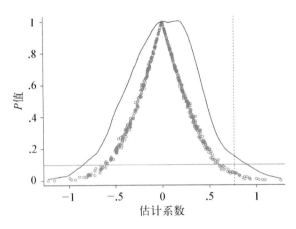

图 5-1-2　安慰剂检验结果

机因素或遗漏变量不影响回归结果，安慰剂检验的结果有效证明了基准 DID 回归分析法的稳健性及可靠性。

（二）排除干扰政策

除城市群政策以外，城市韧性还可能受到同期实施的其他政策的影响，为保证基准 DID 回归分析的估计结果是一个净效应，剔除了同期（2010—2020 年）颁布的其他可能存在影响的相关政策。这些政策主要有：其一，智慧城市政策，该政策概念自 2008 年提出，2012 年正式启动试点，通过数字技术手段帮助城市更加互联、高效、智能，驱动城市进行整体性结构变革带动区域协调发展，城市系统可能会因智慧城市的构建对城市韧性产生一定影响[①]；其二，海绵城市政策，根据我国存在的水情特征和水问题，于 2014 年提出相关政策并于 2015 年开展试点，以解决水生态相关危机问题，因此海绵城市政策的实施可能从生态环境层面对城市韧性造成影响；其三，国家创新型城市政策，城市创新政策的实施可以吸引人才聚集及促进创新成果产出以提升城市竞争力，在一定程度上促进城市韧性提升[②]。因此，我们评估了智慧城市、海绵城市和国家创新型城市三种类型的政策效果，结果如表 5-1-4 所示：

---

① 武永超.智慧城市建设能够提升城市韧性吗？——一项准自然实验[J].公共行政评论，2021（4）：25-44，196.

② 常哲仁，韩峰，钟李隽仁.创新试点政策能够提高城市经济韧性吗？——来自准自然实验的证据[J].经济问题，2023（4）：105-112.

表 5－1－4　排除干扰性政策估计结果

变量	城市韧性		
	（1）智慧城市	（2）海绵城市	（3）国家创新型城市
城市群政策	0.698*	0.751*	0.735*
	(0.419)	(0.419)	(0.415)
干扰性政策	0.971**	1.116	2.241***
	(0.442)	(0.894)	(0.765)
常数项	85.37***	91.10***	85.33***
	(27.26)	(26.93)	(26.98)
N	3 157	3 157	3 157
R^2	0.972	0.972	0.972

注：***、**、*分别表示在1%、5%、10%的水平上显著，括号内为聚类在城市层面的稳健标准误。

表 5－1－4 展现了排除干扰性政策的估计结果，除海绵城市政策外，其余两项"干扰"政策均对城市韧性产生了较为显著的积极效应。根据城市群政策系数来看，各列城市群政策对城市韧性的效应均保持一定程度的正向显著水平，与基准DID回归估计结果相比差异较小，其结果具有一定稳健性，表明这些同期政策并未对城市群政策的实施造成干扰影响，城市群政策对于城市韧性的影响保持积极效应。

（三）替换被解释变量

为进一步检验基准 DID 回归估计分析的稳健性，防止对城市韧性评价指标体系的权重判定因主观性判断出现误差，从而影响城市韧性测度的有效性及科学性，我们尝试替换被解释变量，分别采用熵权法、层次分析法、均权法和因子分析法对城市韧性的评价指标体系的权重进行判定，替换被解释变量的估计结果如表 5－1－5 所示。

表 5－1－5　替换被解释变量估计结果

变量	城市韧性			
	（1）熵权法	（2）层次分析法	（3）均权法	（4）因子分析
城市群政策	0.627	0.900**	0.869**	3.164**
	(0.419)	(0.443)	(0.395)	(1.318)

续　表

变量	城市韧性			
	（1）熵权法	（2）层次分析法	（3）均权法	（4）因子分析
常数项	59.41**	109.9***	104.2***	41.17
	(26.66)	(28.65)	(24.55)	(78.62)
N	3 157	3 157	3 157	3 157
R^2	0.973	0.969	0.971	0.974

注：***、**分别表示在1%、5%的水平上显著，括号内为聚类在城市层面的稳健标准误。

根据表5-1-5的估计结果，可以发现除熵权法产生的城市群政策的估计系数为正向不显著外，其余方法对于城市韧性指数进行测度，产生的城市群政策估计系数皆为正向显著，该结果很大程度上支持了综合赋权法的合理性。

（四）异质性分析

基于国家统计局的分类标准，将所有287个样本城市划分为东部、中部、北部、东北部四个地区，以检验区域异质性的影响，其DID回归分析结果如表5-1-6所示：

表5-1-6　地区水平的异质性检验结果

变量	城市韧性			
	（1）东部地区	（2）中部地区	（3）北部地区	（4）东北部地区
城市群政策	0.065 4**	0.015 3**	0.018 7	0.016 7
	(0.034 7)	(0.006 4)	(0.013 4)	(0.014 3)
常数项	0.097 6**	0.045 0***	0.047 6**	0.035 2**
	(0.038 7)	(0.002 72)	(0.003 77)	(0.017 6)
N	866	876	1 021	365
R^2	0.070	0.103	0.087	0.065
城市固定效应	是	是	是	是
年份固定效应	是	是	是	是

注：***、**分别表示在1%、5%的水平上显著，括号内为聚类在城市层面的稳健标准误。

根据表5-1-6的检验结果，四个地区的城市群政策的估计系数均为正值。

然而,只有东部地区和中部地区的结果在5%的水平上产生显著影响,而北部地区和东北部地区的估计结果并不显著。北部地区和东北部地区的城市群分别包含哈长城市群(哈尔滨-长春)、呼包鄂榆城市群(呼和浩特-包头-鄂尔多斯-榆林)和兰西城市群(兰州-西宁)。与东部、中部地区存在差异,一方面,从城市群发展的时间维度上看,国务院关于呼包鄂榆城市群和兰西城市群发展规划的批复时间为2018年,立项推进的时间较晚于其他城市群。另一方面,从地区发展维度来看,我国东北部地区存在城市收缩现象,人口流失率高,由于地区产业结构重型化、产业转型困难使得区域资源集聚受到制约、经济发展较为迟缓。因此,区域异质性因素在较大程度上影响了城市群政策对城市韧性的积极作用。

(五) 机制分析

根据前文的实证分析,研究发现城市群政策对城市韧性产生积极显著的影响,为进一步探究城市群政策对城市韧性的作用机制,基于逐步回归分析模型对贸易开放和产业结构升级的中介效应依次进行检验,其回归结果如表5-1-7所示:

表5-1-7 城市群政策的中介效应

变量	城市韧性			
	(1)	(2)	(3)	(4)
城市群政策	0.026 5**	0.018 7**	0.007 6**	0.012 2**
	(0.013 5)	(0.009 3)	(0.003 4)	(0.008 7)
产业结构升级		0.032 6**		
		(0.019 8)		
贸易开放				0.065 4**
				(0.043 6)
常数项	0.026 4**	0.064 6**	0.058 3**	0.048 9**
	(0.013 4)	(0.031 8)	(0.021 5)	(0.021 4)
N	3 157	3 157	3 157	3 157
R^2	0.087	0.089	0.032	0.054
城市固定效应	是	是	是	是
年份固定效应	是	是	是	是

注: ** 表示在5%的水平上显著,括号内为聚类在城市层面的稳健标准误。

从表 5-1-7 展现的估计结果来看，第（1）列和第（2）列表示产业结构升级的中介效应，第（3）列和第（4）列表示贸易开放的中介效应，被解释变量城市韧性的估计系数均在 5% 的水平上显著为正。中介效应的回归估计结果表明，城市群政策的实施在一定程度上可以通过产业结构升级和贸易开放两种机制对城市韧性产生正向且积极显著的影响。同时，为进一步确保中介效应的有效性，对产业结构升级和贸易开放两个中介效应都进行了 Sobel 检验和 Bootstrap 检验，其检验结果显著有效，对结果的稳健性提供了有力支持。因此，以上结果证实了假设 H2 和假设 H3 的成立。

五、小结

随着我国区域协调发展战略进程的深入推进，城市群政策的布局及实施对中国经济社会的发展产生了重要影响，然而城市群政策对城市韧性的影响机制的相关研究尚需深入探究。本节基于 2010 年至 2020 年的城市数据，通过构建城市群政策对城市韧性的分析框架，采用综合赋权法对城市韧性进行综合评价，基于我国 287 个地级市及以上城市的数据样本进行实证分析，利用基准 DID 回归模型分析了二者之间的因果关系与作用机制，并分别采用安慰剂检验、排除干扰政策、替换被解释变量、异质性分析等检验方法验证结果的稳健性。

以上研究发现：其一，城市群政策对城市韧性的影响积极显著。对影响城市韧性的主要相关因素进行有效控制后，城市群政策的实施对城市韧性的年平均效应为 2.15%。其二，城市群政策对城市韧性的影响存在明显的区域异质性。将样本城市划分为四个地区进行回归分析，其估计结果并不完全显著，在我国东部和中部地区，城市群政策对城市韧性的影响为正向显著性，而在我国西部和东北部地区这种影响并不显著。其三，城市群政策可以通过产业结构升级和贸易开放的中介效应提升城市韧性。机制分析结果表明，除直接作用于城市韧性外，城市群政策可以通过产业结构升级和贸易开放对城市韧性产生积极显著的影响。

以上研究结果为我国城市韧性的建设提供了相应的政策启示。首先，政府应更加注重区域发展的合作与协调，积极缩小我国城市群内部和城市群之间的地区差异。基于城市群政策的实施情况，需要增加对人力、财力、物力等生产要素的投入，同时注重提升基础设施、生态环境以及制度法规等方面的规划建设，进行城市间的整体性发展以减少城市群内部和城市群之间的发展差异,促进区域协调建设实现城市的可持续及高质量发展。其次,政府应根据所在城市群的产业定位,制定不断优化产业结构的相关政策,并结合城市资源禀赋提升对外开放水平和力度。从城市群政策形成的内在机制和外在机制来看,一方面,政府应紧密衔接城市经济的发展情况,对城市的产业结构进行规划升级,提高第三产业在城市经济中的占比,构建多元化经济基础以创造更多的资源和市场机会。另一方面,政府可以通过扩大贸易开放渠道,增加城市经济多样性,获取更为广泛、丰富的市场及资源,并提倡创新以提高城市竞争力,支持城市实现高质量发展;进一步增强城市的韧性建设以适应不断变化的内外部环境,确保城市在长期建设过程中实现可持续发展。最后,为加强城市韧性建设,政府应重视组合型政策的规划和实施。为实现城市的高质量及可持续发展,政府在同一时期应制定并实施不同的发展政策,尽管部分政策对城市韧性产生积极显著的影响,但也可能存在与其他政策相冲突,从而抑制特定政策对城市发展的影响作用的情况。因此,学界可以更多关注如何协调整合同期实施政策,最大程度提高实施政策对城市可持续发展的影响,这将有助于更好地理解政策间的相互作用,为城市政策的制定及执行提供更加科学有效的指导和规划。

第二节　地方政府注意力配置
对城市韧性的影响

近年来,随着对提升城市韧性治理能力的重视,以及城市发展方式的加快转变,从中央到地方政府都在积极推进韧性城市建设,并进行了广泛的探索与实践。例如,上海市在"十四五"规划中强调了安全韧性城市建设的重要性;北京市则提出了到 2025 年建立韧性城市标准体系的目标。这些举措表明,在实现建设韧性城市这一国家战略目标的过程中,地方政府扮演着至关重要的角色。地方政府对城市韧性治理的影响,主要体现在其如何在多重目标的驱动下,进行有限注意力资源的动态分配和权衡。然而,当城市韧性治理在面对风险和挑战时遭遇困难,问题往往被归咎于地方政府治理效率不足、职能分散,以及资源分配不均等问题。在这种背景下,地方政府的行为及其在城市韧性治理过程中所面临的挑战,已经引起了学术界的广泛关注和深入研究①。目前学术界在城市韧性的研究上，主要集中在探讨其发展模式、评估方法和影响要素等方面，较少从政府注意力的角度来分析其对城市韧性的影响。在我国，政府的注意力在政策议程中扮演着核心角色。面对众多目标的制约和有限的注意力资源，地方政府必须确定治理的优先级，并有效地分配资源，以提升公共治理的效率。此外，由于城市应急管理的复杂性和不断变化的特点，治理过程中不可避免地会出现目标冲突和议程竞争。在这种情况下，地方政府合理配置注意力，对于提高城市韧性治理的质量和效率至关重要。因此，从注意力配置的角度来分析地方政府的行为，有助于我们更深刻地理解地方政府推动城市韧性治理的作用机制和影响路径。

相较于已有文献，本研究的边际贡献主要体现在以下三个方面。首先，从分析框架的角度来看，尽管现有研究已经深入探讨了政府注意力与政策演变之间的联系，但它们往往忽略了地方政府注意力与城市应急管理之间的相互作用。本研究从注意力配置的角度出发，为理解地方政府如何影响城市韧性治理提供了新的视角。此外，目前关于城市韧性的研究多集中在构建评价指标体系上，缺少对韧性城市本身的实证研究。本研究探讨了地方政府注意力配置对城市韧性治理的具体影响，为城市韧性作为一个整体系统的实证研究奠定了基础。其次，在研究方法上，本研究采用了来自三大主要城市群的 48 个城市的面板数据，实证分析了地方政府注意力配置在城市韧性治理中的作用，并深入探讨了区域差异性。这不仅为理解地方政府在政策制定过程中注意力配置提供了新的洞见，也有助于揭示实现城市韧性治理的具体途径。最后，在实践层面，本研究着重于如何将地方政府的注意力配置转化为有效的治理实践。这不仅拓宽了政策科学领域中对注意力配置的研究范围，而且为构建城市韧性治理的驱动机制提供了有益的经验参考。

一、文献回顾与假设提出

（一）地方政府注意力配置与城市韧性治理

注意力配置理论从决策者的偏好出发，阐释了政策选择的过程。在资源有

---

① 易承志，黄子琪.风险情境下城市韧性治理的逻辑与进路——一个系统的分析框架[J].理论探讨，2023(1)：78-86.

限的情况下,注意力的分配方式对地方政府的治理行为和绩效有着直接的影响。由于政府注意力是一种稀缺资源,地方政府在处理多重治理目标时,必须在不同议题之间做出权衡,这导致了注意力分配上的竞争和挤压现象。在一定程度上,政府的注意力配置受到政绩驱动的激励,即为了实现政绩最大化,政府倾向于在特定的公共治理领域集中行政资源,以更有效地达成考核目标。因此,在多目标治理体系中,那些被认为优先级更高的议题往往会获得更多的资源配置。

面对系统性风险的挑战,城市公共安全治理尤为重要,而城市韧性治理的实现同样依赖于政府的注意力配置。随着社会风险特性的日益显现,城市公共安全治理的问题也日益突出,地方政府的注意力配置对城市韧性治理的路径产生了重要影响。因此,考察地方政府在城市韧性治理中的注意力配置变得尤为关键。由于城市韧性治理具有非营利性,地方政府的重视有助于相关政策的制定和执行。从整体性视角来看,地方政府层面的安全注意力增强可以提高资源使用效率,优化韧性治理的资源配置,促进城市韧性治理资源的整合与协调。基于这些分析,我们可以提出以下理论假设:

H1:地方政府安全注意力对城市韧性治理产生促进作用。

(二)财政资源对城市韧性治理的影响路径

地方政府在注意力配置上的决策,会在一定程度上引起议程的重新设定和治理资源的配置,从而直接影响到财政资源的分配方式。具体来说,地方政府通过调整财政资源,对城市基础设施建设和公共服务供给进行优化。有效的财政投入不仅依赖于地方政府的财政收入能力,还与其财政收支结构紧密相关。因此,健康的财政资源状况,被认为是影响城市韧性治理的关键因素。

理论上,地方政府拥有一定的财政自主权,能够根据各自的比较优势,调整和优化财政收支结构。然而,实际经验显示,一些地方政府的财政支出结构仍存在效率不高和失衡的问题。研究指出,为了追求经济收益的最大化,地方政府往往偏向于将财政资源投入到产业建设和房地产开发等能够带来直接经济回报的领域。在经济增长作为地方政府竞争的主要手段的背景下,城市应急管理和韧性建设可能会面临资源的挤出效应。由于城市韧性建设需要长期且持续的治理成本投入,财政资源较为充足的城市在推动城市韧性治理方面可能展现出更强的持续性和稳定性。基于此,我们可以提出以下假设:

H2：财政资源对城市韧性治理具有显著的正向影响。

H3：财政资源对地方政府安全注意力带来的城市韧性治理促进作用存在中介效应。

二、研究设计

（一）数据来源

研究选取了 2010—2019 年间，我国三大主要城市群——长三角、京津冀和珠三角的 48 个城市作为研究样本。城市的社会经济数据主要来源于《中国城市统计年鉴》的同期数据，同时辅以各省市统计年鉴以及《（各地级市）国民经济和社会发展统计公报》中的相关数据。对于数据中的少量缺失部分，采用前后两年数据的均值，通过插值法进行补充。此外，关于地方政府在安全领域的注意力数据，则是通过分析各市级人民政府官方网站上发布的政府工作报告来获取的。

（二）变量选择

1. 被解释变量

城市韧性治理效率。城市在应对外部冲击时的恢复力和适应力是城市韧性治理的核心。为了准确评估城市在应急管理中的韧性水平，单一指标的测量方法显然不足。因此，本研究采用了构建综合评价指标体系的方法来衡量和计算城市韧性治理的效率。具体来说，我们借鉴了现有研究，并遵循了构建指标体系时的层次性、科学性和系统性原则。基于城市韧性的深层含义，我们从经济、环境、社会和科技 4 个关键维度出发，精心挑选了 14 个具有代表性的评价指标。这些指标全面覆盖了城市韧性治理的各个方面，为我们提供了一个多维度、科学的评估工具，以更准确地测量城市在面对挑战时的治理效率。

城市经济的韧性体现在其面对外部风险和变化时的稳定性、应对速度和适应能力。无论是在城市规划还是应急管理中，一个稳健的经济环境对于韧性治理至关重要。因此，我们选择了以下 5 个二级指标来衡量城市经济的恢复力和调节能力：人均 GDP、城镇居民人均可支配收入、人均社会消费品零售总额、固定资产投资占 GDP 的比重,以及人均一般公共预算收入。

城市环境的韧性则体现在其生态系统在面对资源压力和环境问题时的自我调节能力。提高环境治理的效率,可以增强城市的生态抵抗力。基于此,我们选择了污水处理率和生活垃圾处理率作为衡量环境韧性的指标。社会韧性则关注城市社会系统在非常态风险防控状态下的承载能力,一个完善的社会系统能够在危机时刻保障基本的公共服务。因此,我们选取了医院床位数、医生数量、失业保险参保人数、教育财政支出和公共图书馆藏量这 5 个指标来评估社会韧性。科技韧性则是指城市利用信息技术来应对环境变化和经济冲击,推动城市安全治理的现代化和科学化。科技的赋能可以提高城市治理的精准度和规范性,实现更敏捷的治理。我们选择了科技财政支出和专利数量这 2 个指标来衡量科技韧性。在评价方法上,我们考虑了层次分析法、德尔菲法和熵值法等常见的权重确定方法。鉴于层次分析法和德尔菲法依赖于主观赋权,我们最终选择了基于客观赋权的熵值法来计算权重,以构建一个更为精确的城市韧性指标体系。这种方法能够更客观地反映各项指标在城市韧性中的重要性。

2. 核心解释变量

地方政府安全注意力。地方政府在安全领域的关注程度对于城市治理至关重要。通过深入分析政府工作报告,我们可以更好地理解地方政府在不同阶段的工作重点和优先事项。为了量化这种安全注意力,我们计划采用深度学习技术和词向量模型相结合的方法。我们将利用地方政府的文本数据库,以城市韧性的不同类型为分类依据,构建一个包含安全议题关键词的词表。通过对2010—2019 年间地方政府工作报告中这些关键词的出现频率进行统计分析,可以对地方政府在安全议题上的关注度进行量化。具体来说,将统计样本中各地方政府工作报告提及安全议题关键词的次数,并计算这些词频在报告中的比重。比重越高,表明地方政府对安全议题的关注度越强。这种方法不仅提高了测量的准确性,而且通过使用先进的数据分析技术,为我们提供了一种更为科学和客观地评估地方政府安全注意力的手段。

财政资源。财政资源作为城市公共服务供给的基本保障,是衡量地方政府参与城市治理能力的重要指标。参考相关研究,采用地方预算内财政结余与从地方预算内财政支出的关系比值测度财政资源,具体计算方式见公式(5-2-1):

$$\text{财政资源} = \frac{\text{地方预算内财政收入} - \text{地方预算内财政支出}}{\text{地方预算内财政支出}} \qquad (5-2-1)$$

3. 控制变量

基于现有文献的研究成果，为了降低由于变量缺失导致的估计偏误，在模型中纳入城市化水平、工业化程度、科技研发投入、居民收入和人口密度等因素作为控制变量，从而排除这些因素对城市韧性治理效率的影响。

(三) 模型设定

在基于熵值法测算京津冀、长三角和珠三角区域城市韧性治理效率的基础上，进一步对影响城市韧性治理效率的各个因素进行探讨。由于前文测算所得的城市韧性治理效率值属于截断数据，通过 OLS 模型获得的计量结果是有偏的。基于此，采用 Tobit 模型来对区域城市韧性治理效率的影响因素进行实证分析。构建的回归模型如下：

$$Uri_{it} = \alpha_0 + \alpha_1 Att_{it} + \alpha_2 City_{it} + \alpha_3 GDP_{it}$$
$$+ \alpha_4 Ind_{it} + \alpha_5 Pop_{it} + \alpha_6 Sci_{it} + \varepsilon_{it} \qquad (5-2-2)$$

式 (5-2-2) 所示为 Tobit 回归模型，其中 Uri 代表被解释变量城市韧性治理效率；Att 代表地方政府安全注意力变量；$City$ 代表城市化水平值；GDP 代表居民收入；Ind 代表工业化程度；Pop 代表人口密度；Sci 代表科技研发投入；ε 代表随机误差项。

同时，除了直接传导机制，为进一步探究影响城市韧性治理效率的潜在因素，根据前文分析，对财政资源是否为地方政府安全注意力与城市韧性治理效率值之间的中介变量进行检验。

三、实证分析

为验证地方政府的安全注意力对城市韧性治理效率的直接影响。通过实证分析，利用来自中国三大主要城市群的面板数据进行了基准回归分析，具体结果展示在表 5-2-1 中。在初步分析中，即不计入经济社会因素的情况下，表 5-2-1 的第(1)列结果表明，地方政府的安全注意力与城市韧性治理效率之间存在显著的正相关关系。进一步地,在控制了经济社会因素并引入固定效应之后,第(2)列和第(3)列的结果依然显示了地方政府安全注意力对城市韧性治理效率的正向影响,且这种影响在统计上依然显著。我们可以得出结论:地方政府的安全注意力对提升城市韧性治理效率具有显著的正面作用,从而验证了研究假设 H1。这一发现强调了地方政府在安全管理方面的注意力对于提高城市整体韧性治理效率的重要性。

表 5-2-1　基准回归结果

变量	(1)	(2)	(3)
政府安全注意力 Att	73.633***	25.105***	25.505***
	(1.329)	(0.893)	(0.893)
GDP		0.003	−0.001
		(0.011)	(0.012)
工业化程度 Ind		−0.001*	−0.001
		(0.001)	(0.006)
科技研发投入 Sci		0.014***	0.014***
		(0.003)	(0.003)
城市化水平 City		0.005***	0.004***
		(0.001)	(0.001)
人口密度 Pop		0.001***	0.001***
		(0.001)	(0.001)
截距项 Con_	0.063***	−0.322***	−0.302**
	(0.169)	(0.124)	(0.125)
城市固定效应 City FE	否	否	是
时间固定效应 Time FE	否	否	是
样本量 N	480	480	480

注:括号内为标准误。* $p<0.10$,** $p<0.05$,*** $p<0.01$,下同。

　　为深入理解地方政府安全注意力如何影响城市韧性治理效率,本研究借鉴了温忠麟等人的研究成果[①],并采用了逐步回归方法。通过中介效应模型,检验了财政资源是否作为传导机制在这一影响过程中发挥作用,旨在为理论分析提供实证支持。表 5-2-2 展示了这一分析的结果。通过这种方法,能够观察到

———————

　　① 　温忠麟,叶宝娟.中介效应分析:方法和模型发展[J].心理科学进展,2014,22(5):731-745.

地方政府的安全注意力如何通过财政资源的配置间接地影响城市韧性治理效率。这种分析不仅揭示了地方政府安全注意力与城市韧性治理效率之间的内在联系，而且为理解财政资源在城市治理中的作用提供了新的视角。

表 5-2-2　中介效应分析

变量	Uri (1)	Fr (2)	Uri (3)
Att	25.505***	−6.19***	26.482***
	(0.893)	(0.147)	(0.833)
Fr			0.222***
			(0.012)
GDP	−0.001	0.122***	−0.024**
	(0.012)	(0.019)	(0.011)
Ind	−0.001	0.005***	−0.002***
	(0.006)	(0.001)	(0.001)
Sci	0.014***	0.007*	0.013***
	(0.003)	(0.004)	(0.003)
City	0.004***	0.004***	0.004***
	(0.001)	(0.001)	(0.001)
Pop	0.001***	0.001**	0.001***
	(0.001)	(0.000)	(0.000)
Con_	−0.302**	−2.265***	0.181
	(0.125)	(0.203)	(0.130)
City FE	是	是	是
Time FE	是	是	是
N	480	480	480

在表 5-2-2 中，我们通过模型(2)和模型(3)分别对假设 H2 和假设 H3 进行了检验，旨在探究地方政府的安全注意力是否通过财政资源这一途径影响城市韧性治理效率。模型(1)已经证实了地方政府安全注意力对城市韧性治理效率具有正面影响。

进一步分析显示，在模型(2)中，地方政府安全注意力与财政资源的关系呈现显著的负相关性。这表明，随着地方政府对安全议题的关注度提高，可能会导致财政支出的增加，特别是在城市韧性治理方面的投入。模型(3)在回归方程中加入了财政资源作为中介变量，结果显示财政资源对城市韧性治理效率有显著的正向影响。这表明财政资源作为城市发展的关键支持，能够有效提升城市在面对各种挑战时的治理能力。同时，模型(3)中地方政府安全注意力的系数依然保持显著正相关，这进一步证实了财政资源在地方政府安全注意力与城市韧性治理效率之间的中介作用。财政资源不仅是地方政府安全注意力转化为实际治理效果的桥梁，也是提升城市韧性治理效率的重要途径。综合表5-2-2中的机制检验结果，可以得出结论：财政资源在地方政府安全注意力与城市韧性治理效率之间起到了部分中介的作用，验证了假设 H2 和假设 H3。这一发现强调了在城市治理中合理配置财政资源的重要性，以及地方政府安全注意力在促进城市韧性方面的积极作用。

城市发展水平在不同区域之间存在显著差异。为了明确地方政府的安全注意力在不同城市群中对城市韧性治理效率的影响是否存在区域性差异，我们在基准回归分析的基础上进行了分区域的研究。表5-2-3展示了这一分区域研究的实证结果。

表 5 - 2 - 3　异 质 性 分 析

变量	京津冀	长三角	珠三角
Att	3.931	19.047***	−8.211
	(0.023)	(1.052)	(0.064)
GDP	−0.001	−0.039*	0.035
	(0.021)	(0.015)	(0.003 6)
Ind	0.004***	−0.001	0.007***
	(0.001)	(0.001)	(0.003)
Sci	0.124***	0.004	0.015**
	(0.008)	(0.003)	(0.007)
$City$	−0.033***	0.005*	0.004***
	(0.001)	(0.001)	(0.001)
Pop	0.001***	0.001***	0.001***
	(0.000)	(0.000)	(0.000)
$Con\_$	−2.855*	0.083	−1.037***
	(0.774)	(0.169)	(0.366)
City FE	是	是	是
Time FE	是	是	是
N	130	260	90

表5-2-3中的回归分析结果揭示了地方政府安全注意力对提升城市韧性治理效率的积极作用。特别是在长三角城市群中，地方政府的安全注意力对城市韧性治理效率的影响在1%的显著性水平上得到了验证，这进一步证实了地方政府安全注意力的重要性。然而，回归结果也指出了地方政府安全注意力对城市韧性治理效率影响的区域异质性。对于京津冀城市群，虽然地方政府安全注意力与城市韧性治理效率之间呈现出正相关的趋势，但这种关系并未通过统计显著性检验。这可能是因为京津冀城市群在政治定位和区域发展策略上的特殊性，导致其在城市韧性治理方面的注意力配置可能更侧重于首都经济圈的功能和产业布局。对于珠三角城市群，回归结果显示地方政府安全注意力的系数为负，并且这种关系在统计上不显著。这可能表明珠三角城市群在韧性治理方面已经达到了一定的成熟度，地方政府的安全注意力可能不是影响城市韧性治理效率的主要因素，或者存在其他因素影响着这一关系的表现。综上所述，地方政府安全注意力对城市韧性治理效率的影响因区域而异，这要求我们在制定和实施城市治理策略时，需要考虑到不同地区的特定情况和需求。

四、小结

以注意力配置理论为基础，通过分析中国三大主要城市群48个城市的面板数据，本节探讨了地方政府在城市韧性治理中的作用及其影响机制。研究结果揭示了地方政府安全注意力的提升对城市韧性治理效率有显著的正面影响，同时，财政资源作为中介变量，在地方政府安全注意力与城市韧性治理效率之间的传导作用得到了实证检验的确认。此外，异质性分析表明，不同区域间地方政府安全注意力对城市韧性治理的影响存在显著差异，这可能与城市的发展阶段、功能定位以及地方政府在资源配置上的偏好有关。特别是长三角城市群，地方政府的安全注意力对城市韧性治理的促进作用更为显著，这可能与该地区较高的经济发展水平和较为成熟的治理体系密切相关。这些发现不仅为理解地方政府在城市韧性治理中的角色提供了新的视角，也为制定区域差异化的城市治理策略提供了实证支持。

上述研究结论，为我国韧性城市建设提供了以下政策启示：首先，需要在政策层面进行战略统筹。当前，城市韧性治理在城市规划中往往被边缘化，地方政府在安全领域的注意力配置面临议程挤压。为了适应新型城市化战略，政策制定者应因地制宜，提高安全注意力配置的优先级，并构建制度化的赋能路径。通过制度供给，引导地方政府重视城市韧性治理，为地方政府安全注意力配置提供有效性与合法性依据，从而提升韧性城市建设的政策执行力。

其次，政策制定者应将安全注意力转化为具体的城市韧性治理行动。保障财政供给是提高城市韧性治理效率的关键。建议逐步增强地方财政自主权，统筹安排地方政府用于城市韧性治理的资源，确保财政资源在城市韧性治理进程中发挥其促进作用。同时，加强中央对地方政府财政资源配置的监督，引导地方政府优化资源配置，推动城市发展向现代化的稳健转型，构建城市韧性治理的长效机制。通过这些措施，可以有效地将地方政府的安全注意力转化为提升城市韧性的实际行动，为城市的可持续发展和有效应对各种挑战提供坚实的基础。

第六章

社区治理与社会韧性

社区作为城市的基本单元,不仅是居民日常生活的场所,更是社会治理和韧性建设的核心领域。社区治理的有效性直接关系到社区的适应性和恢复力,是社区韧性的关键。本章研究了社区层面的治理活动,进而讨论其对城市的社会韧性的影响。首先,从社区营造的角度出发,分析了社区社会网络的构建与社区治理、社会韧性之间的关系。社区营造通过促进居民参与、增强社区凝聚力,不仅提升了社区的自我组织、自我管理和自我服务的能力,也为社区提供了面对各种挑战时的强大的内部支持。其次,社区环境治理,作为社区治理的重要组成部分,直接影响着社区的生态环境和居民的生活质量,进而影响社区乃至城市的可持续发展和社会韧性,我们以生活垃圾分类政策执行的研究为例,为推动社区治理创新和韧性建设提供参考和启示,为理解社区治理与社会韧性之间的内在联系提供理论视角和实践案例。

第一节 社区营造、社会网络与社区韧性

一、社区营造在中国:落地与扎根

20世纪90年代我国推行住房市场化改革,"街区制"取代"单位制"成为城市社会基层治理的主要方式,使得城市社区管理成为重要的现实议题。党的十八大以后,社区治理代替社会管理成为新的国家政策话语。社区治理强调社区自主性发展,培育社区社会组织,达到社区善治。以社区营造为名,各地依据中央的精神在城乡社区开辟社区治理的试验田。社区营造是以政府诱导、民间自发、非政府组织帮扶三者的合力,促进社区自组织的活化,在这个过程中提升社

区的集体社会资本,实现社区自主治理与可持续发展①。近些年由一些非政府组织积极倡导,并实践的"社区主导型发展"项目,尽管在理念上力图给社区成员赋能,以使其成为社区发展的主体,从而通过社区居民的"参与式发展",实现社区的自我组织、自我管理和自我服务②。但是,从其效果来看,"社区主导型发展"项目实践都还谈不上成功,公共事务的治理效果也不理想。在不少社区居民眼中,"社区主导型发展"项目带来的,用于发展社区营造的资源,依然被视为"可分的私财"。有研究者通过实地案例描绘了一幅生动的图景:基层干部、社区精英、社区居民"合谋"争取"参与式发展"项目落地,一旦资金被落实后,社区精英和社区居民们开始"谈条件""打主意""分浮财"③。可见,社会营造的实践效果与实现社区永续的美好理想仍有较大差距。如何实现社区的自我组织、自我管理、自我服务,如何实现社区营造的永续发展,日渐引起学界的关注。

　　围绕"社区"议题,学者们从不同视角对这一问题进行了讨论和研究。追溯"社区"一词的起源,德国社会学家斐迪南・滕尼斯在 1887 年出版的代表作《共同体与社会》中首次指出"社区"的概念,指出社区共同体的关键是构建社区共有的精神,从而指明了社区永续发展中社区认同的分析维度。不同的学者从多个角度对社区永续发展的关键要素与影响因素进行了探讨,但在理论框架的构建上尚显不足,我们引入自组织治理理论和社会网络分析工具,通过案例比较分析和社会网络分析,探究社区网络结构对社区营造效果的影响,进一步分析社区营造中自组织有效运作的认同基础,以期为回答社区营造何以永续这一问题,提供一个理论导向的实证分析框架。

二、自组织治理视野下的社区营造

(一)应对"共有财"治理困境的自组织治理机制

　　"共有财"(Common-Pool Resources)概念最早由诺贝尔经济学奖得主奥斯

---

　　①　罗家德.社会网分析讲义(第二版)[M].2 版,北京:社会科学文献出版社,2010.

　　②　任中平.社区主导型发展与农村基层民主建设——四川嘉陵区 CDD 项目实施情况的调查与思考[J].政治学研究,2008(6):94-102.

　　③　郭占锋.走出参与式发展的"表象"——发展人类学视角下的国际发展项目[J].开放时代,2010(1):130-139.

特罗姆(Ostrom. E)提出,奥氏以"排他性"(exclusion)和"减损性"(subtractability)两项标准将资源划分为四种类型,分别为公共财、共有财、俱乐部财和私有财。共有财如公地、森林等,具有低排他性、高减损性[①],这正是哈丁提出的"公地悲剧"困境的根源所在:因为每个共有财使用者在分享资源时,很难将他人排除分享者之外,为了争夺更多的资源,人们会尽可能地使用共有财,这势必会造成资源系统的过度使用,走向枯竭。

面对共有财的治理的困境一般有两种解决方案:一是市场治理机制,即明确产权,将共有财私有化,建立产权机制;二是层级机制,即政府介入管制。然而,这两种解决方案都难以根本性地解决现实困境,对于市场治理机制,由于产权标的不明确,很难建立一套合理的产权治理机制;而层级治理机制会导致权力寻租等一系列问题。

面对这一问题,奥斯特罗姆从"共有财的治理何以可能"这一问题出发,在丰富的经验研究基础上,提出对于共有财治理的新思路,即在层级治理机制与市场治理机制之外,存在着"自组织"治理机制(self-organization governance)[②]。奥斯特罗姆的自组织治理机制提出以地方社区为单位,由资源使用者自定规章制度,自我管理、自主监督形成自组织。该机制强调一群人基于关系与自愿的原则主动地结合在一起,对于社区而言,社区治理面临着大大小小的"共有财"治理困境,奥氏提出的自组织治理缺乏公权力介入所能形成的强制力,需要社区成员自订规章制度、自主监督,以形成围绕"共有财"的合作性集体行动,因此面临的挑战也很明显。在这个过程中,社区认同扮演着重要的角色。

(二) 共有财的认同要素：社区认同与社区营造

在已有的相关研究中,对"共有财"本身的讨论非常有限,通常是把它当作一种客观存在的被治理对象。然而"共有财"对其利益涉及者(stakeholders)而言,并非天然的自在之物,而是存在着社会建构的过程[③]。而社区认同是"共有财"

---

① OSTROM E. Governing the commons: the evolution of institutions for collective action[M]. New York: Cambridge University Press, 1990.

② OSTROM E. Crafting institutions for self-governing irrigation systems[M]. San Francisco, CA: ICS Press, 1992.

③ BARNETT M L, KING A A. Good fences make good neighbors: a longitudinal analysis of an industry self-regulatory institution[J]. Academy of Management Journal, 2008(6).

建构过程的重要一环。奥斯特罗姆等学者指出，针对"共有财"的自组织治理，是要在利益相关者之间建立起"信任""声誉机制"和"互惠性"。在社区营造中，"共有财"的构建会让社区成员在一定条件下，有可能超越经济人的理性计算，与他人达成合作与互惠，从而实现对"共有财"的永续利用。

罗家德基于奥斯特罗姆的自组织治理模型，从微、中、宏观三个层次，构建了自组织治理运作机制分析架构[①]，如图6-1-1所示。

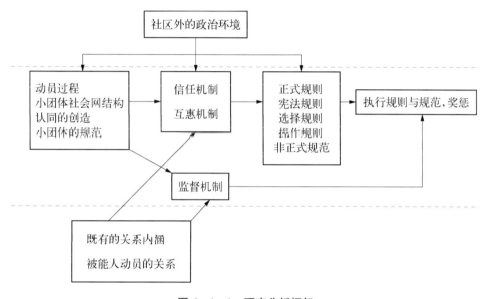

图6-1-1　研究分析框架

从中观层面可以看出：社会关系网络中以社会认同为基础进行自组织的动员，是自组织过程中非常重要的一环。

(三) 共有财的支撑要件

社会认同很难完全独立地发挥作用，它需要一些基础性结构的支撑，对此，李友梅提出了社会认同的三个支撑体系，即社会协作组织方式、社会福利系统、社会意义系统[②]。受此思路启发，我们提出社区认同的支撑要件为以下三个方

---

① 罗家德，李智超.乡村社区自组织治理的信任机制初探——以一个村民经济合作组织为例[J].管理世界，2012(10)：83-93,106.

② 李友梅.重塑社会认同与探索社会自我调适系统[J].探索与争鸣，2007(2)：11-13.

面：社区关系网络、社区集体福利的供给、社区价值愿景。无论是在已有理论的分析论述中，还是在生活实践中，这三个基础性方面对于社区认同的稳定化、永续社区的构建都具有十分重要的作用。

1. 社会关系网络

社会网研究的基本思想源头，可追溯至社会学家齐美尔关于"个体与社会"关系的相关表述，目前社会网研究已成为显学，成果遍布于诸多学科之中。社会网络分析为当代社会学研究提供了一套独具特色的关系主义方法论，既强调个体对于结构的能动性，又强调结构对个体行为的限制。社会网理论以"嵌入性"观点看待结构与行动，试图在结构与行动之间、个体与集体之间建立起联结的"桥"，正因为如此，被视为社会科学研究中的"第三条道路"。

社会认同的形成，能促进社区成员间的认同与合作，从而有助于社区社会资本的积累，促进社区的可持续发展。大多数关于社区认同的研究往往仅是宏观经验性分析，缺乏过程性和中层理论式的机制性分析。而社会网理论则为我们提供了方法论上的可能，该理论范式试图在微观行为与宏观结构之间建立起联结的"桥"。

社区关系网络之所以被视为社区认同的支撑要件的基本内容，主要原因有：① 任何社区关系网络都蕴涵着某种利益前提和价值观念，社区成员在其中进行交往、协作的同时，也在体会、评价其所处网络背后的推动力量和价值观念。② 任何社区协作网络都直接关系到其成员的利益，因此社区成员的交往与协作具有工具性的特征，但更为重要的是，乡村社区往往是一种相对封闭的人际网络，因其网络结构的封闭性，常会产生较强的社区规范以及社区认同。

2. 社区集体福利的供给

社区集体福利的供给，属于社区资源再分配领域，直接影响着社区成员的日常生活和抗风险能力，因此对于社区认同的支撑作用是十分明显的。

斯托姆卡等人提出"相对易损性"（relative vulnerability）的概念，即个体在经济获取上的状况，是其对所在组织信任或认同的重要基础。他们认为，个体从组织中获取的资源越少，相对易损性越高，越可能对其所在的组织缺乏认同。反之，个体从组织中获取的资源越多，相对易损性就越低，也就越可能认同其所在的组织，其社区在社区营造中，也越容易形成永续社区。上述对社区认同产生逻辑的论述，基本上是从"效率机制"出发，认为个体的行为主要是由追求利益最大化所驱动,而没有考虑社会过程因素对社区认同的重要影响。事实上,关系网络结构对于人们行为与认知的限制/促成同样重要。

正如贝克指出的,集体福利供给属于资源再分配领域,直接影响着社区成员的日常生活和抗风险能力,对于社会认同的支撑作用十分明显。然而,集体福利供给水平的高低与社区认同的高低,并不是简单的线性对应关系。集体福利供给的方式,即集体福利供给的社会过程,对于社区认同的形塑具有非常重要的影响。无论是通过导入社区外部资源,还是通过创生社区内部资源,集体福利供给能否起到对社区认同的形塑作用,关键在于,它是否能够激活社区的内部活力,并与之有效结合①。对于社区而言,社区集体福利供给包括:"共有财"收益分享、集体经济组织分红、休闲娱乐设施等供社区成员共用的福利性服务与设施。不少政府相关部门和社会组织积极倡导加大对社区公共事项的投入与集体福利的供给。通过加大投入、强化集体福利供给等方式试图重建社区"公共性"与社区认同。但是,物质性诱因导入社区往往未必能够激发集体合作行为和对社区的归属与认同,物质性诱因导入的社会过程,则对集体行为的结果具有重要影响②。

3. 社区价值愿景

社区价值愿景是指社区成员共同的目标、情感以及对社区未来的想象,它是基于社区成员共享的符号系统而形成的。在帕森斯的结构功能主义范式中,意义/文化/价值系统具有"潜在模式维持"(latency pattern maintenance)的功能,可见社区价值愿景在维系社区认同方面有着不可或缺的作用。

在社区认同的支撑体系中,社区价值愿景和社区认同具有高度的同构性③,因此我们未将社区价值愿景纳入对社区认同的分析。

三、社区网络结构与社造永续:两个案例的比较分析

我们选取的两个社区,均是在震后开启了社区自组织重建工作,然而同样是

①　吴理财.农村社区认同及重构[J].中共天津市委党校学报,2011,13(3):78-84.

②　JANSSEN M, MENDYS-KAMPHORST E. The price of a price: on the crowding out and in of social norms[J]. Journal of Economic Behavior and Organization, 2004, 55(3): 377-395.

③　CHAVIS D M, PRETTY G M. Sense of community: advances in measurement and application[J]. Journal of Community Psychology, 1999, 27(6): 635-642.

在 NGO 介入下的社区重建,社造结果却截然相反:桃村在 XJY 基金会的积极辅导下成功转型,成为永续社区培育的典型案例;而峰村在 NGO 介入后,不仅没有促进社区成员产生更多的社会联结与协作,还产生了经济纠纷。

本部分通过社会网的视角考察 NGO 在乡村的实践如何重构社区关系网络,并采用"事件网"的分析策略,即调查和分析由于 NGO 介入乡村事务而被激活的那部分村庄关系网络,以具体的事件为核心,考察关系网络的起始、发展、动员和建构等网络变化是如何影响和形塑社区认同的,强调关系及关系网络的动态性与建构性。我们将 NGO 进入村庄展开工作的方式,从社会网的角度概括为两个"理想类型",即:第一,NGO 自建工作网络,主要依托招募而来的项目官员以及相关工作人员;第二,依托村庄政治精英的关系网络,即强人网络。以上述"理想类型"为分析工具,通过个案分析考察 NGO 介入社区后社区认同的形成与变化以及社区"共有财"的构建,以期探讨社区营造过程中建构永续社区的困境与可能性。

(一) 桃村社造之路

桃村位于 N 县 A 镇中心西南方约 5 千米,海拔高度 400—800 米,村庄周围山林密布,具有较好自然生态环境。当地农作物以水稻为主,但是由于市场经济的冲击,桃村农业日渐没落,村内许多土地陆续休耕,青壮年就业人口大量外流。村庄公田的"公田制度"也难以为继,因而村庄的公田、林地、湿地等"共有财"难以得到妥善的管理与利用。

1999 年发生地震后,意外地开启了桃村社区重建的契机。震后为应对灾后社区重建种种难题,桃村王村长主动结识了非政府组织"XJY 基金会"的工作人员,经 XJY 基金会评估后,开启了双方的合作关系。

1. 桃村原始社会网

(1) 助力:强人网络助力社造动员。早期的桃村是一个典型的中国传统村庄,血缘关系的宗族网络以及村社组织将村民紧密地联结起来,村庄内德高望重的长老发挥着仲裁地方事务、调节人际关系的功能,桃村的王村长就是这样一个人,深受村社成员的尊敬和爱戴。

在桃村灾后重建初期,王村长及其人际关系网络发挥了极为重要的作用。王村长调动其人脉网迅速使村民组织起来进行救灾重建活动,还主动引入外力——XJY 基金会,辅助桃村进行社区重建,特别是主持重建了村庄的传统信仰中心同福宫后,王村长在桃村获得了前所未有的威信。村干部基于其在村庄的社会关系网络对村民进行的动员,我们称之为"强人网络"。桃村的"强人网络"主要是以王村长为核心的亲友网。王村长主导的社区重建主要是通过其强人网络发动的,依靠其人脉网有着较强的社区动员能力。

此外,村干部和村民之间还具有某种庇护与被庇护关系,这种庇护关系基于利益互惠,指向个人的忠诚。庇护和被庇护两者之间形成一种较为稳定的权力影响:庇护者将其影响力施加于被庇护者,对其服从行为进行奖励、对其背叛其行为进行处罚。被庇护者用忠诚、支持等行为进行回报,如此一来,这种利益互惠的联系维持了双方的义务和责任。桃村社区重建初期的社区动员,在一定程度上也依赖强人网络中的"庇护与被庇护关系"。

(2)分歧:利益之网阻碍社造永续。在震后的一年多的时间里,XJY 基金会在桃村工作的推进,主要是通过王村长主导的村委以及社区发展委员会,其间 XJY 基金会积极协助村庄争取各项重建经费。桃村在重建经费的支持下,以较短的时间基本完成了设施重建,但在此过程中由于过度依赖外部资源的挹注,不少村民产生了"等靠要"心理。此外,由于尚未形成村庄发展的公共事项,所谓"共有财"的建构尚未达成。

以王村长为核心的"强人网络"其网络性质,具有传统乡村亲缘地缘的关系特质,同时还具有"庇护-利益"(patron-client ties)的性质。灾后资源的引入,强化了桃村强人网络的致密性。随着社区重建的开展,以王村长为核心的强人网络显得越加趋利化,资金使用不公开,仅惠及其圈子之内的成员,引起了社区未受益的村民的不满,很多村民要求对村干部进行改选,围绕村长的改选,村庄陷入了纷争,进而造成社区组织在此期间的运作停滞。这一以村庄政治精英为核心的关系网络强化了网络内外的区隔,难以塑造新的社区认同,成为社区认同转型的阻碍。

2. 第三方构建"共有财",实现社区永续发展

(1)"受信"第三方重构社会网。面对桃村的现状,XJY 基金会开始和积极参与社区事务的村民,共同思考社区未来的可能性,XJY 基金会一方面依然依托王村长为理事长的社区发展协会进行生态教育、民宿经营等方面的课程培训;另一方面,积极支持由一些中青年自发成立的桃村"自然保育及生态旅游协会"

（2006 年 4 月成立），并提供必要的帮助，以便推动桃村的社区转型与产业转型，同时借以活化与刺激其他社区组织的运作。因此，自 2000 年 10 月开始，XJY 基金会协助"社区发展协会"进行符合社区发展方向的系列课程培训，如导览解说、生态教育等。

社区内部往往存在着不同的圈子，社区自组织的运作以及社区认同的重塑，必须要应对关系网络的结构性问题。对于桃村如何重建、如何发展，村上的年老一辈和年轻一辈，在想法上是有巨大差异的，村上的耆老们对于 XJY 基金会提倡的"生态村"的新理念，并没有太多的认同。

面对来自不同圈子的不同想法，如何把社区中不同圈子勾连起来，并建立信任关系，对于形成集体行动力十分重要。桃村社区成员如何通过人际关系网络中的"桥"，将信任在不同圈子之间逐步建立起来？

对于社区内部的复杂人际关系网络，并不是每一位行为者都有机会和意愿做直接沟通，在这样的情形下，建构间接的沟通渠道，这对于社区合作就显得十分必要。关系网络存在于社会性脉络之中，也是社会成员建立群体认同和获得存在意义的渠道，因此出于情感性动机而成为某一社会关系网络的成员，进而产生信任、认同和基于共同理想的热情是形成社区认同的重要路径。Friedman 和 McAdam 在一项关于集体行动的研究中表明，"社区认同（或群体认同）是个体进入某一关系网络或采取行动的重要结果"[①]。桃村不同的社区圈子，对于社区未来发展的想象不尽相同，存在认识上的差异，社区成员通过圈子之间的"桥"首先用情感性关系建立信任，再逐步拓展信任关系网络，这对于社区认同的形塑具有重要意义。

除了桃村自身成员在沟通不同社区圈子过程中扮演着重要的"桥梁"角色之外，XJY 基金会因其"第三方"身份，在突破原有社区圈子、拓展社区信任关系网络方面的作用更加明显。由于 XJY 基金会在利益关系上，置身于桃村生态观光产业之外，这样一种位置能够使得社区成员更相信其建议的可行性，其也更具公信力，因而遇到关乎社区发展的纠纷与矛盾时，便能承担起仲裁者与协调者的角色。此外，由大家都认可的"第三方"作为信息沟通的渠道和担保者，可以突破村

---

① FRIEDMAN D, MCADAM D. Collective identity and activism：Networks, choices, and the life of a social movement[J]. Frontiers in social movement theory, 1992, 156.

庄原有的人际关系网络,从而建立起新的信任关系。

对于桃村信任关系网络的拓展,XJY 基金会的第三方身份及其在社区关系网络中的特殊位置发挥着重要的影响。在 XJY 基金会进入桃村前,桃村存在着多个边界较为封闭的"小圈子",圈子之间的连带较少,以亲缘地缘网络为基础的社区认同较为弱化。从网络结构的角度看,桃村早期的关系网络结构存在着较多的"结构洞",但"结构洞"并不一定能为个人带来正收益,"结构洞"的位置是行为规范和价值认同的传递渠道,对此种认同型网络的"结构洞"进行有效填补,可以增进网络成员对该网络整体的认同感。XJY 基金会在桃村正是发挥了填补"结构洞"的作用,在"结构洞"的位置上成为社区成员信任关系的转介平台,进而比较有效地促进了社区合作。

社区组织主体之间能否建立起信任与协作关系,是社区认同能否得以建构的重要条件,桃村的社区组织由一变三,即"社区发展协会""自然保育及生态旅游协会"和"休闲农业区推动委员会",若加上外来的 XJY 基金会,则是 4 个。社区发展协会的理事长长期由桃村村长兼任,因而由村庄的"强人网络"所主导,其他两个组织均由村庄能人发起,因而由村庄的"能人网络"所主导。虽然 3 个社区组织都有各自的组织章程,书面的组织目标并不相同,但是其实际的运作仍是以发展"生态旅游和休闲农业"为主要任务的,相似的组织目标,意味着组织间的冲突。因而有必要从桃村社区组织的信任网络入手进行分析。

笔者使用整体网(whole networks)问卷测量了桃村 3 个社区组织主要成员(49 位)的信任关系网络。需要说明的是,由于 XJY 基金会对社区事务有较大的影响力,笔者将 XJY 基金会的主要成员(5 位)也纳入了问卷。针对以上资料的分析,我们发现:① XJY 基金会、社区发展协会、自然保育及生态旅游协会、休闲农业区推动委员会 4 个组织内部均有较强的信任关系;② 4 个社区组织之间有着较强的互信关系,社会连带比较紧密;③ 社区组织之间存在多个沟通"桥梁",XJY 基金会成员成为重要的信任中介。总体而言,在桃村,即便是不同社区组织的成员也可以通过"桥"建立起信任关系,而这种关系网络特点,在桃村社区重建初期是并不具备的,而是经历了一个网络建构的过程,在其中,"第三方"扮演着重要的角色。

桃村在社区营造过程中,受信第三方对拓展信任关系网络具有重要作用,由此,受边界局限的基于亲缘地缘关系的社区认同得以重塑和拓展。通过受信第三方进行沟通与协调，建立信任关系固然重要，但是如何处理社区利益问题，如何建立社区成员间的互惠关系，是桃村村民和 XJY 基金会需要面对的更加实际的问题。通过对桃村社区组织主要成员间的工具性关系网络进行整体网测量[①]，发现桃村三个社区组织的主要成员，在工具性关系上有着较为密集的交往，网络整体有着较高的致密性。桃村震后初期，村庄还是以地方政治领袖为核心的关系结构，由于资源与利益分配的纷争形成了多个小圈子，而目前的桃村却有着较为致密的互惠网络。

在桃村生态旅游发展的初期，"民宿"只能为游客提供简单的餐饮与住宿，有限的资源以及获取资源通道的单一，使得桃村的生态旅游业出现了恶性竞争。无疑，这种恶性竞争对社区成员间的协作合作和社区认同的建构是非常不利的。为此，桃村社区发展协会中的社区骨干和 XJY 基金会一起尝试将生态旅游产业进一步分化和细化，以提供多元化的旅游体验服务。具体而言，根据村庄既有的自然禀赋与人才资源条件，将村庄生态旅游产业细化为四个方面，即旅游导览、生态资源解说（蛙类、蜻蜓、鸟类等）、民宿、特色餐饮等。这样的设计与安排，并不是社区骨干的想当然，而是有着一系列的社区培训与活动来支持。

组织研究中曾向生态学借用了一个概念——小生境（niches）（或称"生态位"），是指在资源约束的条件下，组织成员通过资源分割、需求专门化等方式创造出的独特的组织空间，以减少与其他群体的同质化竞争。桃村生态旅游产业精细化的过程，恰恰可以为社区成员创造更多小生境，这些小生境在获取资源的方式上又有较大差异，例如在社区转型初期，桃村只有四五家同质性很强的民宿，而目前已有生态解说、社区导览、生态建筑工班、特色民宿、创意手工艺品等业态，社区成员可以根据自身的情况，参与到社区产业中来。更为重要的是，由于实际的需要，社区产业的多元化，社区成员的工具性协作关系变得更加密切和频繁。

村生态旅游产业的精细化特点，使得社区存在多个互不重叠的小生境，而小生境互不重叠的群体之间可通过协同工作、信息交换、资源分享等方式开展合作。桃村社区组织从一个演变为三个，可以从这样一种组织学的角度加以解释。

---

① 在问项上，询问被访者："在日常生活或集体经营中您会找哪些人家帮忙或协作？"并请被访者进行勾选。

协作与互补是工具性网络形成与拓展的重要基石,桃村在社区产业转型过程中,出现了多个非重叠密度较低的小生境,小生境之间在资源、信息等多方面的交流与协作推动了社区成员间的工具性网络的拓展。哈丁指出,在进行社会交换的个人之间,基于工具性需求和资源功能上的互补,可以保持持续性的交换关系,个体会预期对方有可信赖行为,进而产生信任。桃村社区成员之间在社区产业转型过程中的工具性网络的拓展,为社区认同的建构提供了重要基础。

(2)"参与式"集体福利供给构建协作关系网络。地震前的桃村,是一个名不见经传的小山村,人口结构老化、农业衰退、社区公共事务不彰。桃村的传统产业,诸如稻米、茭白、笋等作物的种植已走向凋敝,曾经作为管理、利用村庄公田的"公田制度"也难以为继,而村庄的溪流、山林、湿地等"共有财"难以得到妥善的管理与利用。而作为自然灾害的地震无疑又使此种情形雪上加霜。

震后的桃村,面临的首要问题就是河道的清理与修复。在如何进行河道的清理与修复上,王村长与 XJY 基金会存在着分歧。地震前桃村河道的清理与维护,都是由村庄向上级政府申请经费,雇请工人或施工队进行,因而"河道"基本上是作为一种"输入式"的集体福利供给而存在的。王村长对如何清理河道的态度是,使用重建资金找施工队进行。而 XJY 基金会的想法是,清理河道是关于集体利益的事情,希望由村民自己来做。经过 XJY 基金会的协调与沟通,桃村的河道清淤与修复工作由村民自己来完成,并从重建经费中支取劳动报酬。这相当于为桃村社区成员提供了一个物质性诱因,而物质性诱因的引入,可能成为社群中形成互助(reciprocity)的契机,也可能会降低社区成员合作的意愿。这取决于这一集体行动的社会过程[①]。

村庄河道的整饬工作通常是由基层政府或相关水务部门出资进行,即作为一种"输入式"集体福利供给而存在。而桃村的河道修整与清淤主要是社区成员自己来完成,是一种"参与式"的集体福利供给,桃村的河道修整使村庄的青壮年参与到集体福利供给过程中来,河道的修整过程,一方面是工程意义上的物理过程,另一方面也是社区成员协作网络与信任关系紧密化的社会过程。因社区公共事务而形成的桃村"生态工班"(即桃村自主营造团队),成为在桃村社区营造

---

① JANSSEN M, MENDYS-KAMPHORST E. The price of a price: on the crowding out and in of social norms[J]. Journal of Economic Behavior and Organization, 2004, 55(3): 377-395.

中的"关键群体"之一。这一关键群体形成的重要因素在于，在桃村集体福利供给的过程中，建构并强化了社区成员的协作关系网络，网络的致密性以及不同小团体多连接的网络结构特点成为社区认同得以形塑的重要结构性基础，使得社区得以永续发展。

桃村在社区产业转型过程中，出现了多个"非重叠密度"较低的小生境，小生境之间在资源、信息等方面的交流与协作促进了社区成员间工具性网络的生成与拓展，工具性网络不但是创造"私益性"经济价值的关系网络条件①，而且是社区集体福利供给的重要结构性基础。在桃村完成震后河道的清理工作之后，修整河道"工班"并没有因这一"工程"的完结而解散，而是承担起修建社区生态旅游设施与公共空间的任务（例如，溯溪步道、公共空间、特色社区景观），因此由桃村村民组成的"工班"，在社区产业转型过程中，依然起到"参与式"集体福利供给的功能。

随着社区生态旅游产业的发展，社区"工班"陆续为社区营建了组合屋生态池、溯溪步道、林间步道、草湳湿地社区景观等，相关营建资金从桃村"社区公基金"中列支。每一项工程都可以看得出"生态工法"的理念与"工班"成员的创意巧思，社区现有的景观设计也是其他社区少有的。在这样的过程中，不但"工班"成员对社区的认同得以提升，无形中也扩大了其他村民对社区的认同。

以"生态工法"从事社区公共空间的营建工作，桃村建构出由本社区成员组成的协作关系网络。马奇（James G. March）曾从组织学的角度指出，"建构意义"通常是组织的首要活动，虽然看起来"意义"与"组织认同"通常是组织活动的副产品（by product），认同往往与组织的网络结构紧密相关②。对桃村而言，因集体福利供给的实际需求，而形成的社区工具性关系网络，使成员在任务分工中逐步建立混合性关系，同时也在跨组合作中，学习关系的调节与谋合，强化了互依共存的生态村集体认知，这通常是"参与式"集体福利供给的副产品，或非预期结果（unintended consequence）。

---

① PODOLNY J M，BARON J N. Relationships and resources：social networks and mobility in the workplace[J]. American Sociological Review，1997，62.

② ［美］詹姆斯·马奇.马奇论管理：真理、美、正义和学问[M].丁丹，译.上海：东方出版社，2010.

（二）峰村社造之路

自 20 世纪 80 年代开始，世界银行等机构开始倡导以"参与式发展"的理念进行社区干预，"参与式发展"作为一种新的发展理念，强调"自下而上"的社区活力的激发，以实现传统社区的社会关系与权力关系的现代化转型。目前已经成为不少 NGO 展开社区工作的理念。"参与式农村评价"工作法（Participatory Rural Appraisal，PRA）是参与式发展中较为重要的工具，它被认为是给农民赋权，以使其表达自己的想法，做出属于自己的社区决策。"参与式农村评价"的工具包主要由一系列排序工具以及开放式的座谈组成，以快速地了解社区存在的问题与社区需求。

峰村这一个案中的 NGO 没有依托由村干部主导的强人网络，而是通过自建项目工作网，并使用"参与式农村评价"工具（PRA），力图将"参与式发展"的理念带入社区，推动社区营造的可持续发展。本节将考察峰村的震后社区营造过程中，NGO 进入社区后，以自建项目工作网为基本工作方式对社区认同的影响，以及对社区营造可持续性的影响。

1. 峰村原始社会网

困境：功利之网阻碍社造动员。

与桃村相似，峰村在自然灾害（5·12 地震）中也受到重创，该村位于极重灾区，周围有很多山地林地滑坡，原有优美的山形地貌被破坏，通往外界的主干道路也被震毁，峰村的"农家乐"从此一蹶不振，不少家庭失去了主要收入来源。巨大的自然灾害使峰村村民很难在短时间内恢复生产、生活，地震后村庄面临的首要问题是，如何尽快自我组织起来进行废墟清理、房屋维修加固等必需的生产、生活自救活动，但是在"5·12 地震"过去 3 年时间后，峰村依然无法形成社区营造的集体行动，社区意义上的灾后重建基本处于停滞状态。

从获得重建物资与资金的角度看，峰村虽然没有像桃村灾难之后立即有 NGO 驻村协助社区重建，但是从紧急救援到灾后重建阶段，峰村都获得了为数不少的救援物资和资金。峰村接收的物资基本是同规格类型的，在进行分配的时候只需按人数/户数平均分配。在灾后恢复阶段，援助物资的规格、种类有了较大差异，为了做到公平，村干部将不同物资搭配发放，尽量使每户领到的物资在价值上相当。当物资总数少于待分配人数时，则采取"抓阄"的办法。从峰村灾后重建物资的分配方式中我们可以看到乡村社会中"均分法则"的作用[①]，以"均分法则"来分配资源被认为是中国人常用的分配策略，但是这种"均分"的心理与行为模式也被一些研究者认为不利于社群范围内的"共有财"治理[②]，即"分"的行动逻辑不利于社区公共性的形成[③]。

对于峰村而言，在发生自然灾害之后虽然有外部资源的不断挹注，但是却没有形成的村庄层面灾后恢复的集体行动，原因在于峰村长期的农家乐的家庭式分散经营使得村民之间缺乏合作的基础。以农业生产为主要经济来源的村庄，通常在农忙或家户重大事项上保存有互帮互助的"换工"传统，而这在峰村则不存在。峰村村民将功利性关系越来越多地加入原有的社会关系网络中，社会关系网络和人情呈现出功利化和淡薄化的趋势[④]。较高社区认同感与较为紧密的社会关系网络是社区动员的重要条件，而这两个关键要素，震后的峰村并不具备，这也使得社区动员与达成集体行动存在困难，社区营造难以开展。

2."参与式发展"背离社造永续愿景

(1) 变质："参与式发展"走入社造困境。

"5·12 地震"后数月，村民们陆续回到了村庄，但峰村与外界连通的唯一桥梁被毁，加之村民们很难自我组织起来进行灾后重建，因而重建进程非常缓慢。2009 年 10 月一家秉承"参与式发展"理念的 NGO 经彭州市政府介绍前往峰村考察调研，并于 2010 年 1 月初向乐施会提交项目意向书，随后取得经费支持。经费使用方向为公共设施（水网与索桥）的修建及农业生计恢复工作。2010 年 1 月 25 日至 27 日，"地球村"工作人员与乐施会项目干事一同赴峰村进行需求评估及规划活动，重点关注的问题包括：社区参与重建问题、社区生计问题、生态与环境问题等。并请峰村推选 5 位村民，组成"峰村参与式发展筹备小组"，"筹备小组"负责与"地球村"对接，协助"地球村"进行社区调研与村民沟通，以及与

① 翟学伟.人情、面子与权力的再生产——情理社会中的社会交换方式[J].社会学研究，2004(5)：48-57.

② OSTROM E. Building trust to solve commons dilemmas：Taking small steps to test an evolving theory of collective action[M]. Springer Berlin Heidelberg, 2009.

③ 黄平，王晓毅.公共性的重建——社区建设的实践与思考[M].北京：社会科学文献出版社，2011.

④ 阎云翔.私人生活的变革：一个中国村庄的爱情、家庭与亲密关系 1949—1999[M].上海：上海书店出版社，2006.

地方政府的沟通。鉴于长期以来峰村村委无法对村民进行有效动员的现实条件,"地球村"采用自建项目工作网的方式开展工作,并使用了"参与式农村评价"工具(PRA),力图将"参与式发展"的理念带入社区。对于"参与式发展"目标,在经过与村民的讨论和沟通后,社区发展的长远目标确定为,恢复峰村生态旅游业,提升峰村的环境及品牌价值。短期目标为,根据当前农户现状和意愿,选择建立过渡期的种植业、养殖业等替代产业,在环境友好的前提下,保障经济收入,为生态旅游恢复做好铺垫。"地球村"将此社区发展规划与地方政府沟通后,获得了政府方面的认可。"地球村"的到来似乎为峰村的灾后重建与社区凝聚带来了转机,但现实远比从理念出发的预想更为复杂。

在"参与式发展"项目的实际操作设计上,"地球村"按照国际发展机构在乡村社区项目中开展工作时通用的"参与式农村评价"工作法(PRA),确定了峰村工作展开的"八步法",计划两年内逐步完成项目评估、社区主体参与和监测、项目资金使用细则实施、参与式社区工作设计、项目管理小组民主选举、参与式社区重建规划、社区参与动员(三个月)、社区基本情况调研。从社区重建"八步法"中我们可以看到,"地球村"在进入峰村时的基本工作理念是,通过项目将社区成员组织起来,力图给村民赋能,使其成为推动社区发展的主体,从而通过村民对村庄事务的"参与",实现乡村社区的自我组织、自主管理,且在此过程中增进村民之间的合作与信任,凝聚社区认同及构建"共有财",最终实现社区的永续发展。

依照预先设计的社区重建"八步法","地球村"首先在峰村进行了社区基本情况调研,为期两周,调研内容涉及:家庭收入情况、种植养殖情况,外出务工情况,旅游经营情况,震后房屋损毁情况等。总之,对于峰村的调研基本侧重于经济状况与地震损失状况,而对于社区成员关系状况则没有涉及。

在完成社区基本调查之后,"地球村"着手进行"第二步",即预计为期三个月的"社区参与动员",进行多次的社区培训,然而正如一些研究者指出的,"参与式发展"项目在现实中往往难以按照线性思维推进,"地球村"的驻村工作人员发现严格地按照预定的步骤,以开会、培训的形式要求村民参与社区活动,村民越到后面阶段,热情、积极性越发消退,参加培训与社区活动成为一种"走形式"。这背后的原因有两个:一是在争取"地球村"进驻峰村协助村庄进行社区重建这件事上,乡政府、村干部和村民之间形成了"合谋",力图把"外来者"的资源留下来。在这种情况下,地方政府和村民的利益非常一致,在争取"项目落户"上形成了

"利益共同体"①，NGO带来的用于发展村庄公共事项的资源，被视为"可分的私财"，以"参与式发展"为理念的项目，在村庄的运作存在被扭曲的危险；二是峰村村民缺乏对村庄公共事务、"共有财"的基本认同和关注，"参与"成为表面文章，村庄的公共事务依然不彰，参加"地球村"开展的活动，只是村民对"外来者"的表面配合。

"地球村"组织村民开展社区活动以及参与学习、培训的动因，主要是经济方面的，即通过经济利益的诱因促使村民的合作，以形成集体行动力。一般而言，促成社区成员形成集体行动的诱因有三种类型：功利性（utilitarian）诱因、社会性（social）诱因与规范性（normative）诱因。功利性诱因是指，社会成员的合作行为缘起于个人可直接获取的物质性或非物质性利益。社会性诱因是指，社会成员的合作行为缘起于对他人或群体的情感与社会联系。规范性诱因是指，合作行为的动机缘起于对规范的遵守或对理念的追求，而致密的网络结构一般会形成对网络成员的规范性约束。对峰村而言，原有的人际关系网络较为稀疏，网络结构尚不足以形成规范性的强制作用，因此"规范性诱因"在促成村民形成集体行动上所发挥的作用就十分有限，而"地球村"的项目所提供的仅仅是"功利性诱因"，村民参与社区公共事务的积极性并不高，只是想着获取NGO的项目资金，这种现象一般被称为诱因排挤现象，即在许多原本属于志愿性参与的社区活动中，一旦导入经济诱因试图提高社区成员对社区公共事务的参与率，则可能导致因内在诱因变化而参与人数降低的情形，从而部分甚至完全抵消经济诱因所带来的额外参与率提高。一般而言，经济诱因的作用时间较短，这意味着经济诱因必须重复施加。相对而言，规范性与社会性诱因一旦存在，则较为可能发挥长期的作用。对于社会资本相对薄弱且功利性关系较强的社区，外部资源的过度挹注，可能改变社区成员集体行动的诱因结构。

"地球村"带项目进村后，村民们因极强的"经济诱因"，反而更加没有意愿参加社区公共事务，而是想从"地球村"那里分到更多的补助。在开展一个多月的"社区参与动员"后，虽然还没有到预计的三个月时间，但是"地球村"已发觉村民们的积极性已经非常低，纷纷要求"地球村"尽快使用项目资金。此外，来自出资

① 折晓叶，陈婴婴.项目制的分级运作机制和治理逻辑——对"项目进村"案例的社会学分析[J].中国社会科学，2011（4）：126-148，223.

方乐施会的项目考核压力,也使得"地球村"不得不对原有的工作方式进行一些调整,即从原来的将社区参与作为切入点,转变为快速"完成项目",项目周期也从原来的两年缩短为一年半。

通过峰村这一个案我们可以发现,公益组织以自建工作网的方式协助村庄进行社区重建,并没有取得很好的社会效果,公共事务不彰,"共有财"的治理困难重重。不仅峰村原始的社会关系网络没有形成功能上的协作,而且"地球村"介入后也没有促进社区成员产生更多的社会联结与协作。

奥斯特罗姆在总结合作研究的博弈实验时,强调社会连带(social ties)对于"共有财"治理的重要性,即在自组织的过程中,社会成员是在特定的社会关系中,与他人达成共识,并根据其已有的信息自行设计资源利用与管理的规则。有关"共有财"治理的规则的有效性,很大程度上取决于利益相关者之间可否形成相对封闭、信息通畅、互动频繁的关系网络[①]。作为外来者的公益组织,以自建工作网的方式介入峰村,难以对社区原有的社会关系网络产生影响,更是难以拓展社区成员的关系联结,因此"共有财"自主治理所必需的网络结构性条件也无法达成。

(2)"输入式"集体福利供给难以构建社会网。饮水灌溉系统是村庄集体福利的重要内容,震前的峰村的这一社区集体福利是自力营建、自主管理的,并没有外部的强制机制。峰村灌溉饮水设施是用于峰村田地灌溉和家户饮水的水利设施,包括过滤池、蓄水池和将水引到各家田地的水渠。峰村震前的灌溉饮水设施是由村民在 20 世纪 80 年代,集体集资修建,并进行自我管理,例如定期清洗并维护过滤池和蓄水池、定期清除水渠的淤泥与杂草等。维护灌溉饮水设施的费用,由家户平摊,每个家户也需根据需要出工出力。

围绕峰村饮水灌溉系统已经形成了一种非正式的合作机制,这种机制使得违规者"难为情",从而使村民自觉地为村庄的饮水灌溉系统出钱出力。震前峰村饮水灌溉系统的维持,是通过社区成员间的分工协作来完成,社区成员在这一分工协作的过程中,形成了非正式的监督机制,即社会网络(功能性协作网络)作为一种监督机制而存在,从而保证了饮水灌溉系统的可持续性,减少了社区成员

---

① OSTROM E. Building trust to solve commons dilemmas: taking small steps to test an evolving theory of collective action[M]. Springer Berlin Heidelberg,2009.

的"搭便车"行为。峰村的饮水灌溉系统也可以被视为一种社区"共有财"，震前该共有财是通过社区内部创生，并以社区成员"自组织"（self-organization）的方式实现了有效治理。

2008年突发的地震破坏了峰村的饮水灌溉系统，地震将过滤池、蓄水池全部震毁，大部分水渠也需要重新修建。这一集体福利的供给因此面临着极大的困难。峰村位于地震的极重灾区，每户家庭都受损严重，因而在经济上，无力通过社区自身力量重建村庄的饮水灌溉系统。

非政府组织"地球村"的到来，为峰村饮水灌溉系统的重建提供了资金支持。为了尽快解决峰村的用水问题，在较短的时间内把社区饮水灌溉系统重新修建起来，对于工程建设，"地球村"采取了"雇工购料"的方式。这种重建方式可以在较短的时间内完成项目目标，但是并没有考虑到社区成员的参与，因而是"输入式"的集体福利供给。在社区饮水灌溉系统尚未重建完成时，村民们就产生了种种意见。通过对村民的采访，我们可以发现几个关键点：一是"雇工购料"的重建方式，不仅提高重建成本，而且还没有把村庄的富余劳动力利用起来。很多村民都希望通过参加"水网"修建而获取一定经济收入。二是由于完全是"输入式"的集体福利供给方式，在修建过程中没有充分考虑村民的意见，不少村民认为水网的线路设计得不合理，不利于日常的农业生产活动。

集体福利供给能否起到社区认同的形塑作用，关键在于它能否激活社区的内部力量，并与农村社区内部力量有效结合。峰村的水网重建非但没有与社区力量结合起来，相反还造成了一部分村民对"项目管理小组"（均为本村人员）的不信任。"地球村"采取了"自建项目工作网"的工作方式，预期可以快速推进项目的完成，但事实常常与预期相反。

峰村原有的饮水灌溉系统能够有效地运作的关键因素就在于，该集体福利供给的社会过程是由社区成员有效参与的。以社会网的观点来看，在饮水灌溉系统的修建、维护、使用等过程中，形成了围绕该集体福利的社区协作关系网络，关系网络状况往往被视为，影响组织成员对组织认同的重要因素，紧密的社区关系网络有助于形成较高的社区认同。峰村的饮水灌溉系统既是一种集体福利，也是一种"共有财"，峰村原有的饮水灌溉系统是村民自组织建立起来的，对村民而言，饮水灌溉系统是"我们的"，是"共有财"。因修建、维护饮水灌溉系统而形成的协作网络又可以有效地作为一种监督机制，来避免村民的"搭便车"行为。

形成鲜明对比的是,由 NGO 提供的饮水灌溉系统,在修建过程中充满了波折,在使用过程中也是困难重重。这种"输入式"集体福利供给,缺乏激活社区力量的社会过程,重建的饮水灌溉系统在村民的认知中,并没有被建构为"共有财",村民仅将其看作是,可以竞相分取的"私财"。作为外来者的 NGO,为峰村提供了"输入式"的集体福利供给,但难以重建村庄围绕"水网"的修建与维护而形成的协作网络,社区认同亦难以凝聚和形塑,更难以走向社区永续发展。

(三) 两个案例的比较分析

在两个案例的比较(见表 6-1-1)中,虽然两个个案在社区精英的特质、社区社会资本的初始条件以及社区认同的特点等方面,都有相当的差异性,但是在这两个个案中,无论是村庄的灾后重建,还是村庄经济合作组织的运作,都可以观察到社区精英与"关系"的重要性。村庄能人能够有效地影响村内其他成员的态度和行为。

表 6-1-1　案例比较分析

| 村庄 | 社区营造 | | | | | |
	原有的社会网络关系	NGO 介入村庄方式	集体福利供给	社区网络重构	社区认同构建	社造效果
桃村	强人网络	依托强人网络	参与式集体福利供给	工具性关系网络	集体认知得到强化	社区自治
峰村	社会网络趋于冷漠化	参与式介入	输入式集体福利供给	难以形成协作网络	社区认同难以形塑	产生利益纠纷

通过案例分析发现,NGO 以自建工作网的方式介入社区,无法触及社区原有的人际关系网络,社区认同难以凝聚和塑造,永续社区难以建立。而以"庇护-利益"以及熟人关系为特征的"强人网络",在获得外部资源后,强化了网络致密性,并产生资源分配不公与网络内外的认同区隔,因而固化了原有社区关系网络,认同难以转型,公共事务可能因此沦为社区强人的私域。在社区的实际运作中,作为理想类型的两种建网方式,存在着演变与转化的可能,受信任第三方对于促进社区能人网络间的协作尤为关键。

此外,在集体福利供给方面的比较上,通过峰村和桃村两个个案,我们可以看到两种截然不同的社区集体福利供给方式，前者是"输入式"集体福利供给，后者是"参与式"集体福利供给，两种分别对应着不同的社会过程。社区成员面对"输入式"集体福利供给时，往往将其视为可分的"私财"，由于缺乏在集体福利供给过程中的参与和社区协作，因而难以形成作为监督机制的协作网络，社区认同难以形塑，社区自组织难以形成，社区发展难以永续。而"参与式"集体福利供给可以使社区成员为应对社区的实际问题，而逐步构建出社区工具性关系网络，在相对封闭同时也具备丰富"桥接"(bridging)特征的网络结构中，较易形成社区认同，并将这种集体认知慢慢拓展至网络结构的边缘，是永续社区建立和发展的必要条件。

四、小结

（一）永续社区的实现

永续社区的建立关键在于构建社区认同，我们首先以中观视角提出了社区认同的三个支撑要件，即社区关系网络、社区集体福利供给、社区价值愿景。由于社区价值愿景和社区认同具有高度的同构性，我们重点分析了社区关系网络和集体福利供给的社会过程对于社区认同的影响和形塑。结合以上经验研究，笔者尝试提出社区认同建构的基本逻辑（见图 6-1-2），以期为研究"共有财"的认同基础提供一种中观分析视野。

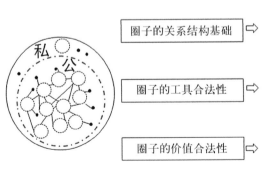

图 6-1-2　社会认同（"共有财"认同基础）建构的基本逻辑

可以发现,在社区内部小圈子间形成"弱耦合结构",有助于建构出作为整体的社区认同,从而促进永续社区的培育。这种"弱耦合结构",在社区关系网络结构上,边界可拓展,具有弹性而相对封闭,圈子之间可逐步建构出多联结的"桥",以传递信息、资源、信任,即是一种强健的社区协作关系网络。此外,社区认同的建构还需要社区集体福利的支撑,社区集体福利属于社区资源的再分配领域,但其供给过程是一种社会过程,"参与式"集体福利供给,有助于使社区成员围绕公共事项,建立比较紧密的社会连带,并形成治理"共有财"监督机制,逐步形成可持续的经济激励与合理的分配规则,从而为圈子提供工具合法性。

(二) 共有财建构,作为"公""私"分野的关键

费孝通在《乡土中国　生育制度》中提出的"差序格局"概念,指出中国人社会交往具有的亲疏远近的特点。此外,"差序格局"概念还反映了自我与他人、"圈内"与"圈外"、公与私之间的动态且模糊的关系。费孝通认为,中国人的关系网络极具伸缩性,"随时随地是有一个'己'作中心"[①],"己"所谋求的是"私",但是"私"却是有高度弹性的。翟学伟(2010)甚至认为中国人的生活史其实是一部扩大其"私"的历史。费孝通在其著作中曾论述了这种公私群己的相对性:

> 我们一旦明白这个能放能收,能伸能缩的社会范围,我们就可以明白中国传统社会中的私的问题了。我常常觉得:"中国传统社会里一个人为了自己可以牺牲家,为了家可以牺牲党,为了党可以牺牲国,为了国可以牺牲天下。"
>
> 为自己可以牺牲家,为大家可以牺牲族……这是一个事实上的公式。在这种公式里,你如果说他私么? 他是不能承认的,因为当他牺牲族时,他可以为了家,家在他看来是公的。当他牺牲国家为他小团体谋利益,争权利时,他也是为公,为了小团体的公。在差序格局里,公和私是相对而言的,站在任何一圈里,向内看也可以说是公的。
>
> ——费孝通《乡土中国》

①　费孝通.乡土中国　生育制度[M].北京:北京大学出版社,1998.

我们可以发现，在差序格局中，站在任何一圈内，向内看可以说是公，是群；向外看可以说是私，是己，两者并没有清晰的界限。而从"私"到"公"的转化，中国人建立关系的"结"与"推"，扮演着重要的角色，"社会关系是逐渐从一个一个人推出去的，是私人关系的增加，社会范围是一根根私人联系所构成的网络"。以此观点关照"共有财"的建构过程，其实就是社区成员在社会交换过程中，构建关系网络（小圈子），并形成公私界限的过程。所谓公私的界限，就是"圈子"的边界，在圈子的边界之内，圈子成员具有密切的关系网络、高度的认同感，并可以把边界内的共同资源建构为"共有财"，而在圈子之外的人看来，这些资源不过是那些圈内人的"私财"。图6-1-3即为"共有财"及公私分野的关系网络建构过程示意图。在图中大的圆圈表示一个社区或组织，甚至可以是更大范围的社群。社区之内有许多封闭性程度不一的小圈子，以及缺少社会连带的个体（黑点表示）。我们可以看到，在A中，社区（组织）内，因为小圈子之间较少建立社会连带，难以有"共有财"，只是一个一个的"土围子"。而当小圈子之间能够建立起紧密的社会连带，并有相对封闭的网络结构时，"公"的领域才具备逐步形塑的可能。从A到B再到C的过程，就是一个"共有财"或"公"领域逐步建构和拓展的过程。对在虚线内的个体或圈子而言，是"共有财"的形成过程，是"公"，而在虚线外的个体看来，则依然是"私"。

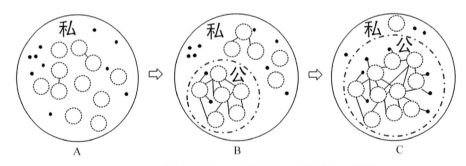

图6-1-3 "共有财"及公私分野关系网络建构示意图

在传统社会的乡村，社区之内的小圈子主要是通过宗族关系、长老权威以及乡规民俗等因素勾连在一起，形成传统意义上的"共同体"，社区认同较高，也不存在所谓"认同"问题。而在"现代化"转型之后，如何凝聚社区，以何种方式重建社区成员的社会连带及其"共有财"，成为乡村进入现代社会必须面对的问题，而对于社区体制改革后的中国城市社区来说，也面临着同样棘手的问题。

"共有财"的建构过程,也是社区成员建立紧密关系,形成相对封闭结构,构建应许社区的过程,通过我们的研究,我们发现如果在社区层面形成"共有财",社区关系网络结构上则需要"弱耦合结构",社区小圈子之间需要较多的桥接,以便形成社区范围的协作网络,以及非正式的监督机制。

社区治理的探索中,如何摆脱"项目制"困境,以何种方式重建社区成员的社会连带及其"共有财",成为社区何以永续的关键问题。通过 NGO 介入社区的个案分析,作为外来因素的 NGO 带给社区的不仅仅是客观性的"资源",更为重要的,是其对原有社区关系网络的介入与重构。在此过程中能否重建社区的协作关系网络,成为重塑社区认同与共有财,最终培育永续社区的关键。我们认为,NGO 作为动员者,以受信任"第三方"扮演沟通协调者的角色,对于促进社区能人网络间的协作尤为关键。

(三) 社区治理与社会韧性

在深入分析社区营造的实践与成效后,我们可以进一步讨论社会营造与社会韧性之间的关联。社区作为社会结构的基本单元,其治理水平和营造质量直接影响着社区成员的生活质量和社区整体的应对能力。社区营造不仅仅是对物理空间的改善,更是对社区成员之间关系和社会网络的强化。一个具有高度社会韧性的社区,能够有效应对外部冲击,保持社区的稳定与和谐,而这正是社区营造的核心目标。社区治理的有效性直接关联着社区韧性的构建。通过社区营造,居民能够更加积极地参与到社区事务中,形成互助合作的社区文化,增强社区内部的凝聚力和对外的抵御力。社区中的自组织活动、集体行动以及社区成员间的紧密联系,构成了社会韧性的基础。当社区面临突发事件或危机时,这种内在的韧性能够帮助社区快速响应,有效动员资源,减少冲击带来的负面影响,并促进社区的快速恢复与重建。

社区营造通过激发社区内在潜力和创造力,促进社区成员之间的相互理解和支持,建立起社区共同的价值和目标。这种基于共识和合作的社区关系网络,是提升社区韧性的关键。社区成员在参与社区营造的过程中,不仅能够提升自身的能力和技能,还能够增强对社区的归属感和责任感,这对于构建一个具有高度适应性和恢复力的社区至关重要。因此,社区营造与社会韧性之间存在着相互促进、相辅相成的关系。社区营造为社会韧性的培养提供了实践平台,而社会韧性的提升又反过来为社区营造的深入和持久提供了动力和保障。通过有效的社区治理和营造，可以构建出更加和谐、稳定、有活力的社区，为社会的可持续发展做出积极贡献。

第二节　生活垃圾分类的政策执行与社区韧性

社区垃圾分类是社区环境治理的重要组成部分，它直接关系到社区的生态环境质量和居民的生活质量。通过有效的垃圾分类，可以减少垃圾处理过程中的环境污染，提高资源的回收利用率，促进社会韧性提升与社区环境的可持续发展。中央部委多次进行城市生活垃圾分类的倡议与政策部署，在 2000 年建设部印发的《关于公布生活垃圾分类收集试点城市的通知》中，就将北京、上海、广州、深圳等 8 个城市作为生活垃圾分类试点城市。此后，国务院与有关部委相继发布了一系列的相关政策文件[①]，生活垃圾分类政策呈现出中央倡导、地方主推的特点。从生活垃圾分类效果来看，目前虽然取得了一定成效，但与中央政策的目标尚存较大距离。生活垃圾分类本属于弱激励型政策，在此意义上，地方政府注意力难以持续有效集中，但在实践上已被广为关注。2019 年 1 月上海市十五届人大二次会议表决通过了《上海市生活垃圾管理条例》，这一地方性法规将生活垃圾分类正式纳入法制化框架。"条例"颁布后，上海市生活垃圾分类在全国范围内形成了强劲的示范效应。从上海市公布的各区生活垃圾分类综合排名来看，虽然生活垃圾分类政策在各区都有较为积极的响应，但政策执行效果却多有不同。

既有关于生活垃圾分类的研究多集中于宏观政策层面，鲜有聚焦于政府行为层面的中观研究。自分税制实施以来，我国央地之间的财权与事权进一步调

[①]　2015 年，建设部印发《住房城乡建设部办公厅等部门关于公布第一批生活垃圾分类示范城市（区）的通知》，选择北京市房山区等 26 个城市（区）作为分类示范城市（区）并发布相关标准。2017 年 3 月，国务院办公厅转发了建设部与发展改革委联合制定的《生活垃圾分类制度实施方案》，提出在 46 个城市和党政军机关、学校、医院等公共机构率先开展生活垃圾强制分类工作。

整，地方政府面对多任务格局，不会将政策注意力平均分配于所有公共事务之上。在此背景下，地方政府通常会对经济领域给予特别关注与资源支持，而对于部分公共服务与民生领域则可能相对重视不足。在此基础上，不同地方政府配置其注意力的内在逻辑如何影响政策选择？如何理解不同地方政府之间的政策执行差异？我们选择生活垃圾分类这一全国性政策实践，尝试对上述问题进行探讨。

一、文献回顾与研究假设

（一）注意力分配与政策执行

政策执行是政策过程的主要阶段之一，其效果与影响因素是政策科学、公共管理领域重要的研究议题[①]。导致政策执行结果差异的原因多样，学术界对此领域的研究也非常丰富。就分析框架而言，可以分为自上而下、自下而上与整合框架三类视角。自上而下的视角关注政策执行中的府际博弈，认为依托权力的纵向资源配置可以有效解释政策执行效果差异问题。有学者提出，以利益博弈与权威的碎片化为基础政策的执行偏差是利益相关者博弈的结果[②]。而自下而上的视角则强调，地方政府在政策执行过程中，地方利益偏好始终发挥着重要作用，加之地方政府的共谋行为与中央政策的统一性如影随形，政策执行的效果则千差万别。此外，政策执行效果还受到官员晋升压力、经济利益与资源禀赋等因素的影响。政策执行差异的整合性分析框架，则以马特兰德建立的"模糊-冲突"矩阵模型为代表，该模型基于政策的模糊性与冲突性视角分析整个政策执行过程，并划分执行类型，提出"政治性执行""试验性执行""行政性执行"和"象征性执行"是政策执行出现差异的原因[③]。上述政策执行差异的研究脉络，从央地博弈、政策属性等结构性层面切入研究，强调不同结构性要素对地方政府行为模式

---

① ［美］詹姆斯·E.安德森.公共政策制定（第五版）［M］.5版.谢明，等，译.北京：中国人民大学出版社，2009.

② 陈玲，薛澜."执行软约束"是如何产生的？——揭开中国核电迷局背后的政策博弈［J］.国际经济评论，2011（2）：147-160.

③ 袁方成，康红军."张弛之间"：地方落户政策因何失效？——基于'模糊-冲突'模型的理解［J］.中国行政管理，2018（1）：64-69.

的支配，为我们提供了重要理论参考。遗憾的是，尽管既有研究提出了详细的影响因素，却仍存在不少视野盲区，需要加以理论解释。例如，对于不同政府面对相似的政策环境，政策执行效果为何差异明显？决策者、组织特征、政策环境等多重因素如何共同对政策执行效果发生影响？为此笔者吸收前人的观点，将自上而下、自下而上以及整体性视角下的复杂因素，以政策注意力分配视角加以统领，分析地方政府政策执行差异的原因。我们试图纳入一个新的解释逻辑，即决策者的注意力分配以职业经历与预期效果为考量依据，进一步影响政策资源投注和监督力度，进而导致政策执行差异。

注意力分配这一概念由西蒙与马奇引入组织研究，作为注意力研究的开拓者，西蒙提出组织在处理决策时的认知能力是有限的，只能注意到决策环境的一部分[①]；马奇则将注意力视作重要的稀缺资源，认为组织决策过程的质量、方向和结果与注意力分配息息相关[②]。组织决策者的变化不仅意味着决策者利益结构的变化，更意味着注意力结构的改变。注意力作为一种资源，像其他资源一样，可竞争可分配。注意力的分配格局既受到决策者内部因素的影响，也受到外部环境的约束。注意力分配意味着，在信息过载或不对称的情况下，基于有限理性，组织决策者不能同时关注所有的预设方案，而是有着明显的选择偏好，即组织决策过程受到决策者注意力的显著影响。

注意力分配与决策过程之间存在着密切的关联，那么影响决策主体注意力的因素有哪些？针对企业决策过程，奥卡希尔提出了"注意力本位的企业观"，其核心观点是决策者的注意力分配引导一个组织的行为[③]。他构建了"注意力结构性分布-注意力定位-注意力聚焦"的分析框架，该分析框架一定程度上解释了注意力的生成与变迁，并将组织环境、组织者的属性、沟通程序等作为注意力分配的要素。与这一解释逻辑相类似的是社会学对注意力分配的研究，刘易斯和威格特提出了"注意力嵌入-分层-同步"的分析框架，他们认为，注意力分配不是单一的过程，不仅需要注意力聚焦与某一决策，还涉及注意力的分层与同步，以

---

①   ［美］赫伯特 A.西蒙.管理行为[M].詹正茂，译.北京：机械工业出版社，2013.

②   ［美］詹姆斯 G.马奇.决策是如何产生的[M].王元歌，章爱民，译.北京：机械工业出版社，2013.

③   OCASIO W. Towards an attention-based view of the firm[J]. Strategic Management Journal，1997，18(1)：187 – 206.

保持决策的延续性①。相较于企业管理的注意力分配,政府的注意力分配体现的是政府的权力资源配置,其影响因素更为复杂。基于马奇提出的"垃圾箱决策模式",金登引入"注意力政治"这一概念,他认为一个政策被提上议程是由于在特定时刻汇合在一起的多种因素共同作用的结果,即在政治源流、问题源流和政策源流的作用下,决策主体注意力的最终锚定②。

　　基于前人的研究基础,中国政治体制下的政治注意力与政策执行差异研究得以开展。例如,有学者分析了多委托多任务的组织结构,强调我国职能部门面对多委托方压力,会引起戴帽注意力竞争。来自上级的量化奖惩激励并非是决定政策选择与执行效果的唯一因素,政策的重要性、时间的紧迫性、组织间的资源竞争均会对政策选择产生重要影响③。该研究虽然将组织内部环境对政策选择的影响做了进一步的细化,但其视角仍然停留在组织内部。也有学者以政策执行机构、执行人员与目标群体作为研究对象,认为提高政策活动主体对政策的关注程度可以减少政策失效④,而这一研究虽然顾及了外部性,但对内部特征与结构未做深入挖掘。

　　政治注意力研究的相关文献为我们的政策执行差异性研究提供了重要的理论参考。首先,基于奥卡希尔的分析框架,公共政策的执行效力不仅强调外部环境的影响,也受内部环境的作用;其次,政府的注意力分配不只停留在决策环境上,还要通过决策渠道,推动政府政策执行自上而下的同步。由此,提出"注意力分层-注意力同步"的分析框架,将外部环境与内部特征嵌入到注意力分配的逻辑框架之中。

(二) 理论框架与研究假设

　　结合前人的理论,借鉴刘易斯和威格特提出的"注意力嵌入-分层-同步"

---

① LEWIS J D, WEIGET A J. The structures and meanings of social time[J]. Social Forces, 1981, 60(2): 432-462.

② [美]约翰·W·金登.议程、备选方案与公共政策(第二版)[M].2版.北京:中国人民大学出版社,2004.

③ 练宏.注意力竞争——基于参与观察与多案例的组织学分析[J].社会学研究,2016(4):1-26.

④ 叶良海,吴湘玲.政策注意力争夺:一种减少地方政府政策执行失效的分析思路[J].青海社会科学,2017(2):82-87.

的分析框架，我们提出"注意力分层-注意力同步"分析框架，将政策执行视为一个注意力分配从分层到同步的过程，试图探讨上海市颁布生活垃圾管理条例后的政策执行差异，这意味着，导致该公共事项进入政府注意力的嵌入逻辑业已存在，我们以此为前提条件展开讨论，故而未将注意力嵌入逻辑引入分析框架。

由于时间和注意力的稀缺，个人或组织无法对所有选择同时加以考虑。为应对这种注意力资源的短缺，对嵌入的事项进行排序，分清轻重缓急，将这种分配的内在逻辑称为注意力分层[①]。注意力分层通过不同分层机制，揭示组织决策的受重视程度，进而影响决策过程。然而，注意力分层只能解释组织注意力分配的问题，无法解释组织决策的执行差异。例如，一项事务已经进入会议议程，却在一段时间后被闲置甚至消失[②]。因此，在探究注意力分配方面，不仅涉及分层，还涉及分层之后注意力是否能够同步跟进。注意力同步意指对不同影响注意力分配的机制进行协调，行动者通过考虑不同机制之间的利害关系，对注意力分配做出协调，进而提高注意力的持续性。如果将这一解释框架置于政府层面，那么强调的即是地方政府政策选择的可支配性与政策注意力的可持续性。

1. 注意力分层

注意力分层指人们通过不同的缓冲机制对各类事项进行分类，体现为专业承诺、计划机制、显著机制、激励设计、期望机制与解释机制对注意力分配的作用。在我国的政策执行研究中，央地博弈、地方政府自身特质与政策属性都对政策效力产生影响。其中专业化机制可解释为地方政府自身专业化能力对政策执行效果的影响。显著性机制可表示为上下级的博弈关系、地方政府的社会环境或政策自身属性带来的注意力配置对政策执行效果的影响。例如，由于中央在政策执行过程中保持着政策势能，地方政府时常面临着来自上级权威的外部压力，这种外部权威则是地方政府凸显工作事项显著性的指挥棒。而计划机制、期望机制与解释机制其内核仍然是政府自身环境或政策属性不同而导致的显著性

---

① 练宏.注意力分配——基于跨学科视角的理论述评[J].社会学研究,2015(4):215-241.

② BOUQUET C, BIRKINSHAW J. Weight versus voice: how foreign subsidiaries gain attention from corporate headquarters[J]. Academy of Management Journal，2008，51(3).

差异,故而将其并入显著性机制。因此,对于注意力分层,使用专业化机制与显著性机制,以此解释中央权威与地方能动导致的政策执行差异性。

专业化机制是指在政策执行过程中因所需考虑事项具有专业性与复杂性,需要大量的专业化知识与经验,而对政策注意力形成影响。有研究者分析了我国市级副职领导的分管逻辑,发现政府副职领导的专业对口程度,反映出该人事安排是专业导向型还是政治博弈的结果①。相对而言,技术导向的管理模式其效率要高于政治权利驱动的模式。生活垃圾分类政策作为一种弱激励型政策,若没有其他机制强化地方政府的政策注意力,那么其政策执行效果则很可能不如人意。而相关政策领域的专业化知识与经验,作为提升政策注意力的专业化机制则可以发挥重要作用。在此意义上,当垃圾分类政策与地方政府领导分管职能(包括该领导过去的分管领域)密切相关时,其政策执行过程将被配置更多的行政资源与注意力。因而提出如下假设:

H1:与地方政府领导分管职能对口的政策,其政策执行效力较好。

如果说专业化机制体现组织内部特质,那么显著性机制则侧重于对组织外部环境的响应。显著性机制是指个人或组织基于不同出发点,对具有显著特征的事物给予高度关注与资源倾斜。我国地方政府面临多任务模式,由于不同地方存在发展诉求的差异,他们在政策选择上的侧重点会有所不同。这种注意力分配的差异,导致地方政府产生不同的行为策略②。一个地区的产业结构与财政能力等因素,很大程度上决定了其政策注意力分配结构。为提高政府绩效,政府更可能偏重于积极选择对业绩具有推动作用的"高显著性"项目,而对民生类、环境类政策则可能执行不力。此外,既有研究表明,城市产业结构优化与环保类政策的实施存在显著的正相关关系③。基于此,提出如下假设:

H2a:地区产业结构的优化,对环保类政策的执行效果具有积极影响。

业绩因素是地方政府选择显著性政策事项,把注资源的重要考量,遵循效率

① 马亮,王程伟.政府副职的分管逻辑:中国大城市副市长的实证研究[J].学海,2019(4):163-170.

② 何艳玲,汪广龙.不可退出的谈判:对中国科层组织"有效治理"现象的一种解释[J].管理世界,2012(12):61-72.

③ 高雪莲,王佳琪,张迁,等.环境管制是否促进了城市产业结构优化?——基于"两控区"政策的准自然实验[J].经济地理,2019(9):122-128.

逻辑。但是在效率逻辑之外，合法性逻辑也发挥着重要作用。由于下级政府对上级政府存在着合法性依附，因而合法性压力对地方政策执行会形成重要影响[①]。不同地方政府对合法性压力的研判存在差异，因此，其政策执行效果也因之不同。对于生活垃圾分类，2019 年 1 月《上海市生活垃圾管理条例》的颁布，向所辖 16 个区释放了明确的政策信号，各个区的研判却不尽相同。"条例"颁布后，上海市各区纷纷开展生活垃圾分类宣传教育活动，但响应力度却多有差别。基于此，提出如下假设：

H2b：不同地方政府对政策响应的程度不同，其政策执行效力也不同。

2. 注意力同步

注意力分层强调政策选择的聚焦强度，而注意力同步则强调政策执行的跟进与持续性程度。周雪光在研究组织规章制度时发现，在组织之内新设置的职能部门和规章制度，会增进对相关领域的持续注意力，从而使得这一职能领域不断发展[②]。在此意义上，注意力的持续性与政策执行效果有着密切关系。地方政府为保证政策执行的高效力，通常会设置监督机制。以生活垃圾分类为例，自 2000 年起，我国对生活垃圾分类做了大量推广工作，在政策工具上主要局限于宣传教育。直至 2019 年 7 月 1 日，上海市正式实施《上海市生活垃圾管理条例》，强监督机制被引入生活垃圾分类实践。该条例规定了垃圾分类的监管标准，城市管理部门可对辖区内生活垃圾分类实施监督。但不同政策主体，针对不同事项赋予的监督强度差异巨大，其政策执行效果也因之不同。基于此，提出假设如下：

H3：地方政府的监督强度不同，其政策执行效力也不同。

二、研究方法、变量设定及数据处理

（一）模糊集定性比较分析方法

政府政策注意力不是单一因素作用的结果，而是多因素形成的"一果多因"。

---

① PFEFFER J, SALANCIK G R. The external control of organizations: a resource dependence perspective[M]. California: Stanford University Press, 2003.

② 周雪光,李贞.组织规章制度与组织决策[J].北京大学教育评论,2010(3)：2-23.

我们选择定性比较分析(Qualitative Comparative Analysis，QCA)作为分析工具，该方法旨在探究"一果多因"，与我们的研究较为契合。这一方法强调条件变量之间的不同组合可能产生相同的结果，而在不同情境下，相同的组合也会对结果产生不同的影响，进而可以解释导致某一结果的不同组合路径。定性比较分析相较于回归分析，更适用于中小样本量，且能够对多个变量交互作用加以深入分析。

根据变量的取值特点，定性比较分析方法可细分为清晰集(csQCA)、模糊集(fsQCA)与多值集(mvQCA)分析。其中，清晰集的分析，是将变量二分类为"1"或"0"，表示某个变量属于或不属于特定的范围。而模糊集拓展了清晰集，提出隶属度(membership)①这一概念，允许变量在"0"与"1"之间进行取值，而使条件变量被视为 个连续变量。本研究中，采用的上海市各区生活垃圾分类排名变量、政府的监督导向变量与经济变量不能简单地归纳为二分变量，因而，更适用于模糊集定性比较分析。

(二) 变量设定及数据处理

结果变量的数据来源于上海市生活垃圾分类减量推进工作联席会，联席会公布了 2019 年上海市 16 个区垃圾分类 4 至 6 月与 7 至 9 月的排名，为了减少数据的波动性，将两次排名进行综合，作为衡量各区生活垃圾政策执行效果的依据②。在结果变量的操作化上，首先设定三个定性锚点，完全隶属设为 1，完全不隶属设为 0，交叉点设为 0.5。该数据选择中位数作为交叉点，将定性锚点设为 1、8.5 与 16，分别对应 0.95，0.5 与 0.05 的隶属度。

条件变量的变量设定与数据来源如下：

(1) 对于专业化机制的测量，选择衡量区级领导分管职能的专业对口程度。首先从各区政府门户网站获知负责垃圾分类管理的一把手，明确其现工作职能范围。将这一变量赋值，现工作职能范围与垃圾分类有关者，记为 1；无关者，记

---

①　模糊集隶属度：给定案例一个隶属于集合的程度，取完全隶属(1)与完全不隶属(0)之间的任何值。

②　按两次排名的综合排名，从高到低依次是崇明区、长宁区、虹口区、奉贤区、静安区、徐汇区、普陀区、青浦区、闵行区、松江区、宝山区、嘉定区、杨浦区、浦东新区、黄浦区、金山区。

为 0。

(2) 对于显著性机制的测量,假设 H2a 提出政府产业结构越优,政策执行效果越好。为此,选取产业结构升级系数加以衡量,使用 2018 年上海市各区《国民经济和社会发展统计公报》中的三次产业数据。基于公式(6-2-1)得出产业结构升级系数。

$$ind = \sum_{i=1}^{n} q_i \times i \qquad (6-2-1)$$

其中,i 表示各产业按层次由高到低排序后的第 i 个产业,n 表示该区产业数,q_i 表示第 i 个产业占 GDP 的比重。产业结构升级系数 ind 越大,产业结构越优。对计算得出的数据进行赋值,该数据选择取中位数作为交叉点,将定性锚点设置为 2.97、2.66 和 1.89,分别对应 0.95、0.5 与 0.05 的隶属度。

假设 H2b 是政策执行合法性逻辑的呈现,地方政府响应程度是衡量政策执行差异的要素之一。对生活垃圾分类这一政策而言,使用地方政府对生活垃圾分类的宣传力度加以衡量。具体而言,首先将 2019 年 1 月 30 日上海发布垃圾分类管理条例作为上级的政策导向时间,然后选择收集上海市 16 个区官网中提及"垃圾分类"的新闻宣传数量作为数据来源。将各区官网 2011 年 8 月开始宣传垃圾分类作为起始点,2019 年 6 月 30 日为截止日期,将所有关于垃圾分类新闻报道的数量作为分母,2019 年 2 月 1 日至 6 月 30 日的垃圾分类新闻数量作为分子,得出二者比例代表地方政府对待上级政策导向的态度,若数值较大,说明在 2019 年上级政府提出政策要求时,地区政府积极响应;若数值较小,则体现该区对待垃圾分类受上级 2019 年政策导向的影响较小。对计算得出的数据进行赋值,该数据选择取中位数作为交叉点,将定性锚点设置为 0.41、0.66 和 0.95,分别对应 0.05、0.5 与 0.95 的隶属度。

(3) 对于政策注意力同步性的测量,选择衡量地方政府的监督强度。数据选取上海市 16 个区 2019 年 7 月 1 日至 10 月 1 日之间,官网中关于"垃圾分类执法"字样的内容,筛选出对执法罚款等内容的报道。以反映该区在 2019 年 7 月 1 日《上海市垃圾分类管理条例》正式实施以来对政策实施的监督强度。该数据选择中位数作为交叉点,将定性锚点设为 123、20 和 14,分别对应 0.95、0.5 与 0.05 的隶属度。如表 6-2-1 所示:

表 6-2-1　结果变量与条件变量校准

变量	变量名称	变量赋值与校准	数据来源
结果变量	上海各区垃圾分类排名（rankingFZ）	连续变量，将定性锚点设为 1、8.5 与 16，分别对应 0.95、0.5 与 0.05 的隶属度	上海市生活垃圾分类减量推进工作联席会
条件变量	区领导职能相关度（nowjob）	二分变量，工作内容与垃圾分类相关为 1，无关为 0	上海市各区政府门户网站区级领导官方简历
	政府响应（govFZ）	连续变量，取中位数，将定性锚点设置为 0.41、0.66 和 0.95，分别对应 0.05、0.5 与 0.95 的隶属度	上海市各区政府门户网站关于宣传生活垃圾分类的报道数量
	产业结构升级系数（indFZ）	连续变量，取中位数，将定性锚点设置为 2.97、2.66 和 1.89，分别对应 0.95、0.5 与 0.05 的隶属度	上海各区 2018 年《国民经济和社会发展统计公报》
	监督强度（enforceFZ）	连续变量，取中位数，将定性锚点设置为 123、20 和 14，分别对应 0.95、0.5 与 0.05 的隶属度	上海市各区政府门户网站关于生活垃圾分类执法的报道数量

三、结果分析

（一）必要条件检验

定性比较分析的方法论基础是集合论，利用布尔代数的运算法则寻找集合之间存在的隶属关系，进而分析多个条件变量对结果变量的组合因果路径。在进行组合路径分析之前，需进行单因素分析。在本项研究中，单因素分析即是考察单个条件变量对生活垃圾分类执行效果的影响。一般而言，单个变量的一致性高于 0.9，被视为必要条件。结果显示（见表 6-2-2），现工作领域相关度、监督导向、产业结构升级系数以及宣传响应度高的一致性均小于 0.9，因此，这四个变量都无法单独解释生活垃圾分类政策执行效果的差异性。

表 6 - 2 - 2　条件变量必要性检验

变量（variable）	必要一致性（consistency）	必要覆盖率（coverage）
现工作领域相关度高	0.793 750	0.488 462
现工作领域相关度低	0.206 250	0.550 000
强监督	0.572 500	0.641 457
弱监督	0.725 000	0.654 628
产业结构升级系数高	0.827 500	0.729 879
产业结构升级系数低	0.485 000	0.559 884
政府响应高	0.806 250	0.759 717
政府响应低	0.528 750	0.563 249

（二）条件组合路径分析

1. 条件组合分析结果检验

本部分将对影响生活垃圾分类政策执行差异的因素进行条件组合分析，主要探讨政策执行效果较好的排名组合。在具体的分析操作上，首先构建真值表。真值表表示给定 k 个前因条件，存在 2^k 个因果组合。我们有 4 个条件变量，理论上应该有 16 个条件组合，表 6 - 2 - 3 仅展示了存在实际案例的 10 个条件组合，余下的不存在实际案例的 6 个组合（即逻辑余项①）没有在表中列出。案例数量为 16 个，故而设立案例频数阈值为 1，设立一致性阈值为 0.8，即如果条件组合作为结果的模糊子集的一致性不低于 0.8，便将其编码为一致（结果=1）；否则编码为不一致（结果=0）。表 6 - 2 - 3 展示了上海市 16 个区垃圾分类排名构成的所有条件和结果组态的真值表，前 4 列是对案例是否隶属 4 个条件变量的界定（隶属为 1，不隶属则为 0），第 6 列是对每一行的条件组合是否构成结果变量的子集（充分条件）的界定。

表 6 - 2 - 3　真 值 表

高产业结构升级系数	高政府响应	高监督导向	区级领导职能相关度高	案例数量	政策执行效果好	原始一致性（raw consistency）
1	1	1	0	1	1	0.983 051
1	0	1	0	1	1	0.981 132

---

①　逻辑余项：指在案例中无法观察到但逻辑上可能存在的条件组合。

续　表

高产业结构升级系数	高政府响应	高监督导向	区级领导职能相关度高	案例数量	政策执行效果好	原始一致性（raw consistency）
0	1	0	1	1	1	0.974 026
1	1	0	1	3	1	0.879 607
1	0	1	1	1	1	0.854 671
0	1	1	1	1	0	0.746 753
0	0	1	1	3	0	0.724 518
1	0	0	1	1	0	0.700 758
1	1	0	0	1	0	0.604 167
0	0	0	1	2	0	0.600 610

　　构建真值表后，接下来是进行化简。组合上述四个条件变量，得到复杂解、简约解与中间解三种结果。复杂解没有使用逻辑余项，简约解使用所有的逻辑余项，中间解根据理论与实际知识，选择具有意义的逻辑余项。目前学界对于选择哪种解并无统一见解[①]，故而根据数据情况，复杂解、中间解与简约解的覆盖率与一致性相当，但简约解的条件组合更便于解释，得到结果如表6-2-4所示。

表 6 - 2 - 4　路 径 组 合

条件变量	路径（1）	路径（2）
区级领导职能相关度		●
产业结构升级系数	●	
政府响应		●
监督强度	●	○
原始覆盖率（raw coverage）	0.518 8	0.555 0
净覆盖率（unique coverage）	0.296 3	0.332 5
一致性（consistency）	0.904 1	0.893 4
解的覆盖率（solution coverage）	0.835 1	
解的一致性（solution consistency）	0.883 3	

　　注：模糊集评价的案例阈值设定为1，吻合度检测的阈值设定为0.8，分析结果采用简约解的化简结果。●表示条件存在，○表示条件的反值存在。

---

　　① 伯努瓦·里豪克斯，查尔斯C.拉金.QCA设计原理与应用：超越定性与定量研究的新方法[M].杜运周，李永发，等，译.北京：机械工业出版社，2017.

　　表6-2-4给出了两个不同的条件组合，这两个条件组合均构成了生活垃圾分类高排名的子集，它们是解释影响垃圾分类高排名的两条原因路径。解的覆盖率为0.835 1，意味着可以解释约84％的案例。其中，第一条解释路径（产业结构升级系数高、强监督导向）的原始覆盖率为0.518 8，表明该因果路径能够解释约52％的案例，净覆盖率为0.296 3，表明约30％的案例仅能被该路径解释；第二条解释路径（弱监督导向、政府响应持续性高且区领导分管职能相关度高）的原始覆盖率为0.555 0，表明该因果路径能够解释约56％的案例，净覆盖率为0.332 5，表明约33％的案例仅能被该路径解释。

　　2. 路径解释

　　两条解释路径可以整合为如下的逻辑表达式：强监督＊高产业结构升级系数＋弱监督＊高职能相关度＊高政府响应，其中＊表示逻辑"与"，＋表示逻辑"或"。鉴于监督强度对生活垃圾分类效果有双向作用，以该条件为关键词，把垃圾分类政策执行差异化的解释概括为两种解释路径。

　　第一条路径是有强监督的政府与外部经济基础（产业结构升级系数）构成的条件组合，可称之为以经济支撑为导向的强监督模式；第二条路径是弱监督与组织环境（政府响应度、区级领导职能相关程度）构成的条件组合，可称之为具有专业化支撑的弱监督模式。下面通过具体案例（见表6-2-5中的典型案例）对这两种路径做进一步解释。

表6-2-5　路径组合的典型案例

解释路径	典型案例
路径1：具有强经济支撑的强监督模式	青浦、虹口、普陀
路径2：具有专业化支撑的弱监督模式	崇明、徐汇、长宁、静安

　　（1）路径1：具有强经济支撑的强监督政策执行。该路径的核心是以强监督为政策执行导向的地区，其地区产业结构相对较优。这条路径下，政府注意力分层依托的是经济绩效显著性。2018年2月7日，上海市人民政府办公厅发布了《关于建立完善本市生活垃圾全程分类体系的实施方案》，提出三年行动计划，在2020年基本建成生活垃圾分类体系。由上海市政府制定的任务传达至各区，要求各区从区政府、市绿化市容局、城市管理局至社区居委会，都必须承担起完

成上级目标的责任。无论是宣传教育、监督管理，还是基础设施配置、社会组织动员都需要大量人、财、物的支持。在此背景下，出现了强显著性的政策对弱显著性政策的"挤出"，即注意力分配的"挤出效应"①。区政府根据自身经济状况，若产业结构较优，有能力为垃圾分类提供资源支持，对垃圾分类的政策注意力就会提升，而经济结构相对较弱的地区，无法针对垃圾分类"挤出"更多注意力，组织保障较弱，注意力同步也相对艰难。比较典型的案例是虹口区，该区域的产业结构升级系数较高，2018 年排在全区的第 4 位，在此次垃圾分类评估中名列前茅。当区域产业结构趋优时，地方政府能够配置更多的资源开展生活垃圾分类的专项治理工作。

（2）路径 2：具有专业化支撑的弱监督政策执行。该路径的核心特征是以弱监督为政策执行导向的地区，强调地方响应与专业化治理能力的双重作用。2018 年 11 月 6 日，习近平总书记在上海考察时，对生活垃圾分类工作提出了新的指示。为响应习近平总书记的号召，上海市加快垃圾分类步伐，将垃圾分类体系建设目标压缩至一年半。在这种强任务情境下，上海市要求各区积极配合展开行动。路径 1 展示了政府强监督倾向于地区财政资源分配的有力配合。另外，还存在地方政府在弱监督倾向下执行效果依然较好的情形，这是基于政府持续响应与专业化同步推进的结果。以崇明区为例，早在 2011 年崇明区就开始实施生活垃圾分类试点工作，目前基本形成"全域覆盖、全程闭环、全面处置、全民参与、全智管理、全力保障"的生活垃圾分类制度体系。因而，在上海市加快垃圾分类体系建设要求时，崇明区已经具有较为丰富的经验与专业化治理能力，呈现出专业化支撑的弱监督政策执行特点。

概言之，自 2017 年生活垃圾分类进入强制分类阶段起②，生活垃圾分类就与经济发展、社会稳定等政策一起，被纳入地方政府政策注意力分配的考量之中。地方政府在谋求各任务之间的平衡发展时，会对部分政策产生"挤出效应"。地方主官分管职能密切相关且积极进行宣传响应的地区，在生活垃圾分类政策的跟进上相对从容得力；公共政策的执行需要资金支持，其实质是财政资源具有

① 孙雨.中国地方政府"注意力强化"现象的解释框架——基于 S 省 N 市环保任务的分析[J].北京社会科学,2019(11)：41 - 50.

② 2017 年 3 月 18 日,国务院批准发布了《生活垃圾分类制度实施方案》,《生活垃圾分类制度实施方案》,提出部分城市实施强制分类。

显著性（地区产业结构较优）的地区，能为生活垃圾分类配置较多的政策注意力，为注意力同步（监督机制）提供支持，分类效果也会卓有成效；既缺乏政府专业引领、政策持续响应，又缺乏部门强有力监督的地区，垃圾分类政策被"挤出"，政策注意力难以持续聚焦在该领域，从注意力分层至同步都不存在高效有力的分配，故而政策执行效果会大打折扣。

（三）稳健性检验

进行 QCA 稳健性检验，判定分析结果是否稳定，需满足两个条件，其一，由于不同的操作，拟合参数所形成的差异，对结果的解读不会产生实质性的影响。其二，不同的操作所导致的解（条件组合）之间，具有清晰的子集关系。为检验研究结果的稳健性，我们对数据集随机删除两个案例（宝山区、奉贤区），得到新的数据集，对新数据集按照同样的原则重新校准，然后进行模糊集定性比较分析。

以此为基础，对新的数据集进行了稳健性分析。对于必要条件检验，各个变量的一致性与覆盖率无太大变动，其中政府宣传响应变量的一致性由 0.80 提升到 0.87，未构成生活垃圾分类高效的充分条件。条件组合分析结果显示，新数据集仍然得出两条解释路径，且两条路径的一致性与覆盖率与先前的结果较为一致，只有解的覆盖率略有变化。总体而言，研究结果具有较强的稳健性。

四、结论与讨论

社区垃圾分类是环境治理与提升社会韧性的一项关键环节，它们有助于构建一个更加健康、可持续和有抵御力的城市生活环境。以上海市各区生活垃圾分类排名为例，基于注意力视角构建了"注意力分层-注意力同步"的分析框架，发现不论政策执行属于强监督还是弱监督，都可以形成较好的注意力分配模式。强监督模式背后是地区资源的有力支撑，弱监督模式背后是持续的政策响应与区级领导分管职能的高度契合。这一结论呈现出我们的核心解释逻辑：在多任务情境下，地方政府对预期效果显著的政策给予较高关注，从而影响政策资源把注和监督力度，并形成政策执行差异。

生活垃圾分类具有绩效显示度低、管理精细、居民素质要求高的特点，地方政府既要引导居民的垃圾分类习惯，提供闭合的分拣链条，还要建立有效监督机制,坚持长期的政策投入。然而,面对纷繁复杂的政策任务,"上面千条线,下面一根针",地方政府与基层社区常常疲于应对,很容易出现对垃圾分类等低绩效政策的"挤出效应"。注意力分配的分析视角为垃圾分类政策的有效执行提供了有益启示。地方政府可因地制宜,选择合适自身的有效治理模式。对于生活垃圾分类已形成专业化规模的地区,应循序渐进,将生活垃圾分类纳入政府的日常治理之中。对于分类处于起步阶段的地区,应根据自身发展状况,适当增加垃圾分类管理的投入,强化监督机制,形成自上而下的联动协调模式。值得注意的是,我们探讨的政策执行效果是处于强任务情境的背景之下,从中央到地方都高度重视,全国各地掀起城市生活垃圾分类的热潮。当这种"运动式治理"接近尾声,政府投入的人、财、物逐步削减,如何提升自下而上的生活垃圾分类自主性,是应进一步思考的问题。首先,应优化政府在生活垃圾分类中的作用,塑造注意力分配新模式,形成多元共治的治理体系。其次,应积极引导社会组织参与垃圾分类,降低分类成本、增强社会活力,解决资源配置的单向流动困局。还应鼓励市场力量的介入,通过市场需求建立全方位的生活垃圾分类产业链。最后,相关部门之间建立横向的联动机制也是提升分类效率的关键,以构建统筹高效、运转顺畅的生活垃圾分类体系。

构建可持续与韧性的未来城市

站在历史的交汇点，我们审视着城市化的浪潮，它既是人类文明进步的见证，也是我们面临的挑战。城市，作为人类活动最密集的场所，承载着无数人的梦想与生活，却在快速的发展中遭遇了种种问题。环境退化、资源短缺、社会不平等、经济波动等问题，无一不在考验着城市管理者的智慧和决策。在这样的背景下，构建一个可持续与韧性的未来城市，显得尤为重要。

城市治理的转型是实现可持续发展的首要步骤。随着社会的发展，传统的城市管理模式已经不能满足现代社会的需求。我们需要从政策的制定和执行上进行创新，从对城市问题的认知上进行深化和拓展。城市韧性的概念，为我们提供了一种新的视角，帮助我们理解和应对城市面临的各种风险和挑战。城市不再是被动接受冲击的对象，而是能够主动适应和转化冲击的有机体。

智慧城市的建设，是城市韧性的重要组成部分。随着技术的发展，智慧城市的理念在全球范围内得到推广和应用。智慧城市与韧性城市的结合，为可持续发展提供了双螺旋的结构。这不仅涉及技术的应用，还包括了政策网络研究和话语联盟框架的构建。通过智慧城市试点的政策推广，我们可以看到政策试点与政策扩散在动态视角下的重要性，以及政府数据治理机构在提升城市韧性方面的作用。

城市风险管理是城市发展中不可忽视的领域。超大城市的系统性风险，如非线性、连锁性和跨域性，要求我们创新城市应急管理体系，以阻断风险的级联演化。城市级联灾害的形成与治理，以及关口前移的风险治理策略，都是我们在面对城市系统性风险时必须考虑的问题。这需要我们从宏观和微观两个层面，对城市的风险进行系统性的分析和管理。

环境政策与生态韧性紧密相连。中国跨界环境保护政策的变迁，以及环保督察与空气污染治理的有效性,都表明了环境政策在提升城市生态韧性方面的重要作用。此外,府际合作与生态环境治理的实践,也为我们提供了宝贵的经验和启示。环境政策不仅要关注当前的治理效果,更要着眼于长远的生态平衡和可持续发展。

城市群政策与区域韧性发展之间的关系,也是城市发展中需要关注的重点。城市群政策如何提升城市韧性,地方政府注意力配置的影响,以及官员激励与城市群环境治理绩效,都是我们在推动区域韧性发展时需要考虑的因素。城市群的发展,不仅仅是经济的集聚,更是社会、文化、生态等多方面的融合与发展。

社区治理与社会韧性的联系,是构建可持续与韧性城市的基础。社区营造、社会网络的构建,以及自组织治理视野下的社区营造,都是增强社区韧性的有效途径。通过社区层面的努力,我们可以为城市的可持续发展和韧性构建打下坚实的基础。社区不仅是居民日常生活的场所,更是城市文化和社会资本的孵化器。

构建可持续与韧性的城市,需要政策的支持、技术的创新,更需要社会各界的参与和合作。推动政策创新,加强跨学科、跨领域的合作,充分利用科技的力量,同时激发社区的活力,共同应对城市化进程中的各种挑战。通过不断的探索与实践,我们有信心能够构建一个更加可持续、更具韧性的未来城市。在这个过程中,我们还需要关注城市中的弱势群体,确保城市发展的同时,也能够为他们提供必要的支持和机会。考虑到城市化进程中的环境问题,确保城市的发展不会以牺牲环境为代价。此外,加强城市间的合作,共同应对全球性的挑战,如气候变化、资源短缺等,也是我们不可忽视的任务。

城市的未来,取决于我们每个人的行动和选择。每个人都是城市发展的参与者和见证者,我们的每一个决定和行动,都会影响到城市的未来。因此,培养公民的责任感和参与意识,鼓励大家积极参与到城市的建设和管理中来,是实现城市可持续发展的关键。科技的发展,为城市治理和建设提供了新的可能性。大数据、人工智能、物联网等技术的应用,可以帮助我们更有效地管理和优化城市资源,提高城市的运行效率和居民的生活质量。科技也可以促进公民参与和社区建设,为城市发展提供新的动力。

构建可持续与韧性的未来城市,是一个复杂而艰巨的任务,需要从多个角度出发,采取综合性的策略。政策的引导、技术的支撑、社区的参与以及社会各界的合作，都是实现这一目标的重要因素。在未来的城市中，我们期待看到更加和谐的生态环境，更加公平的社会结构，更加繁荣的经济体系。在未来的城市中，我们希望能够实现更加高效的资源利用，更加先进的技术应用，更加人性化的城市管理。城市能够成为展示人类智慧和创造力的窗口，成为推动社会进步和文明发展的动力。在未来的城市愿景中，我们期望实现一个全面而深远的可持续发展蓝图，构建起更加坚固的韧性基础。这样的城市将站在应对全球性挑战的前沿，成为引领时代潮流的标杆，为全球提供创新的解决方案和智慧的范例。

参考文献

Reference

［1］黄萃,任弢,张剑.政策文献量化研究：公共政策研究的新方向［J］.公共管理学报,2015,12(2).

［2］裴雷,孙建军,周兆韬.政策文本计算： 种新的政策文本解读方式［J］.图书与情报,2016(6).

［3］李江,刘源浩,黄萃,等.用文献计量研究重塑政策文本数据分析：政策文献计量的起源、迁移与方法创新［J］.公共管理学报,2015,12(2).

［4］朱旭峰,赵慧.政府间关系视角下的社会政策扩散：以城市低保制度为例(1993—1999)［J］.中国社会科学,2016(8).

［5］严强.社会转型历程与政策范式演变［J］.南京社会科学,2007(5).

［6］朱正威,刘莹莹,杨洋.韧性治理：中国韧性城市建设的实践与探索［J］.公共管理与政策评论,2021(3).

［7］陆铭,李鹏飞,钟辉勇.发展与平衡的新时代：新中国70年的空间政治经济学［J］.管理世界,2019(10).

［8］周飞舟.分税制十年：制度及其影响［J］.中国社会科学,2006(6).

［9］周黎安.地区增长联盟与中国特色的政商关系［J］.社会,2021(6).

［10］锁利铭,冯小东.数据驱动的城市精细化治理：特征、要素与系统耦合［J］.公共管理学报,2018,15(4).

［11］韩志明,李春生.城市治理的清晰性及其技术逻辑：以智慧治理为中心的分析［J］.探索,2019(6).

［12］容志.结构分离与组织创新："城市大脑"中技术赋能的微观机制分析［J］.行政论坛,2020(4).

[13] 谭羚雁,娄成武.保障性住房政策过程的中央与地方政府关系——政策网络理论的分析与应用[J].公共管理学报,2012,9(1).

[14] 范世炜.试析西方政策网络理论的三种研究视角[J].政治学研究,2013(4).

[15] 朱旭峰,吴冠生.中国特色的央地关系:演变与特点[J].治理研究,2018,34(2).

[16] 叶林,宋星洲,邓利芳.从管理到服务:我国城市治理的转型逻辑及发展趋势[J].天津社会科学,2018(6).

[17] 辜胜阻,杨建武,刘江日.当前我国智慧城市建设中的问题与对策[J].中国软科学,2013(1).

[18] 李德仁,姚远,邵振峰.智慧城市中的大数据[J].武汉大学学报(信息科学版),2014,39(6).

[19] 王广斌,张雷,刘洪磊.国内外智慧城市理论研究与实践思考[J].科技进步与对策,2013,30(19).

[20] 韩博天,石磊.中国经济腾飞中的分级制政策试验[J].开放时代,2008(5).

[21] 王绍光.学习机制与适应能力:中国农村合作医疗体制变迁的启示[J].中国社会科学,2008(6).

[22] 刘培伟.基于中央选择性控制的试验——中国改革"实践"机制的一种新解释[J].开放时代,2010(4).

[23] 周望.政策试点是如何进行的? ——对于试点一般过程的描述性分析[J].当代中国政治研究报告,2013.

[24] 刘伟.政策试点:发生机制与内在逻辑——基于我国公共部门绩效管理政策的案例研究[J].中国行政管理,2015(5).

[25] 梅赐琪,汪笑男,廖露,等.政策试点的特征:基于《人民日报》1992—2003年试点报道的研究[J].公共行政评论,2015(3).

[26] 吴昊,温天力.中国地方政策试验式改革的优势与局限性[J].社会科学战线,2012(10).

[27] 刘军强,胡国鹏,李振.试点与实验:社会实验法及其对试点机制的启示[J].政治学研究,2018(4).

[28] 林雪霏.政府间组织学习与政策再生产:政策扩散的微观机制——以"城市网格化管理"政策为例[J].公共管理学报,2015(1).

[29] 马亮.府际关系与政府创新扩散：一个文献综述[J].甘肃行政学院学报，2011(6).

[30] 朱亚鹏,丁淑娟.政策属性与中国社会政策创新的扩散研究[J].社会学研究,2016(5).

[31] 周雪光,艾云.多重逻辑下的制度变迁：一个分析框架[J].中国社会科学,2010(4).

[32] 毛丹,陈佳俊.制度、行动者与行动选择——L市妇联改革观察[J].社会学研究,2017(5).

[33] [瑞典]汤姆·R.伯恩斯,等.经济与社会变迁的结构化：行动者、制度与环境[M].周长城,等,译.北京：社会科学文献出版社,2010.

[34] 宋煜萍,舒遥.论地方政府竞争的实践逻辑与规塑路径——基于地方政府核心行动者的分析视域[J].学术研究,2014(11).

[35] 李林倬.基层政府的文件治理——以县级政府为例[J].社会学研究,2013(4).

[36] 朱亚鹏.政策过程中的政策企业家：发展与评述[J].中山大学学报(社会科学版),2012(2).

[37] 于文轩,许成委.中国智慧城市建设的技术理性与政治理性——基于147个城市的实证分析[J].公共管理学报,2016(4).

[38] 丁波涛.政府数据治理面临的挑战与对策——以上海为例的研究[J].情报理论与实践,2019(5).

[39] 赵丹宁,郭晓慧,孙宗锋.数据治理机构推动跨部门数据共享面临的困境及原因分析：基于山东两地市的案例分析[J].公共管理与政策评论,2023(1).

[40] 张会平,叶晴琳.组建数据管理机构何以提升政府治理绩效?：基于结构赋权与资源赋能的视角[J].公共管理评论,2022(3).

[41] 郑大庆,黄丽华,郭梦珂,等.公共数据资源治理体系的演化模型：基于整体性治理的建构[J].电子政务,2022(5).

[42] 门理想.地方政府数据治理机构研究：组建方式与职能界定[J].兰州学刊,2019(11).

[43] 张克.从地方数据局到国家数据局：数据行政管理的职能优化与机构重塑

　　　　[J].电子政务,2023(4).

[44] 李智超,李奕霖.横向合作与纵向干预：府际合作如何影响环境治理? 基于
　　　三城市群的比较研究[J].公共管理与政策评论,2022(6).

[45] 徐换歌,王峰.纵向干预下的城市群协作治理何以降低雾霾污染? [J].公共
　　　管理与政策评论,2022(3).

[46] 王超,赵发珍,曲宗希.从赋能到重构：大数据驱动政府风险治理的逻辑理
　　　路与价值趋向[J].电子政务,2020(7).

[47] 胡海波.理解整体性政府数据治理：政府与社会的互动[J].情报杂志,
　　　2021(3).

[48] 张克.省级大数据局的机构设置与职能配置：基于新一轮机构改革的实证
　　　分析[J].电子政务,2019(6).

[49] 刘银喜,赵淼,赵子昕.政府数据治理能力影响因素分析[J].电子政务,
　　　2019(10).

[50] 赵瑞东,方创琳,刘海猛.城市韧性研究进展与展望[J].地理科学进展,
　　　2020(10).

[51] 韩自强,刘杰,田万方.城市韧性的测量指标：基于国际文献的系统综述
　　　[J].广州大学学报(社会科学版),2022(6).

[52] 黄炜,张子尧,刘安然.从双重差分法到事件研究法[J].产业经济评论,
　　　2022(2).

[53] 崔慧姝,周望.如何引起重视：政府职能部门的注意力吸引行为[J].新视
　　　野,2021(3).

[54] 陈辉.县域治理中的领导注意力分配[J].求索,2021(1).

[55] 江艇.因果推断经验研究中的中介效应与调节效应[J].中国工业经济,
　　　2022(5).

[56] 孟庆国,林彤,乔元波,等.中国地方政府大数据管理机构建设与演变——
　　　基于第八次机构改革的对比分析[J].电子政务,2020(10).

[57] 魏玖长.风险耦合与级联：社会新兴风险演化态势的复杂性成因[J].学海,
　　　2019(4).

[58] [德] 乌尔里希·贝克.风险社会[M].何博闻,译.南京：译林出版社,2004.

[59] 钟开斌.中国应急管理机构的演进与发展：基于协调视角的观察[J].公共

管理与政策评论,2018(6).

[60] 容志.从分散到整合：特大城市公共安全风险防控机制研究[M].上海：上海人民出版社,2014.

[61] 张晓君.级联灾害：一个理解系统风险和总体安全观的视角——兼论国外应急管理级联效应研究的新进展[J].国家治理与公共安全评论,2020(2).

[62] 张惠,景思梦.认识级联灾害：解释框架与弹性构建[J].风险灾害危机研究,2019(2).

[63] 于峰,樊博.重大公共事务决策级联风险的跨空间治理框架[J].中国行政管理,2021(7).

[64] 陈安,陈宁,倪慧荟,等.现代应急管理理论与方法[M].北京：科学出版社,2009.

[65] 彭宗超.风险社会来临：警惕几察觉危机蔓延[J].人民论坛,2012(16).

[66] 刘鹏.从行政管控走向风险治理：中国风险应对体系建设的发展历程与逻辑[J].政治学研究,2021(6).

[67] 吴晓林.特大城市社会风险的形势研判与韧性治理[J].人民论坛,2021(35).

[68] 耿曙,庞保庆,钟灵娜.中国地方领导任期与政府行为模式：官员任期的政治经济学[J].经济学(季刊),2016,15(3).

[69] 聂辉华,李靖,方明月.中国煤矿安全治理：被忽视的成功经验[J].经济社会体制比较,2020(4).

[70] 曹正汉,周杰.社会风险与地方分权——中国食品安全监管实行地方分级管理的原因[J].社会学研究,2013(1).

[71] 黄冬娅,杨大力.考核式监管的运行与困境：基于主要污染物总量减排考核的分析[J].政治学研究,2016(4).

[72] 肖兴志,齐鹰飞,李红娟.中国煤矿安全规制效果实证研究[J].中国工业经济,2008(5).

[73] 邓菁,王晗.煤矿安全规制的国际借鉴：制度演进与产业发展[J].财经问题研究,2013(10).

[74] 张海波.应急管理的全过程均衡：一个新议题[J].中国行政管理,2020(3).

[75] 肖兴志,陈长石,齐鹰飞.安全规制波动对煤炭生产的非对称影响研究[J].

经济研究,2011(9).

[76] 肖兴志,郭启光.体制改革、结构变化与煤矿安全规制效果——兼析规制周期的影响[J].财经问题研究,2014(9).

[77] 周黎安."官场＋市场"与中国经济增长故事[J].社会,2018(2).

[78] 赖诗攀.强激励效应扩张：科层组织注意力分配与中国城市市政支出的"上下"竞争(1999—2010)[J].公共行政评论,2020(1).

[79] 聂辉华,李金波.政企合谋与经济发展[J].经济学(季刊),2006,6(1)

[80] 姜雅婷,柴国荣.目标考核、官员晋升激励与安全生产治理效果——基于中国省级面板数据的实证检验[J].公共管理学报,2017(3).

[81] 王郅强,王凡凡.官员更替如何影响安全生产治理效果：政绩偏好的中介效应[J].贵州社会科学,2020(3).

[82] 张海波.总体国家安全观下的安全生产转型：从"兜底结构"到"牵引结构"[J].中国行政管理,2021(6).

[83] 童星,张海波.基于中国问题的灾害管理分析框架[J].中国社会科学,2010(1).

[84] 陈硕,章元.治乱无须重典：转型期中国刑事政策效果分析[J].经济学(季刊),2014,13(4).

[85] 孙涛,温雪梅.府际关系视角下的区域环境治理——基于京津冀地区大气治理政策文本的量化分析[J].城市发展研究,2017(12).

[86] 王红梅,王振杰.环境治理政策工具比较和选择——以北京 PM2.5 治理为例[J].中国行政管理,2016(8).

[87] 赵新峰,袁宗威.区域大气污染治理中的政策工具：我国的实践历程与优化选择[J].中国行政管理,2016(7).

[88] 苑春荟,燕阳.中央环保督察：压力型环境治理模式的自我调适——一项基于内容分析法的案例研究[J].治理研究,2020(1).

[89] 崔晶."运动式应对"：基层环境治理中政策执行的策略选择——基于华北地区 Y 小镇的案例研究[J].公共管理学报,2020(4).

[90] 周雪光.运动型治理机制：中国国家治理的制度逻辑再思考[J].开放时代,2012(9).

[91] 赵旭光."运动式"环境治理的困境及法治转型[J].山东社会科学,2017(8).

[92] 阎波,武龙,陈斌,等.大气污染何以治理?——基于政策执行网络分析的跨案例比较研究[J].中国人口·资源与环境,2020(7).

[93] 郭施宏.中央环保督察的制度逻辑与延续——基于督察制度的比较研究[J].中国特色社会主义研究,2019(5).

[94] 聂辉华,张雨潇.分权、集权与政企合谋[J].世界经济,2015(6).

[95] 陈刚,李树.官员交流、任期与反腐败[J].世界经济,2012(2).

[96] 梁平汉,高楠.人事变更、法制环境和地方环境污染[J].管理世界,2014(6).

[97] 曹静,王鑫,钟笑寒.限行政策是否改善了北京市的空气质量?[J].经济学(季刊),2014(3).

[98] 周黎安,陈烨.中国农村税费改革的政策效果:基于双重差分模型的估计[J].经济研究,2005(8).

[99] 张振波.政企合谋、动员式治理与环境质量的阶段性改善——基于中央环保约谈的实证分析[J].公共管理评论,2021(3).

[100] 锁利铭,杨峰,刘俊.跨界政策网络与区域治理:我国地方政府合作实践分析[J].中国行政管理,2013(1).

[101] 邢华.我国区域合作的纵向嵌入式治理机制研究:基于交易成本的视角[J].中国行政管理,2015(10).

[102] 锁利铭.跨省域城市群环境协作治理的行为与结构——基于"京津冀"与"长三角"的比较研究[J].学海,2017(4).

[103] 周凌一.纵向干预何以推动地方协作治理?——以长三角区域环境协作治理为例[J].公共行政评论,2020(4).

[104] 文宏,林彬.国家战略嵌入地方发展:对竞争型府际合作的解释[J].公共行政评论,2020(2).

[105] 邢华.我国区域合作治理困境与纵向嵌入式治理机制选择[J].政治学研究,2014(5).

[106] 王洛忠,丁颖.京津冀雾霾合作治理困境及其解决途径[J].中共中央党校学报,2016(3).

[107] 马捷,锁利铭.城市间环境治理合作:行动、网络及其演变——基于长三角30个城市的府际协议数据分析[J].中国行政管理,2019(9).

[108] 李辉,黄雅卓,徐美宵,等."避害型"府际合作何以可能?——基于京津冀

大气污染联防联控的扎根理论研究[J].公共管理学报,2020(4).

[109] 周凌一.正式抑或非正式？区域环境协同治理的行为选择——以 2008—2020 年长三角地区市级政府为例[J].公共管理与政策评论,2022(4).

[110] 锁利铭,阚艳秋,涂易梅.从"府际合作"走向"制度性集体行动"：协作性区域治理的研究述评[J].公共管理与政策评论,2018(3).

[111] 田凤平,秦瑾龙,杨科.中国三大城市群经济发展的区域差异及收敛性研究[J].系统工程理论与实践,2021(7).

[112] 张友国.碳排放视角下的区域间贸易模式：污染避难所与要素禀赋[J].中国工业经济,2015(8).

[113] 魏玖长,闫卓然,周磊.中国五大城市群城市韧性水平时空演变研究[J].中国应急管理,2023(8).

[114] 陈水生.世界城市群是如何形成的——规划变迁与动力支持的视角[J].复旦城市治理评论,2017(1).

[115] 锁利铭,许露萍.基于地方政府联席会的中国城市群协作治理[J].复旦城市治理评论,2017(1).

[116] 李智超,于翔.以智为治：我国城市管理的政策变迁与范式转换[J].公共治理研究,2022(3).

[117] 丁任重,许渤胤,张航.城市群能带动区域经济增长吗？——基于 7 个国家级城市群的实证分析[J].经济地理,2021(5).

[118] 李智超,刘博嘉.官员激励、府际合作与城市群环境治理绩效——基于三大城市群的实证分析[J].上海行政学院学报,2023(3).

[119] 陈林,伍海军.国内双重差分法的研究现状与潜在问题[J].数量经济技术经济研究,2015(7).

[120] 李彤玥.韧性城市研究新进展[J].国际城市规划,2017(5).

[121] 王钧,宫清华,宇岩,等.粤港澳大湾区城市群自然灾害综合承灾能力评价[J].地理研究,2020(9).

[122] 曹海军,霍伟桦.基于协作视角的城市群治理及其对中国的启示[J].中国行政管理,2014(8).

[123] 徐永健,许学强,阎小培.中国典型都市连绵区形成机制初探——以珠江三角洲和长江三角洲为例[J].人文地理,2000(2).

［124］武永超.智慧城市建设能够提升城市韧性吗？——一项准自然实验［J］.公共行政评论,2021(4).

［125］常哲仁,韩峰,钟李隽仁.创新试点政策能够提高城市经济韧性吗？——来自准自然实验的证据［J］.经济问题,2023(4).

［126］温忠麟,叶宝娟.中介效应分析：方法和模型发展［J］.心理科学进展,2014,22(5).

［127］周黎安.中国地方官员的晋升锦标赛模式研究［J］.经济研究,2007(7).

［128］张征宇,朱平芳.地方环境支出的实证研究［J］.经济研究,2010(5).

［129］吕捷,鄢一龙,唐啸."碎片化"还是"耦合"？ 五年规划视角下的央地目标治理［J］.管理世界,2018(4).

［130］朱亚鹏,刘云香.制度环境、自由裁量权与中国社会政策执行——以 C 市城市低保政策执行为例［J］.中山大学学报(社会科学版),2014(6).

［131］曾润喜,朱利平.晋升激励抑制了地方官员环境注意力分配水平吗？［J］.公共管理与政策评论,2021(2).

［132］李斌,卢娟.领导个人特征、地方腐败与雾霾变化——基于省级面板数据的惩罚固定分位数回归［J］.软科学,2018(7)

［133］张鑫,陈志刚.经济增长激励、官员异质性与城市工业污染：以长三角地区为例［J］.长江流域资源与环境,2018(7).

［134］王贤彬,徐现祥.地方官员来源、去向、任期与经济增长——来自中国省长省委书记的证据［J］.管理世界,2008(3).

［135］张军,高远.官员任期、异地交流与经济增长——来自省级经验的证据［J］.经济研究,2007(11).

［136］李洞旭,王贤文,刘兰剑.府际合作有助于提升区域环境治理绩效吗？——基于结构差异视角的分析［J］.经济体制改革,2022(2).

［137］冉冉."压力型体制"下的政治激励与地方环境治理［J］.经济社会体制比较,2013(3).

［138］金太军,汪波.中国城市群治理：摆脱"囚徒困境"的双重动力［J］.上海行政学院学报,2014(2).

［139］刘政文,唐啸.官员排名赛与环境政策执行——基于环境约束性指标绩效的实证研究［J］.技术经济,2017,36(8).

[140] 程仲鸣,虞涛,潘晶晶,张烨.地方官员晋升激励、政绩考核制度和企业技术创新[J].南开管理评论,2020,23(6).

[141] 罗家德.社会网分析讲义(第二版)[M].北京：社会科学文献出版社,2010.

[142] 任中平.社区主导型发展与农村基层民主建设——四川嘉陵区 CDD 项目实施情况的调查与思考[J].政治学研究,2008(6).

[143] 郭占锋.走出参与式发展的"表象"——发展人类学视角下的国际发展项目[J].开放时代,2010(1).

[144] 罗家德、李智超.乡村社区自组织治理的信任机制初探——以一个村民经济合作组织为例[J].管理世界,2012(10).

[145] 李友梅.重塑社会认同与探索社会自我调适系统[J].探索与争鸣,2007(2).

[146] 吴理财.农村社区认同及重构[J].中共天津市委党校学报,2011(3).

[147] [美]马奇.马奇论管理：真理、美、正义和学问[M].上海：东方出版社,2010.

[148] 翟学伟.人情、面子与权力的再生产——情理社会中的社会交换方式[J].社会学研究,2004(5).

[149] 黄平,王晓毅.公共性的重建——社区建设的实践与思考[M].北京：社会科学文献出版社,2011.

[150] 阎云翔.私人生活的变革：一个中国村庄的爱情、家庭与亲密关系 1949—1999[M].上海：上海辞书出版社,2006.

[151] 折晓叶,陈婴婴.项目制的分级运作机制和治理逻辑——对"项目进村"案例的社会学分析[J].中国社会科学,2011(4).

[152] 费孝通.乡土中国·生育制度[M].北京：北京大学出版社,2003.

[153] [美]詹姆斯·E.安德森.公共政策制定(第五版)[M].5 版.谢明,等,译.北京：中国人民大学出版社,2009.

[154] 陈玲,薛澜."执行软约束"是如何产生的？——揭开中国核电迷局背后的政策博弈[J].国际经济评论,2011(2).

[155] 袁方成,康红军."张弛之间"：地方落户政策因何失效？——基于"模糊-冲突"模型的理解[J].中国行政管理,2018(1).

[156] [美]赫伯特·A.西蒙.管理行为[M].詹正茂,译.北京：机械工业出版

社,2013.

[157] [美]詹姆斯・G.马奇.决策是如何产生的[M].王元歌,等,译.北京:机械工业出版社,2013.

[158] [美]约翰・W.金登.议程、备选方案与公共政策[M].丁煌,等,译.北京:中国人民大学出版社,2004.

[159] 练宏.注意力竞争——基于参与观察与多案例的组织学分析[J].社会学研究,2016(4).

[160] 叶良海,吴湘玲.政策注意力争夺:一种减少地方政府政策执行失效的分析思路[J].青海社会科学,2017(2).

[161] 练宏.注意力分配——基于跨学科视角的理论述评[J].社会学研究,2015(4).

[162] 马亮,王程伟.政府副职的分管逻辑:中国大城市副市长的实证研究[J].学海,2019(4).

[163] 何艳玲,汪广龙.不可退出的谈判:对中国科层组织"有效治理"现象的一种解释[J].管理世界,2012(12).

[164] 高雪莲,王佳琪,张迁、踪家峰.环境管制是否促进了城市产业结构优化?——基于"两控区"政策的准自然实验[J].经济地理,2019(9).

[165] 周雪光,李贞.组织规章制度与组织决策[J].北京大学教育评论,2010(3).

[166] [比利时]伯努瓦・里豪克斯,[美]查尔斯・C.拉金.QCA设计原理与应用:超越定性与定量研究的新方法[M].杜运周,李永发,等,译.北京:机械工业出版社,2017.

[167] 孙雨.中国地方政府"注意力强化"现象的解释框架——基于S省N市环保任务的分析[J].北京社会科学,2019(11).

[168] HALL, P A. Paradigms, social learning and the state[J]. Comparative Politics, 1993(3).

[169] MARSH D, SMITH M. Understanding policy networks: towards a dialectical approach[J]. Political Studies, 2010, 48(1).

[170] HAY C, RICHARDS D. The tangled webs of Westminster and Whitehall: the discourse, strategy and practice of networking within the British core executive[J]. Public Administration, 2000, 78(1).

［171］ HENRY A D. Ideology，power，and the structure of policy networks ［J］. Policy Studies Journal，2011，39(3).

［172］ HAJER M A. The politics of environmental discourse：ecological modernization and the policy process［M］. Oxford：Oxford University Press，1995.

［173］ LEIFELD P. HAUNSS S. Political discourse networks and the conflict over software patents in Europe［J］. European Journal of Political Research，2011，51(3).

［174］ LEIFELD P. Reconceptualizing major policy change in the advocacy coalition framework：a discourse network analysis of German pension politics［J］. Policy Studies Journal，2013，41(1).

［175］ TSAI W H，DEAN N. Experimentation under hierarchy in local conditions：cases of political reform in Guangdong and Sichuan，China ［J］. The China Quarterly，2014，218.

［176］ ZHU X F，ZHAO H. Social policy diffusion from the perspective of intergovernmental relations：an empirical study of the urban subsistence allowance system in China (1993 - 1999)［J］. Social Sciences in China，2018，39(1).

［177］ MEI C，LIU Z. Experiment-based policy making or conscious policy design? The case of urban housing reform in China［J］. Policy Sciences，2013，47(3).

［178］ ZHU X. Mandate versus championship：vertical government intervention and diffusion of innovation in public services in authoritarian China［J］. Public Management Review，2014，16(1).

［179］ BERRY F S，BERRY W D. Tax innovations in the states：capitalizing on policy opportunity［J］. American Journal of Political Science，1992，36(3).

［180］ WALKER R M，AVELLANEDA C N，BERRY F S. Exploring the diffusion of innovation among high and low innovative localities：a test of the Berry and Berry model［J］. Public Management Review，2011，

13(1).

[181] MINTROM M. Policy entrepreneurs and the diffusion of innovation[J]. American Journal of Political Science, 1997.

[182] VERGARI M M S. Policy networks and innovation diffusion: the case of state education reforms[J]. Journal of Politics, 1998, 60(1).

[183] TOLBERT P S, ZUCKER L G. Institutional sources of change in the formal structure of organizations: the diffusion of civil service reform, 1880 - 1935[J]. Administrative Science Quarterly, 1983, 28(1).

[184] THOMPSON J D. Organizations in action: social science bases of administrative theory[J]. Social Science Electronic Publishing, 1967, 48(3).

[185] MEYER J W, ROWAN B. Institutionalized organizations: formal structure as myth and ceremony[J]. American Journal of Sociology, 1977, 83(2).

[186] DIMAGGIO P J. Interest and agency in institutional theory [J]. Institutional Patterns & Organizations Culture & Environment, 1988.

[187] ZHU X, ZHANG Y. Political mobility and dynamic diffusion of innovation: the spread of municipal pro-business administrative reform in China [J]. Journal of Public Administration Research & Theory, 2016, 26(3).

[188] NICHOLSON-CROTTY S. The politics of diffusion: public policy in the American States[J]. Journal of Politics, 2009, 71(1).

[189] BERRY F S, BERRY W D. State lottery adoptions as policy innovations: an Event history analysis[J]. American Political Science Review, 1990, 84(2).

[190] HOLLIS C, MOISES S. Patterns of development, 1950 - 1970[M]. Oxford: Oxford University Press, 1975.

[191] TROCHIM W M K. research design for program evaluation: the regression discontinuity approach[J]. Journal of the American Statistical Association, 1984, 81(2).

[192] IMBENS G W. Better LATE than nothing: some comments on Deaton (2009) and Heckman and Urzua (2009) [J]. Journal of Economic literature, 2010, 48(2).

[193] MCCRARY J. Manipulation of the running variable in the regression discontinuity design: a density test[J]. Journal of Econometrics, 2008, 142(2).

[194] KELMAN I. Connecting theories of cascading disasters and disaster diplomacy [J]. International Journal of Disaster Risk Reduction, 2018(30).

[195] PESCAROLI G, ALEXANDER D. Critical infrastructure, panarchies and the vulnerability paths of cascading disasters[J]. Natural Hazards, 2016, 82(1).

[196] KYRIAKIS M, AVRUCH J. Sounding the alarm: protein kinase cascades activated by stress and inflammation[J]. Journal of Biological Chemistry, 1996, 271(40).

[197] HELBING D. Globally network risks and how to respond[J]. Nature, 2013, 497(7447).

[198] HELBING D. Traffic and related self-driven many-particle systems[J]. Physics, 2000, 73(4).

[199] FISHMAN R, WANG Y X. The mortality cost of political connections [J]. Review of Economic Studies, 2015, 82(4).

[200] GRAY W B, SCHOLZ J T. Does regulatory enforcement work? A panel analysis of OSHA enforcement[J]. Law & Society Review, 1993, 27(1).

[201] WEIL D. If OSHA is so bad, why is compliance so goodt[J]. The Rand Journal of Economics, 1996, 27(3).

[202] VISCUSI W K. The impact of occupation safety and health regulation [J]. The Bell Journal of Economics, 1979, 10(1): 117–140.

[203] QIAN Y, WEINGAST B R. Federalism as a commitment to perserving market incentives[J]. The Journal of Economic Perspectives, 1997,

11(4).

[204] JEAN C. Oi. The role of the local state in China's transitional economy [J]. The China Quarterly, 1995, 144(1).

[205] BECKER G S. Crime and punishment: an economic approach [J]. Journal of Political Economy, 1968, 76(2): .

[206] SHAN Y, GUAN D, HUBACEK K, et al. City-level climate change mitigation in China[J]. Science Advances, 2018, 4(6).

[207] OSTROM V, ROBERT B, ELINOR O. Local Government in the United States[M]. San Francisco: ICS Press, 1988: 23 – 25.

[208] FEIOCK R C. The institutional collective action framework[J]. Policy Studies Journal, 2013, 41(3).

[209] YI H T, SUO L M, SHEN R W, et al. Regional governance and institutional collective action for environmental sustainability [J]. Public Administration Review, 2018, 78(2)

[210] FENG Y, LEE C C, PENG D. Does regional integration improve economic resilience? Evidence from urban agglomerations in China[J]. Sustainable Cities and Society, 2023.

[211] MARTIN P, OTTAVIANO G I P. Growth and agglomeration[J]. International Economic Review, 2001(4).

[212] WANG Y A, YIN S W, FANG X L, et al. Interaction of economic agglomeration, energy conservation and emission reduction: Evidence from three major urban agglomerations in China[J]. Energy, 2022.

[213] LI L, MA S, ZHENG Y. Do regional integration policies matter? Evidence from a quasi-natural experiment on heterogeneous green innovation[J]. Energy Economics, 2022(116).

[214] MCPHEARSON T. Advancing understanding of the complex nature of urban systems[J]. Ecological Indicators, 2016(3).

[215] SHI Y J, ZHAI G F, XU L H, et al. Assessment methods of urban system resilience: From the perspective of complex adaptive system theory[J]. Cities, 2021.

[216] LI J, LIU Q, SANG Y. Several issues about urbanization and urban safety[J]. Procedia Engineering, 2012, 43.

[217] ZHANG Y, ZHU X. The moderating role of top-down supports in horizontal Innovation diffusion [J]. Public Administration Review, 2020, 80(2).

[218] OSTROM E. Governing the commons: the evolution of institutions for collective action[M]. New York: Cambridge University Press, 1990.

[219] OSTROM E. Crafting institutions for self-governing irrigation systems [M]. San Francisco, CA: ICS Press, 1992.

[220] BARNETT M L, KING A A. Good fences make good neighbors: a longitudinal analysis of an industry self-regulatory institution [J]. Academy of Management Journal, 2008, 51(6).

[221] JANSSEN M, MENDYS-KAMPHORST E. The price of a price: on the crowding out and in of social norms[J]. Journal of Economic Behavior and Organization, 2004, 55(3).

[222] CHAVIS D M, PRETTY G M. Sense of community: advances in measurement and application[J]. Journal of Community Psychology, 1999, 27(6).

[223] FRIEDMAN D, MCADAM D. Collective identity and activism: networks, choices, and the life of a social movement[J]. Frontiers in social movement theory, 1992, 156.

[224] PODOLNY J M, BARON J N. Relationships and resources: social networks and mobility in the workplace [J]. American Sociological Review, 1997, 62.

[225] OSTROM E. Building trust to solve commons dilemmas: taking small steps to test an evolving theory of collective action[M]. Springer Berlin Heidelberg, 2009.

[226] OCASIO W. Towards an attention-based view of the firm [J]. Strategic Management Journal, 1997, 18(1).

[227] LEWIS J D, WEIGET A J. The structures and meanings of social time

[J]. Social Forces, 1981, 60(2).

[228] BOUQUET C, BIRKINSHAW J. Weight versus voice: how foreign subsidiaries gain attention from corporate headquarters[J]. Academy of Management Journal, 2008, 51(3).

[229] PFEFFER J, SALANCIK G R. The external control of organizations: a resource dependence perspective[M]. California: Stanford University Press, 2003.